KB031671

환경에 대한 갑질을 멈출 시간

환경에 대한 갑질을 멈출 시간

초판 1쇄 발행 2021년 6월 5일
2쇄 발행 2022년 9월 26일

지은이 홍석환
펴낸이 강수걸
기획실장 이수현
편집장 권경옥
편집 신지은 강나래 오해은 김소현 이선화 이소영
디자인 권문경 조은비
펴낸곳 산지니
등록 2005년 2월 7일 제333-3370000251002005000001호
주소 부산시 해운대구 수영강변대로 140 BCC 613호
전화 051-504-7070 | 팩스 051-507-7543
홈페이지 www.sanzinibook.com
전자우편 sanzini@sanzinibook.com
블로그 http://sanzinibook.tistory.com

ISBN 978-89-6545-731-2 03300

* 책값은 뒤표지에 있습니다.
* 잘못된 책은 구입하신 곳에서 교환해드립니다.
* 이미지 출처: page 5, 10-11, 117-119, 202-213, 265 © Nenilkime / Freepik

환경에 대한 갑질을 멈출 시간

환경정책의 문제와 대안

홍석환 지음

머리글

2021년 4월 13일.

우려하던 일이 공식화되었다. 일본이 후쿠시마 핵발전소 사고 이후 모아두었던 방사능 오염수를 해양에 방류하기로 결정한 것이다. 당장 우리나라 언론과 국민들이 분노하며 들고일어났다.

당연한 분노다. 오염물질을 자국의 영해에 방류한다는 발표였지만 바닷물에 섞여 돌고 돌아 우리에게도 영향을 미치는 것이 당연하기 때문이다. 일본은 단순히 자국의 작은 이익을 위해 전 세계 수많은 사람을 위험에 빠뜨리는 결정을 했다. 그럼에도 실제 방류가 이루어지고, 서서히 그 피해가 곳곳에서 나타난다 해도 연관성을 입증하기는 불가능에 가깝다. 당장 몇 년 후부터 우리가 먹는 미역에, 생선에 방사성물질 농도가 증가한다 한들, 관련 질환자가 유의미하게 증가한다 한들 후쿠시마 방류 오염수에 의한 영향이라 어떻게 입증할 것인가? 이것은 절대 미래의 얘기가 아니다. 지금도 뉴스 어디선가 쉽게 접하는 얘기일 뿐이다. 핵발전소 주변에서 암 발생률이 이상하리만치 높아도, 비료공장 인근 마을 주민 다수가 암에 걸려 죽어 나가도 관계는 확인되지 않지 않는가? 화는 나지만 책임지는 이가 없으니 피해는 고스란히 당한 개인의 몫이다.

일본의 오염수 방류 소식이 있던 날, 또 하나 주목할 만한 환경뉴스가 발표되었다. 4대강 사업으로 촉발된 심각한 녹조가 보 개방으로 95% 이상 감소했다는 소식이다. 내 건강과 더욱 밀접한 관련이 있는 우리나라, 우리 동네의 뉴스지만 관심의 정도는 천지 차이였다. 물이 고이면 썩는다는 당연함 때문일까? 한반도 역사상 가장 많은, 22조 원이 넘는 막대한 세금을 쏟아부은 사업에 대한 소식이 이렇게 잠잠하다는 것을 이해할 수 없다. 이러니 아무리 국민 건강을 위한 일이라 해도 보의 해체가 단시간 내에 이루어지기는 어려워 보인다.

우연히 같은 날 발표된, 언뜻 결이 전혀 달라 보이는 두 사업은 사실 매우 유사하다. 전자는 한 국가가 돈을 절약하기 위해 다른 나라에 위협을 가한 행위이며, 후자는 국가가 누군가에게 돈을 벌어주기 위해 다른 국민에 위협을 가한 행위라는 것이 다를 뿐이다. 어느 것이 더 나쁜 행위일까?

담수지역의 녹조는 마이크로시스틴이라는 독성물질을 대량 생성시키는데 오염된 물의 직접 섭취뿐만 아니라 생선 등을 통한 간접 섭취, 피부 접촉, 심지어는 수면에서 날리는 미세입자를 호흡하는 경우에도 심각한 독성 영향을 준다는 연구들이 다양하게 보고되고 있다. 시간적으로는 4대강 공사 이후에, 공간적으로는 주변 지역에서 그 외 지역에 비해 더 많은 간 질환자가 발생했다는 유의미한 결과도 최근 발표되었다. 세밀하지 않은 시군구 데이터만으로도 이런 결과가 나왔다는 것에서, 실제 직접적인 영향을 받는 지역에서는 더욱 심각한 수준에 이르렀을 것이라는 추정이 가능하다.

한 민간연구소는 4대강 보에서 취수한 원수에 함유된 마이크로시스틴 제거율이 정수과정을 끝마쳐도 그리 높지 않다는 것을 확인함과 동시에 이 독성물질이 함유된 수돗물이 각 가정으로 공급되고 있다는 심각한 분석결과를 발표하기도 했다.

수돗물에 마이크로시스틴이 남아 있고 주변에 녹조가 창궐하고, 관련 질환이 많아진다는 통계적 사실이 확인되었다 해도 주변의 환자 증가가 이 사업 때문임을 입증하는 것은 현실적으로 불가능할 것이다. 정부가 정밀한 역학조사를 진행할 리도 만무하다.

환경문제란 이렇게 특정 공간 안에서의 일이 공간 밖에 있는 아무것도 모르는 불특정 다수를 공격하게 된다. 역으로 환경이 가져다주는 이익도 그렇다. 잘 보전된 토지가 공간 밖의 불특정 다수를 이롭게 하는데, 지구의 탄소를 저장하고 깨끗한 산소를 공급하는 아마존

열대우림이 대표적인 예이다.

그러나 이러한 사례 모두 이익이나 손해에 대한 정산이 전혀 공정하게 이뤄지지 않는다. 남에게 해를 끼치는 행위를 한 자에게는 엄청난 이익이 따르지만, 반대로 얼굴도 모르는 사람들에 거대한 혜택을 선사하는 행위는 사회적 제약이라는 손해만이 뒤따른다. 일본이 오염수를 바다에 방류하면 엄청난 이익을 얻지만 브라질이 아마존을 보호하면 얻는 이익은 없다. 오히려 파괴해야만 이익을 얻을 수 있지 않은가?

우리 주변에서 일어나는 환경문제 또한 구조적으로는 위의 상황과 전혀 다르지 않다. 누군가의 손해를 발판으로 눈앞의 이익을 얻으려는 자에 관대하고, 공공의 이익을 위하는 행위는 무시한다. 이렇게 불합리한 구조가 우리 일상에서 늘 벌어지고 있지만 대부분 관심이 없다. 오히려 자신에게 이익을 주려는 공공선의 행위를 비난하기 바쁘다.

환경문제로 인한 피해는 먼 곳의 남 얘기가 절대 아니다. 내 삶을 위해, 내 이익을 위해 더 많은 관심을 가져야만 하는 이유이다. 그럴 여력이 되지 않는다면 관심을 가지고 행동하는 사람들을, 단체를 응원하면 된다. 환경문제를 거론하는 사람들은 국민의 경제적 이익을 막는 것이 아니라 이런 잘못된 경제구조 속에서 타인을 위해 희생을 감내하는 사람들이기 때문이다.

그간 전국 곳곳에서 보아왔던, 우리 생활 속, 주변에서 아무렇지 않게 일어나고 있지만 정작 그 문제에 대해서는 아무도 얘기하지 않는 불편한 환경복지 이야기들을 알기 쉽게 담아내 보고자 했다. 피상적으로 받아들여질 수밖에 없는 먼 나라의 얘기가 환경문제의 전부가 아니다. 아마존의 열대우림 파괴 얘기가 아닌, 북극의 빙하가 녹는 얘기가 아닌 당장 내 주변에서 나의 복지를 빼앗고 있는 그런 이야기들이다. 내가 낸 세금에 의해 우리의 환경복지를 빼앗기는 이야기들을 담고자 했다.

모든 것이 진리일 수는 없다. 다만, 불편한 사실들을 접하며, 고정된 생각을 조금 내려놓으면 믿고 싶지 않은 사실들을 확인할 수 있을 것이다.

"세금을 아끼면 복지가 확대된다."

차례

2부 내일을 위한 고민

1부

환경을 바라보는 어제와 오늘

1

환경, 해결되지 않는 과제들

각종 사회문제가 혁신적으로 변화할 것이라는 희망을 가지고 살지만 그렇지 않은 것이 현실이다. 그럼에도 우리가 그간 뒤돌아보지 않고 질주했던 삶의 방향에 대한 문제를 환기하고, 제대로 된 길로 나아가기 위한 노력은 계속되어야만 한다. 지금 비록 개혁이나 적폐청산 같은 큰 변화가 보이지는 않지만 수많은 분야에서 곪아 썩어가는 치부가 드러나는 것만으로도 대단한 역사의 과정이라 확신한다.

기대보다 늦더라도 도려내야 할 환부를 확인하는 과정이 있어야만 변화는 시작된다. 그리고 아직은 눈에 보이지 않는 '환경'과 '생태'의 보전이 결국 우리 사회 성숙의 기반으로 인식되리라 믿는다. 환경과 생태에 대한 인식이 최소한 경세성장과 동등한 성도의 지위를 가질 때 기득권 중심의 사회를 벗어나는 변화가 완성될 것이다.

전후 반세기가 훌쩍 지나 선진국 대열에 이미 합류했지만 지금까지도 대한민국이 가난한 나라라는 인식은 깊다. 수단과 방법을 가리지 않고 악착같이 부를 축적하려 한 과도기 사회가 아직도 계속되고 있는 이유이다. 급변하는 시기는 늘 허점이 있기 마련이고, 이 시기를 틈타 개인적 이익을 취한 부류는 외적으로 고상한 기득권이 되었다. 그리고 그들은 기득권을 이용하는 방법을 익혀 더욱 큰 부의 축적을 위해 노력해왔다. 유독 엄청난 부자가 되었는데도 부를 더 축적해야 한다는 인식을 버리기 어려운 것은 단지 인간의 본성만으로 이해하기 힘들다. 일제강점기와 전쟁, 그리고 급성장 과정의 사회변화를 단 한 사람의 짧은 삶 동안 모두 겪을 정도로 급변했다. 그 속에서 국가라는 이름이 국민의 버팀목이 되어주기는커녕 또 다른 부패한 권력으로 부의 불균형을 만들어내는 데 일조한 과정을 보아왔기 때문일 것이다. 나 자신밖에는 믿을 수 있는 다른 존재가 없었다는 의미로 해석된다.

급성장이 주는 달콤함으로 모든 것이 좋아질 줄 알았지만, 급히 먹으면 체한다고 사회적 갈등 또한 급속히 진행되었다. 지금은 앞만 보고 달리던 사람들 중 일부가 옆을, 뒤를 돌아보기 시작했고 우리가 만들어낸 잘못을 고치려 거대자본에 저항하고 있다. 주위의 안전과는 상관없이 부의 무한축적을 위해 스스로는 멈출 수 없는 자본과 공공의 안녕이 극렬히 대립하고, 그간 묻혔던 사회문제가 속속 드러난다. 환경문제도 이 변화의 시작을 알리는 움직임이 거세게 몰아치고 있다.

고도 경제성장기를 거치면서 우리는 늘, "먹고살기 힘든데 환경보호는 무슨 배부른 소리인가?"라는 말을 달고 살았고 아직도 애써 외면하고 있다. 이미 전 세계 5% 이내에 드는 경제대국이 되었음에도 아직까지 이 논리는 통용된다. 과연 얼마나 더 잘 살아야 주변을 둘러보는 여유가 생길까?

우리는 더 이상 남들이 쳐다보지 않는 동방의 “Do you know”로 시작해야만 하는 보잘것없는 나라가 아닌, 많은 다른 국가가 일거수일투족을 예의주시하는 시대를 살고 있다. 높이 올라선 만큼 사회적 책임이 따르니 국제적으로 폐를 끼치는 ‘환경악당국가’라는 오명도 받는다. 늦었지만 우리만 자랑스러운 대한민국이 아니라 모든 국가가 예의주시하는 나라라는 것을 인식하고 그 격에 맞는 품위를 찾을 때가 되었다.

품위를 찾기 위해 해결되지 않는 과제들을 수면 위로 내어 보이고자 한다.

살아 있는 문화재

자연환경을 바라보는 문제는 비단 어제오늘의 일이 아니다. 옛것을 알아야 새것이 더욱 빛을 발할 터인데, 환경에 대한 옛것의 무지는 생각보다 심각하다. 아는 만큼 보인다 하니, 이 얘기는 지금 우리나라가 환경을 생각하는 현실을 그대로 보여주는 사례로 더없이 적합해 보인다. 너무나 중요하다고 해서 모두가 가서 보지만 무심히 지나치는, 그렇기에 더욱 안타까운 이야기로 시작해본다.

천 년의 왕국 경주, 대한민국 국민이라면 누구나 한 번은 가는 곳이다. 경주 안에서도 1000년 전 왕국이 박제가 아닌, 살아 있는 생명으로 끊이지 않고 이어지는 곳이 있다. 우리가 얼마나 자연환경에 무지했는가를 알려주는, 그럼에도 누구도 얘기하지 않는 그런 공간이다.

일제강점기 때 일본이 저지른 만행은 끝이 없다. 정신적 속국을 만들기 위한 횡포가 무자비하게 진행되는 가운데 반만년을 자랑하는 우리 역사문화 또한 표적이 되었다. 대표적인 사례가 익산 미륵사지 석탑과 경주 석굴암이다. 무너져가는 미륵사지석탑 한쪽을 시멘트 콘크리트로 바르고, 석굴암은 더 이상 원형을 알 수 없게 졸속으로 땜질해 놓았다. 심하게 훼손된 미륵사지석탑은 무려 20년 동안의 보수작업을 통해 겨우 원형을 찾았으며 석굴암은 현재 정보와 기술로는 복원의 가능성조차 보이지 않는다. 한순간의 과오가 만들어낸 문제들이다.

일제강점기와 한국전쟁의 아픔을 겪으면서 우리의 수많은 문화유산이 원형을 잃거나 사라졌다. 여기에 더해 현대화라는 이름을 빙자, 낡았다는 명목으로 문화유산을 상당 부분 없애버렸다. 짧은 시간 이렇게 막대한 훼손에도 불구하고, 유구한 역사를 바탕으로 쌓아 올린 수많은 역사문화유산이 이어져 오고 있다. 역사적 부침이 많았던 우리나라의 특성상 문화유산의 관리가 쉽지는 않았음을 이해한다. 그래서 더욱 남아 있는 문화재를 적극적으로 보존해야만 하는 것이 우리 시대의 큰 임무일 것이다.

문화재는 원형의 유지가 가장 중요하며 혹여 훼손될 경우를 대비해 원형 정보를 되도록 상세하게 기록해 놓는 것이 기본 중 기본이다. 본래의 모습을 확인하기 어렵다면 더 이상 훼손이 진행되지 않도록 조치해야만 한다.

말은 쉬우나 현실은 녹록지 않다. 어려운 문화재 관리문제 해결을 위해 문화재의 보호와 복원을 포함하여 전문적이며 적극적인 관리를 위한 전담기관인 문화재청이 국가부서로 있는 이유이다. 그런데 일부 문화유산 관리에 있어 문화재청은 지금까지도 실로 한심한 관리를 진행하고 있다. 무지에서 비롯된 것은 아닐 터인데 어떻게 설명할 길이 없다. 일제강점기 때 훼손한 것보다 심각한 훼손이 21세기를 사는 지금, 일제가 아닌 우리 정부에서 자행되고 있다면 믿을 수 있을까?

문화유산은 시간이 지나면서 이런저런 사정으로 인해 사라지게 된다. 그렇기 때문에 아무리 많은 문화유산이 도처에 널려 있다 한들 2000년 이상의 역사를 지닌 문화재는 손에 꼽는다. 이 중 대표적인 것이 문화재보호법 제정 이듬해인 1963년에 사적 제19호로 지정된 경주 계림이다. 김알지의 탄생설화로 잘 알려진 계림은 신라의 건국 때나, 문화재로 지정될 당시에도 숲이었고 지금도 숲으로 남아 있다. 그런데 문화재로 지정한 이후 오히려 원형을 파악할 수조차 없도록, 더욱 심각하게 훼손된 독특한 사례로 남아 있다. 문화재 관리의 기본 원칙인 원형의 보존은커녕 그 원형이 무엇인지 알 길조차 없으며, 알려고도 하지 않는다.

계림이 문화재로 지정된 이유는 역사적 탄생설화를 간직한 신성한 숲이라는 데 있다. 이미 신라 시대 때부터 신성한 숲으로 보호되어 왔으니 그 보호 역사는 가히 우리나라에서 최고라 할 것이다. 숲에 들어가 보지 않은 사람이라면 2000년 이상 이곳이 온전히 보전되어온 오래된 숲이리라 생각할 것이다. 물론 가본 사람들도 대부분 그렇게 생각할 것이다. 그런데 이런 중요한 문화재가 원형은 고사하고, 지정 당시의 상태보존은커녕 현재도 제대로 된 정보 없이 훼손되어 가고 있다는 것을 아무도 얘기해주지 않는다.

계림은 신성한 숲이다. 숲에 대한 원형정보는 당연히 그곳에 사는 나무들에 대한 정보가 되어야 한다. 살아 있는 생명이니 2000년 동안 그대로 있기를 바라지는 않지만 최소한 당시의 후대목들이 온전한 숲을 이어나가는 것이 이곳의 유지 · 보전을 위한 목적이고, 당연히 그 목적을 달성하기 위해 문화재로 지정했을 것이다. 그러니 숲의 원형을 알아가는 것이 보존의 시작이 되어야 하는 것은 당연하다.

살아 있는 문화재의 근간이 되는, 계림의 나무들에 대한 기록을 확인할 수 있는 가장 오래된 문헌은 일제강점기 때 조선총독부에서 발행한 조선의 임수(1938)이다. 만약 1963년 사적으로 지정할 당시 찾을 수 있었던 과거 문헌기록과 당시 수목에 대한 정보를 종합하여 원형을 유추하려 했다면 지금까지도 신성한 숲을 유지할 수 있었을지 모른다. 그러나 1990년대 말에 들어서야 개별 연구자들에 의해 조금씩 조사되기 시작한 게 전부이고, 아직까지도 이곳에 대한 정보는 어떤 나무들이 있다 정도의 개괄적 수준에 머물고 있다. 문화재 관리의 기본인 정보기록은 일절 없었지만 반대로 문화재 지정 이후 이곳에서 문화재의 급격한 훼손이 진행되었다는 명백한 사실은 쉽게 확인할 수 있다.

문화재 지정 이전까지 환경 특성에 의해 자연스럽게 삶을 반복해오던 숲이, 즉 역사적으로 신성한 숲으로 유지되던 곳이 아이러니하게도 문화재로 지정된 이후 환경적 특성과 무관한 외래종이 식재되었고 그로 인해 문화재적 가치와 역사적 장소성이 빠르게 훼손되었다. 이건 마치 경복궁의 지붕이 기와로 되어 있으니 좀 더 아름답고 알록달록하게 만들고자 스페인식 기와나 일본식 기와를 덕지덕지 덧붙인 것과 같은 상황이다. 그것도 원형과 관련한 아무런 정보를 기록하지 않은 채로 말이다.

더 심각한 문제는 숲이라는 문화재에 대한 인식 없이 숲의 터전인 토양과 물길을 훼손한 것이다. 물길을 인위적으로 돌리기 위해 수로를 만들고 원형의 늪지대 숲을 성토해서 본디 식물이 살아갈 수 있는 환경 자체를 파괴해 버린 것이다. 신성한 숲의 원형을 확인할 길이 없도록 조치한, 실로 심각한 문화재 훼손이라 하겠다. 일제가 석

계림의 왕버들 대경목. 숲이라면 당연히 있어야 할 어린 후대목들이 보이지 않는다. 이들이 수명을 다하면 이 숲은 더 이상 역사적인 숲이라 할 수 없을 것이다.

굴암을 복원할 때 자연적 제습 이치를 확인하지 않은 채 엉터리 복원을 실시한 것보다 훨씬 심각하게 문화재 원형을 훼손한 사례다. 그럼에도 이 문제를 아무도 얘기하지 않는다.

꾸준하고 지속적인 훼손이 문화재 보호를 기본 목적으로 하는 문화재청에 의해 자행되었다는 것은 실로 이해 불가다. 그리고 원형은 커녕 현황자료도 없다? 2008년 대한민국 국보 1호가 소실되었을 때 아무 건축재료나 가져다가 집을 짓는다는 계획을 했다면 인정했을 사람은 단 한 사람도 없었을 것이다. 해당 복원에 사용된 소나무가 생물학적으로 전혀 구분되지 않는 동일종, 즉 같은 나무임에도 불구하고 한국산인지 러시아산인지를 놓고 수년 동안 논란이 있었던 것을 떠올려 봤을 때 문화재의 원형복원이 얼마나 중요한지 알 수 있다.

숭례문은 다행히 소실되기 전 정밀 3D 스캐닝 기술로 구축한 정보자료가 있었기 때문에 완전소실에도 다시 원형에 가깝게 복원할 수 있었다. 그리고 만약 모든 부재를 스캔한 원형자료가 없었다 하더라도 아무렇게나 일반적인 건축재료를 써서 숭례문을 만들지는 않았을 것 아닌가? 문화재에 있어 원형정보는 그만큼 중요하다. 그리고 함부로 할 수 없는 그런 것이다. 이런 기본쯤이야 문화재를 전공하지 않은 나보다 문화재를 아끼고 사랑하는 수많은 전문가들이 훨씬 잘 알 것이다. 그런데 아무런 자료가 없다는 문화재가 존재한다?

계림에 대한 구체적 정보에 대한 조사는 이전까지 진행되지 않아 2015년 11월 개인적으로 계림의 수목을 측량하면서 전수조사를 진행했다. 아마도 이 기록이 2000년의 역사를 가진 계림의 구체적 정보를 처음으로 기록한 것이 아닌가 한다. 지형도 함께 측량하였는데, 이미 훼손된 지형이기 때문에 기록의 가치는 떨어지겠지만 우리 세대가 문화재를 훼손한 아픈 기록이기에 남겨두어야만 할 것 같았다.

당시 계림에 나무 높이 2m 이상 수목은 모두 25종, 510주가 자라고 있었는데 이 숲에서 자연적으로 자라났을 것으로 판단되는 종이 14종, 외부에서 도입된 수종이 14종이었다. 느티나무를 포함해서 4종은 자연적으로 자란 개체와 도입된 개체가 혼재하는 것으로 판단되고 가죽나무는 식재가 아닌 자연적으로 유입된 외래식물이다. 자연적으로 이입된 외래식물 또한 인위적 수로의 조성과 성토로 인한 토양환경의 급격한 변화로 발생한 것이다. 가죽나무는 몇 년 후 관리명목으로 모두 잘렸지만 변화된 환경에서 당분간은 계속 싹을 틔울 것으로 보인다.

신성한 숲인 계림에서 현재 살아가고 있는 수목 중 절반이 외부에서 아무렇게나 들여온 나무라는 것을 납득하기는 어렵다. 그것도 조선 시대에 들여온 것으로 판단되는 회화나무를 제외하면 외래수목

도입 대부분이 문화재 지정 이후 최근에 진행되었다. 숲이 문화재인데, 숲의 전부인 나무들을 역사적 고증 없이 아무것이나 마음 내키는 대로 가져다 심은 것이다.

전통적인, 신성한 숲과는 관계가 없는, 외부에서 도입한 식물이 차지하는 개체의 비중이 절반 가까이 되는 상황을 어떻게 설명할 것인가? 원형 보존과는 무관하게 아무렇게나 나무를 심은 이곳을 과연 우리나라 역사의 핵심인 신라의 건국신화와 직결한 신성한 숲으로 이야기할 수 있을까? 이곳을 찾은 사람들에 살아 있는 숨결을 느끼라고 하는 것은 위선 아닐까? 전통 한옥의 일부만 남겨두고 한옥의 구성형태와는 상관없이 겉보기에 괜찮은 어디서 왔는지도 모르는 재료를 모아 새롭게 지은 집을 과연 문화재라 불러도 되는가 하는 질문을 던지는 것이다.

계림의 과거 지형자료와 현재 성토된 곳을 확인할 수 있는 일부를 바탕으로 원형을 유추해보면 이 숲은 작은 계곡이 지속적으로 범람하면서 생긴 저지대 퇴적토 위에 형성된 숲이다. 일반적으로 하천의 침식, 운반, 퇴적기능에서 퇴적이 이루어지는 지역에 해당한다. 이러한 지형은 꾸준한 퇴적을 통해 식물이 이용할 수 있는 토심이 매우 깊고 양분도 풍부하다. 지속적으로 충분한 수분공급이 이루어져 수목이 자라기에 최적의 환경을 이룬다. 계림은 이렇게 자연이 만든 훌륭한 숲이다.

90년대 말 일부 학자는 계림을 조성된 숲으로 판단하였는데, 2000년을 이어온 신성한 숲이라는 측면에서 조성되었다는 논리는 이치에 맞지 않는다. 반면 몇몇 계림에 관심을 보인 학자들은 숲의 지형적 특징을 바탕으로 이 숲에 인간 간섭이 없다면 수면 가까이로는 왕버

도시민을 위한 단풍나무의 인위적 도입은 신성한 숲으로의 계림이 아닌 여느 도시에나 있는 도시공원으로 만들기에 충분해 보인다.

큰비에 범람이 가끔 일어나는 늪지대여야 왕버들의 후대목이 자라 숲이 유지될 수 있는데, 반대로 물을 빨리 빼고자 암거를 설치하여 늪지대 숲의 원형을 파괴해버렸다.

들, 조금 떨어진 곳으로는 느티나무와 팽나무가 주로 자라는 구조의 숲으로 판단하였으며, 당연히 자연적으로 형성된 숲임을 강조하였다. 개인적으로는 느티나무가 계곡의 상류부, 즉 침식이 일어나는 급경사 계곡부에서 주로 군락을 형성하는 수종임을 감안할 때 느티나무 또한 대부분 식재한 것으로 판단된다. 느티나무는 조선 시대부터 식재되었던 것으로 보이는데 성리학의 상징 수목인 회화나무를 구하기 어려웠기에, 대신 느티나무를 동일한 수목으로 간주해 식재하는 문화변용에 의한 식재로 보인다.

종합해보면 계림은 지형적 특성과 큰나무들의 분포특성을 살펴봤을 때 충적 저지대 우점군락인 왕버들과 유교적 관점에서 식재된 것으로 판단되는 느티나무나 회화나무가 균형을 이루며 생육하는 생태-문화적 숲으로 정의하는 것이 적합하다. 그러나 계림이 지닌 이러한 역사적 · 생태적 측면의 원형 보존을 위한 관리가 아닌, 인위적인 성토와 배수암거를 설치하는 등의, 문화재로는 상상할 수 없는 관리가 진행되었다. 그 결과 왕버들군락이 급격히 쇠퇴하였으며 이제 다시는 어린 왕버들이 싹을 틔우지 못하는 역사적인 숲의 단절을 가져왔다. 조금 더 지나면 왕버들 노거수가 쓰러질 것이며 외부에서 공수한 조경수목이 그 자리를 대신 차지할 처지에 놓여 있다. 2000년간 이어온 신성한 숲이 문화재 관리의 최고기관인 문화재청에 의해 이렇게 파괴되고 있는 것이다. 이런 곳에서 역사문화를, 신라인의 숨결을 느끼라 할 수는 없다.

늦었지만 지금이라도 계림을 생태-문화가 복합된 역사문화재로서 인식하고 문화재 원형유지를 관리의 기본원칙으로 삼아야만 한다. 동측 비각을 중심으로 한 주변 지역은 생태적 관점의 팽나무나 느릅나무, 유교문화적 관점의 회화나무나 느티나무가 공존하는 숲이 원형에 가깝다. 나머지 대부분 지역은 왕버들 우점군락으로 보는 것이 타당하다. 가장 우선적으로는 자연적으로 이러한 숲이 지속될 수 있도록 환경을 원형에 가깝게 복원해야 한다. 이를 위해서는 서측에 광범위하게 식재된, 신성한 숲과는 전혀 관련이 없는 나무를 다른 곳으로 옮겨야 할 것이며 성토된 토양을 걷어내는 작업도 함께 진행해야 한다.

문화재를 지정한 이후 원형을 훼손하는 행위를 관리라 하는 경우는 없다. 이런 의미에서 현재 문화재청에서 관리하고 있는 역사적으로 신성시하는 숲인 계림은 문화재로서 관리된다고 말할 수는 없을 것이다. 이는 비단 계림만이 아니라 수많은 자연문화재에서 벌어지고 있는 아픈 현실이다. 문화재청이 자연문화재의 지정을 확대하고 있는 시점에서 자연문화재 관리에 대한 새로운 접근이 필요할 때다.

일제강점기, 우리나라 최고의 전통문화재들을 중심으로 벌인 일제의 문화말살정책 중 하나는 문화재를 둘러싸며 자라고 있는 고유의 나무들을 잘라내고 일본의 상징인 삼나무와 편백나무를 심는 행위였다. 일제는 이 살아 있는, 문화재가 없어져도 그 자리에서 수천 년을 계속 살아갈 나무들을 이렇게 중요하게 생각했다. 이 나무들이 100년을 자라 문화재를 둘러싸고 있는 지금 우리는 어떤 역사문화를 가르치고 배우고 있을까?

나무는 죄가 없지만 그 의도는 죄가 있다. 이 나무들을 보며 우리나라 고유의 오랜 역사문화의 감동을 느끼라고 하는 강요는 더 이상 없어야 한다. 그리고 이런 일제의 문화말살정책을 무의식적으로 따라 하는 행위는 시급히 멈춰야만 한다.

환경 인식의 거울, 환경영향평가제도

우리나라 환경문제를 이렇게까지 참담하게 끌고 온 가장 큰 문제는 단연 환경영향평가제도이다. 어느 정도 경제발전을 이룩한 후, 환경보전과 개발의 균형을 맞추는 나라라는 것을 대내외에 보여주어야 할 필요로 환경영향평가법을 만들기는 했지만 말 그대로 허수아비이기 때문이다. 이 법은 아직까지 탐욕스러운 개발을 좇는 자본을 위한 면죄부로 훌륭히 작동하고 있다.

극단적 비유이니 관련 분야에서 일하는 분들의 오해는 없었으면 한다.

만약 재판을 받아야 할 사람이 자신의 과오를 직접 조사한 후 해당 자료를 법원에 제출하고, 판사는 그 자료를 바탕으로 판결한다면? 또는 피고가 직접 조사자를 고용하여 수집한 자료만으로 판결한다면? 어떤 이유에선지 판사는 전적으로 이 자료를 신뢰한다면?

좀 더 괜찮은 가상의 예를 들어보자.

1) 서민이 평생 모은 돈으로 집 한 채 장만해서 노후라도 편하게 살려고 한다.

2) 정부는 중대한 하자가 있는 집은 팔지 못하도록 강력하게 규제한다. 다만,
3) 모든 하자 조사는 집을 지어 팔려는 사업자가 하도록 한다. 사업자는 조사를 다른 사람에 부탁해도 된다.
4) 이렇게 사업자가 제출한 조사자료로 평가를 진행한다. 그리고,
5) 집이 팔린 후 혹시나 발견된 하자는 전혀 문제 되지 않는다.
6) 덧붙여, 팔리기 전에 하자가 발생해도 사업자는 손해를 보지 않는다.

지금 무슨 말 같지도 않은 소리를 하느냐고? 한글을 아는 사람이라면 이게 어떤 문제가 있는지 알 수 있고, 현재 우리나라에 이런 법이 있다고 한다면 믿기 어려울 것이다. 그런데 이런 법이 21세기를 사는 지금, 우리나라에 멀쩡하게 존재한다. 안타깝지만 대한민국 환경을 책임지는 요체인 '환경영향평가법'이 정확히 이렇다. 그리고 이 법을 제발 제자리로 돌려달라는 요구가 법을 제정할 당시부터 지금까지 계속되지만 바뀌지 않는다. 새 정부가 들어서거나, 법을 총괄하는 환경부 장관이 바뀌기 직전에는 항상 법을 보완하겠다고 하지만 나아지지 않았다.

환경영향평가법의 목적은 모든 국민이 헌법에서 정한 '건강하고 쾌적한 생활을 영위할 권리'를 보장하기 위함이다. 이 목적 달성을 위해 국가는 책무를 다해야 하며, 환경부 장관은 '객관성, 과학성 및 예측가능성을 높이기 위한 노력'을 해야만 한다. 그런데 이 모든 미사여구를 한낱 우이독경으로 만드는 내용이 같은 법률 안에 존재한다. 동법 제9조(전략환경영향평가), 제22조(환경영향평가), 제43조(소규

모환경영향평가)의 1항에서는 공히 「(개발)사업(계획)을 하려는 자는 (환경)평가를 실시하여야 한다」 고 했다. 즉, 평가서 작성 주체를 개발하고자 하는 '사업(계획)자'로 명시하고 있다.

사업을 통해 부를 축적하려는 자에게 도덕적 책무 또한 다해달라는 이상적인 법이기는 하다. 현실을 외면한 무릉도원에서나 있을 법한 순진한 법이라 문제지만 말이다. 달리 말하면, 이상을 꿈꾸며 만든 법이 아니라는 얘기가 된다. 알아서들 피해 가라는 의미가 깔려 있다.

내가 만약 사업(계획)자라면, 또는 사업(계획)자에게 비용을 받아 조사를 진행한다면, "사업을 하려고 토지를 구매해 조사해보니 '모든 국민의 기본권인 건강과 쾌적한 삶의 영위'를 위해 이 부지는 개발을 해서는 안 되는 곳으로 판단된다."라고 말할 수 있을까? 이 글을 읽는 사람 중에 과연 몇 명이나 '그렇다'라고 당당하게 외칠 수 있을까? 만약 대행자가 한 번이라도 사업자에 반하는 결과를 제시한다면 그 회사는 문을 닫아야만 한다. 실제 업계에서는 사업자의 의중을 충실히 따르는 데도 불구하고 30% 정도는 대금을 받지 못한다고 한다. 물론 대금을 못 받아도 어디에 하소연조차 못 한다.

매년 수많은 환경영향평가서가 작성되어 제출되지만 대부분 아무런 지적 없이 넘어간다. 문제가 없는 것이 아니라 관심을 가지지 않기에 문제가 드러나지 않는 것뿐이다. 간혹 몇몇 사업들은 많은 문제를 일으키는데, 그 이유는 유독 이들 사업을 위한 환경영향평가서가 부실하게 작성되었기 때문이 아니다. 오히려 사회적인 관심이 높아 영향평가서 작성에 더욱 신경을 쓰는데도 문제가 크게 드러나는 것이니 그렇지 않은 평가서들은 얼마나 심각하게 작성되는지 반대로 생각해봐야 할 뿐이다.

사회적 논란이 되느냐 안 되느냐의 차이는 그 사업에 대해 문제를 알리려는 사람이 있는가 없는가의 차이밖에 없다. 정부는 이러한 사항을 알고는 있지만 절대로 관련해서 조사나 분석은 하지 않는다. 환경부의 존재 이유를 부정하는 것이지만 개발 중심으로 돌아가는 정부에 반할 수 없기 때문일 것이다.

팔은 안으로 굽는다. 살아가면서 자신의 이익을 위해 사소한 거짓말 한 번 안 해본 사람은 없을 것이다. 심지어 법에서도 자신을 변호하기 위한 위증은 방어권 행사 측면을 인정하여 범죄라 하지 않는다. 최대한 이해당사자 간 논란을 억제하기 위해 중립적으로 노력하는 것은 민주주의국가의 기본 책무이다. 그래서 어떤 분쟁이나 객관적 검증이 필요한 사안이 발생했을 때는 사건과 관계없는, 상대적으로 공정한 제3의 전문 조사기관이 조사를 하고 그 결과를 면밀히 검토하여 처분하는 것 아니겠는가? 이렇게 공정하게 해도 문제가 심각하게 발생하는데 과연 정부는, 환경부는 무얼 믿고 이런 법을 아직까지 당당하게 유지하는 것일까?

현장조사 전문가가 되는 과정은 매우 어렵다. 기본적인 학습에 더해 할 일이 많기 때문이다. 추우면 추운 대로, 더우면 더운 대로 최소 몇 년을 길도 없는 산속, 물속을 헤집고 다니며 수련해야만 한다. 요즘같이 편안하고 안정된 일자리를 추구하는 시대에 대학원까지 나온 소위 '고급인력'이 할 일은 아닌 것이다. 학부생이나 대학원생과 함께 험준한 고산지대 조사라도 할라치면 다들 짐을 싸서 떠나간다. 교수들이라고 별반 다르지 않다. 환경보호라는 고상한 단어 뒤에 숨어 있는 현장조사의 고통은 쉽게 참아낼 수 있는 일이 아니라는 말이다. 단지 산이나 물을 헤집고 다니는 데서 나아가 각종 생물종을 외우고, 그들이 서식하는 환경특성, 행동특성을 파악하는 등 공부할 것은 그 어떤 분야보다도 광범위하다. 살인진드기의 공격도 수시로 받는가 하면, 때로는 거대한 멧돼지를 만나거나 살모사에 가슴 철렁하는 일들은 약과다.

국가의 기초학문이 되어야 함에도 불구하고 우리나라와 같이 기초학문을 홀대하는 나라에서는 제대로 된 일자리를 찾기도 어려우니, 대부분 대학에서는 '필드조사'가 필요한 학문 분야를 아예 없애고 있다. 정부가 엉터리 법률을 유지하니 전문가의 전문성은 하나도 중요하지 않고, 이 상황을 뻔히 아는 학생들은 배우려 하지 않는다. 교수도 가르치기 어려우니 점점 필드 전문가는 사라지고 있다. 요약하면 사회가 그 가치를 인정하지 않기 때문에 발생하는 현상이다. 그 피해는 고스란히 국민에게 되돌아온다.

기이하게도 대학에서 배출되는 전문가는 점점 줄어들고 있는데, 환경영향평가서는 더 많이 양산되고 있다. 이렇게 양산되는 환경영향평가서에서 발견되었다고 하는 멸종위기종이나 보전의 가치가 높은 지역은 새롭게 보고되지 않는다. 과거 정부조사보고서에 발견된 기록이 있거나 영향평가과정에서 논란이 되어 어쩔 수 없이 평가서에 기록해야만 하는 종과 서식처 이외에는 전혀 발견되지 않는다. 같은 장소에 전문적 교육을 전혀 받지 않은 일반인이 방문해도 관찰할 수 있는 종들이 전문가 조사에서는 당연하게 누락된다. 이런 부실한 조사결과에 대한 해명은 늘 같다. 동물은 이동이 가능하니 '조사 당시에는 보이지 않았다.'

환경영향평가제도는 시작부터 지금까지 쭉 그래왔다. 제도 초기에 가장 큰 사회적 이슈를 불러왔던 덕유산국립공원 무주리조트부터 사업이 끝났지만 지금도 사회적 갈등이 전혀 식지 않고 있는 4대강사업, 평창동계올림픽 활강경기장, 경부고속철도 천성산 등이나 똑같은 문제를 되풀이하며 현재진행형인 설악산 오색케이블카, 제주비자림로, 낙동강 대저대교, 제주2공항, 양산 사송택지개발지구 등도 판박이이다.

개인적으로 우리나라 환경영향평가제도 역사상 그 과정이 가장 철저하게 진행되었다고 판단하는 설악산 오색케이블카 사업의 환경영향평가서에도 '순간이동'이나 '관심법' 등과 같은 온갖 문제들이 드러나니 말 다했다. 멸종위기종인 산양이 한 마리도 살지 않고 한두 마리 지나가는 정도라고 했던 곳을 다른 조사자가 조사해보니 무려 50여 마리나 살고 있는 핵심서식처로 밝혀졌으니 말이다.

환경영향평가제도가 도입된 이후 이런 사례는 차고 넘친다. 전문가도 아닌 지역주민이 자신의 시간과 노력을 들여 이슈화하고, 전국적인 언론 보도가 있어야만 극히 일부 영향평가의 문제가 발견될 뿐이다. 아무런 지식도 없던 동네 사람들이 자신을 찾아와 개발예정지에 어떤 멸종위기생물종이 출현하고 있는지를 전문가보다 정확하게 해설하는 상황이 현실이라는 한 환경노동위원회 국회의원의 얘기는 너무나 슬픈 우리나라의 모습이다. 환경영향평가법이 얼마나 유명무실하면 지역주민들을 그렇게까지 하게 만들었을까 하는 자괴감이 든다. 현재 법률상으로 그들이 유일하게 할 수 있는 일은 멸종위기종의 존재를 알리는 일밖에 없다. 그것도 아주 간단히 무시되지만 말이다.

이상이 없다는 말을 되풀이한 수많은 환경영향평가 과정을 통해 개발된 우리나라 자연은 정말 이상이 없을까? 환경영향평가를 진행한 전문가와 이를 평가하는 환경부의 논리대로라면 그 어떠한 개발에도 우리나라 생태계는 나빠지지 않는다. 동물은 이동해서 다른 데 가서 잘 살고, 식물은 옮겨주면 되기 때문이다. 책임지지 않는 개발자와 환경부의 직무유기가 채 반세기도 되지 않는 시간 동안 이어지면서 국토는 다시 돌이킬 수 없을 정도로 병들고 말았다.

잘 살 것이라 장담한 덕유산 무주리조트의 주목. 수백 년을 살아온 나무가 앙상한 가지만을 드러내고 있다. 리조트를 개발하려던 당시 환경영향평가서에서 이곳은 수령 20년 미만의 어린 숲이라 평가되었다.

고양이와 생선가게

꽤 길게 환경영향평가제도를 얘기한 것은 이 제도가 우리나라 환경에 미치는 영향이 그만큼 강력하기 때문이다. 환경영향평가가 마무리되면 해당 토지는 생명의 터전이라는 제 기능을 (반)영구적으로 하지 못하고 오로지 경제적 관점의 부동산 자산으로서만 기능하게 된다. 우리나라에서 부자가 될 수 있는 수단은 오로지 부동산이라는 신화는 깨질 기미가 안 보인다. 그러나 한정된 토지는 부동산의 기능보다 훨씬 중요한 가치가 녹아 있다. 토지 자체는 명확한 소유경계를 갖지만, 거기에서 발생하는 서비스 가치의 이익과 손해는 경계가 없기 때문이다. 사람과 모든 자연의 생물이 살아갈 공존의 터전이기에 단지 개발이익만을 취하는 공간이 아니다. 특히 우리나라와 같이 좁은 국토에 많은 인구가 살아가는 공간에서는 더욱 그렇다. 인구밀도가 높기에 주변에서 독립적으로 하는 행위에 영향을 훨씬 크게 받는다. 따라서 다른 나라보다 훨씬 강력하게 일정 부분 사익을 제한해야만 한다. 동물이 이동 가능한 것처럼 오염도 이동 가능하다는 것을 왜 모른 척하는지 모르겠다. 층간소음 문제와 비교해서 살펴보면 이해가 빠르다. 내 집에서 뛸 권리가 무조건 보장되어야 한다는 것을 용인하는 사람은 없지 않나?

토지를 기반으로 하는 환경은 토지주만이 소유하는 것이 아닌 모두를 위한 공공재다. 이것을 이용해 내가 이익을 보려 하면 불특정 다수가 손해를 보게 된다. 반대로 개인의 헌신으로 인해 나타나는 이익은 오롯이 토지주의 이익으로 돌아오는 것이 아니라 불특정 다수의 이익으로 보상된다. 여기에서 가장 중요한 점은 공공재로 이익을 얻으려 했을 때는 반드시 내가 얻는 총이익보다 불특정 다수가 받는 총손해가 생각할 수 없을 정도로 훨씬 크다는 점이다. 반대로 개인의 헌신으로 인해 불특정 다수가 얻는 총이익도 상상할 수 없을 정도로 크다.

간단한 예를 들어보면 쉽게 이해가 된다.

두산전자가 독극물 페놀이 함유된 악성폐수 325톤을 낙동강 지류인 옥계천에 무단방류한 사건인 낙동강 페놀사건을 기억할 것이다. 두산전자는 페놀을 무단방류함으로써 독극물 처리비용을 줄일 수 있었겠지만, 낙동강을 식수원으로 하는 사람들의 피해는 가히 상상할 수 없을 정도로 컸다. 당시 약 170억 원의 손해배상 청구소송이 진행되었지만 회사가 배상한 금액은 10억 원 남짓에 불과했다. 낙동강 페놀 방류 사건으로 해당 기업이 얻은 이익은 수많은 주민이 짊어져야 할 총손해에 비해 형편없이 미미했다. 상황이 이러한데도 정부는 기업 편을 들어주었다. 국민의 모든 손해를 10억 원으로 말끔하게 정리해주었기 때문이다.

단군 이래 최대사업이라 했던 4대강사업을 통해 기업이 얻은 이익에 비해 우리 국민이 평생을 두고 지불해야만 하는 손해는 비교 자체가 불가능하다. 반대로 누구의 소유이건, 벌거벗은 산이 복원되면 아무것도 하지 않은 이웃 사람들이 얻는 이익은 주인이 복원에 사용한 비용에 비해 엄청나게 크다. 여기에 자본주의에서 해결할 수 없는 커다란 함정이 존재한다. 환경을 오염시킨 악덕기업이나 개인은 모두의 손해를 발판으로 막대한 돈을 벌었다는 것이며, 복원된 산의 산주가 얻는 이익은 거의 없다는 것이다. 복원으로 발생한 거대한 혜택이 모든 사람에게 고루 돌아갔기 때문이다.

자본중심주의가 해결할 수 없는 불공정을 막기 위해 선진화된 민주주의 사회일수록 모든 국민을 동등하게 존중하고자 노력한다. 우리는 돈의 기준으로는 이미 선진국 대열에 합류했지만 국민을 동등한 눈높이로 바라보는 기준에서는 후진국 수준을 벗어나지 못했다. 페놀사건을 포함해 수많은 환경문제에 직면했을 때 나라는 국민의 건강한 삶이라는 기본권을 무시한 자본의 횡포에 맞서 국민의 외면했다. 당연한 임무를 무시하고 남의 고통을 기반으로 이익의 극대화를 꾀한 기업의 편을 들어왔다. 이런 사례가 줄어들기는커녕 지속되기만 하는 이유이다. 비만 오면 하천 물고기가 떼죽음을 당하는 현상은 여전히 현재진행형이다. 소를 잃고도 외양간을 고치는 것이 아니라 소를 훔쳐간 도둑을 엄호해주기 바빴던 것이 성장중심주의의 민낯이다.

개발행위로 인해 발생하는 이익이 개발자에게 돌아가는 것은 자본주의 사회에서 언뜻 당연해 보인다. 그러나 현대경제학에서 계산하지 못하는 환경비용은 고스란히 개인들이 메워야 한다. 가난한 사람들이 조금씩 돈을 모아 부자에게 쥐여주는 꼴이다. 환경영향평가제도는 각종 개발행위로 인해 발생할 수 있는 환경문제를 완화하기 위해 만든 장치로 엄격할수록 개발과 관계없는 주변 개인의 손해는 적어지게 마련이다. 국가는 당연히 이익의 총량을 극대화하는 방안을 선택해야 하지만 전혀 그렇지 않다. 국민이 고르게 잘사는 사회를 만드는 책무를 지닌 대한민국 정부가 유독 자연환경 분야만큼은 고양이에게 생선가게를 맡기고 있다. 생선가게를 맡긴 사람은 이미 고양이가 취할 행동을 뻔히 알고 있지만 그 선택이 잘못된 것임을 애써 외면한다. 은행이 대출 신청자에게 본인의 신용을 평가하고 대출액과 이자를 산정하라는 것이며, 판사가 재판을 받는 자에게 자신의 죄를 목록별로 정리하고 형량을 정하라는 격이다. 은행이 파산하고 범죄자가 사회를 활보하게 되는 것이 뻔한 것 아닌가?

이 제도 하나만으로도 왜 우리나라가 전 세계 자연환경관리수준 꼴찌를 맴돌고 있는지 알 수 있다. 미세먼지가 세계 최고 수준이고, 온난화는 지구 평균의 두 배에 육박하는 이 나라가 처한 환경적 상황이 개인의 잘못이며 스스로 감내해야 하는 문제인가 반문하지 않을 수 없다. 많은 국민이 급격히 악화되는 부의 양극화에 살기 어렵다고 외치지만 그 소리와 정책은 따로 움직이니 안타까울 수밖에 없다.

현 제도하에서 환경영향평가를 위한 조사는 당연히 제대로 이루어지지 않는다. 그리고 환경영향으로 인해 불특정 다수에 전가되는 피해를 줄이고자 하는 노력은 어디에서도 찾아볼 수 없다. 환경영향평가서의 영향 저감방안은 획일적이다. 개발로 인해 가중되는 승용차에서 발생하는 미세먼지의 양은 극히 미미하여 없다고 계산하면 그만이고, 멸종위기 야생동물은 어딘지 모를 다른 곳으로 이동해서 잘 살 것이라고 기술하면 그만이다. 기업은 말할 것도 없고, 4대강사업이나 동계올림픽 경기장 건설사업, 케이블카 조성사업, 국가적으로 필요한 사업인지 심각하게 의문이 드는 사드기지 건설 등과 같이 정부가 하고자 하는 일들 또한 이렇게 진행된다. 누구누구의 공약이라는 이유만으로 이미 문제가 없다는 답을 내어놓고 시작하는 것이다. 지방자치의 가장 큰 병폐 중 하나가 바로 후보자가 제시하는 개발 공약으로 발생한다. 특정인의 이익에 맞서 다수의 이익을 대변할 보전 공약이 우리 사회 주류가 되는 시대를 볼 수 있으면 좋겠지만 요원한 희망사항일 뿐이다.

환경조사자료는 그 특성상 개발자가 숨기고자 하면 알아내기 매우 어렵다. 따라서 환경영향평가는 해당 개발과 이해관계가 없는 제3의 기관이 진행하는 것이 당연하다. 이런 당연한 것이 지켜지지 않는 나라가 현재의 대한민국이다. 환경영향평가를 위한 조사를 개발하고자 하는 자가 작성하는 우스꽝스러운 기현상이 발생하고, 이를 관리감독해야 할 환경부는 무엇이 문제인지 반문하고 있다. 물론 제3의 기관이 진행한다고 해서 문제가 완전히 사라지는 것은 아니지만 많은 부분 보완이 가능해진다.

공공재인 환경 현황을 객관적으로 파악하는 것은 모든 국민의 이익을 위해 중요하다. 그리고 당연히 객관적 정보가 있을 때 보다 훌륭한 계획이 가능해진다. 자연환경조사를 제3의 기관에 맡기고, 이렇게 수집된 자료를 모두가 공유한 상태에서 개발자가 계획을 수립하는 방식이 합리적이다.

엄청난 사회적 갈등을 초래하고 있는 각종 개발사업에 제대로 된 환경영향평가가 이루어진다면 국민이 지불하지 않아도 되는 막대한 갈등비용을 아낄 수 있음은 틀림없다. 그런 의미에서 우리나라 환경정책은 아직도 드러나지 않은 적폐에 짓눌려 있다고 봐야 할 것이다.

환경영향평가 왜?

환경영향평가 문제의 제기와 함께 제도를 개선할 방안을 꽤 오랫동안 여러 번, 다양한 방법을 통해 제기했다. 제대로만 작동된다면 '환경악당'으로 불리는 우리나라의 많은 문제를 완화할 수 있는 괜찮은 제도이기에 바로잡길 바라는 마음에서였다. 그때마다 돌아오는 반응은 열심히 일하는 정부 비판을 자제하라는 말들이었고, 관련 전문가와 정부관계자는 외면하기 바빴다.

정부가 왜 관심이 없을까를 생각하다 보니, 거꾸로 혹시 내가 잘못 알고 있는 건 아닌가 하는 의구심까지도 들었다. 그러면서 보다 중립적인 관점에서 객관적 실체에 접근하기 위해 더 많은 자료를 찾아 헤맸다. 그리고 얻어낸 간단한 자료를 정리하는 순간 의구심은 대부분 해소됐다. 그간 제도개선을 위한 많은 이들의 노력이 왜 이 제도를 관리하는 이들에게는 전혀 공감을 받지 못했을까에 대한 물음의 답을 찾았다. 복잡한 구조 속에서 나타나는 여러 문제 중 가장 큰 이유로 보인다.

2017년부터 2019년까지 3년 동안 환경부와 지역환경청에 접수된

환경영향평가서 등은 연평균 약 6,500건이나 된다. 제대로 된 평가를 위해 복잡하고 다양한 분야를 조사하고 분석할 수 있는 전문인력과 측정장비가 적정해야 하는 것은 당연하다. 이 당연함이 무시되었던 것이다. 지금부터 정부가 회피하는 단순 산수를 해본다. 자연생태분야 평가서 작성에는 항목별로 최소 10일 정도의 시간이 소요된다. 물론 특정 지역의 환경현황 파악을 위한 조사로는 턱없이 부족하다. 개인적으로 판단한다면 분야별 조사만 최소 10일 이상이 소요되며 자료의 정리와 분석, 환경영향의 평가 등을 감안한다면 들여야 하는 총 시간은 한 달은 족히 될 것이다. 대기분야는 평균적으로 장비 다섯 대가 3일씩, 2회 측정을 한다. 장비 설치와 수거, 중간 정비와 자료 분석, 영향에 대한 평가 등을 포함한다면 이 또한 많은 시간을 필요로 한다.

한데, 현재 이 많은 업무를 수행하기 위해 일하는 자연생태계 9개 분야 기술인력은 전국 약 220명에 불과하다. 심지어 어류나 저서성 무척추동물 등 특정분야 전문인력은 10명 이내라는 것이 업계의 얘기다. 장비 구비수준도 처참한데, 대기오염 자동측정장비 등록대수는 전국 70여 대에 불과하다.

이 수준의 전문가와 장비를 바탕으로 이 많은 환경영향평가서를 다 작성할 수 있는가를 판단하는 것은 그리 어렵지 않다. 환경영향평가를 수행하고 있는 전문가를 평균하면 생태계 조사분야별로 25명 정도가 된다. 최근 3년간 매년 분야별 전문가 1인당 2,600일씩 일을 했다는 결과이다. 물론 정부는 환경영향평가를 수행하는 회사의 직원을 모두 합치면 훨씬 많다고 하지만, 그들은 제대로 된 조사를 진행할 수 있는 전문가가 아니다. 개인적으로 20년 이상을 야생조류와

양서류 등을 계절마다 현장에서 조사해왔지만 이 분야를 전문적으로 조사해달라는 요청은 받아들이지 않는다. 전문성이 떨어지기 때문이다. 이러한 상황은 다른 전문가들이 당연시하는 것이다.

장비 운용 또한 마찬가지다. 장비를 현장에 이동시키고, 설치하고 다시 수거해 오는 과정에 단 1일만 추가로 고려한다고 해도 등록된 모든 장비가 총동원된 것을 가정하면, 장비 한 대당 최근 3년간 연평균 무려 3,700일 넘게 운용되었다는 결론이다. 더 심각한 건 이들 회사는 환경영향평가서 작성을 위한 대행업무만 하지 않으며 오히려 다른 일의 비중이 더 크다는 것이다. 오롯이 환경영향평가 대행업무만 했다 해도, 정당한 절차를 거친 환경영향평가서가 사실이려면 1년 3,650일도 모자란다. 이미 추측했을 것이고 추측은 사실로 확인되었다. 2018년 감사원의 대기측정업체 감사 결과를 보면, 2017년 한 해에만 무려 62,600건이 넘는 측정기록부가 허위로 작성되었다고 했다. 이런 허위기록부로 환경영향을 평가하니 제대로 되었을 리 만무하지만 거의 모든 평가서가 통과되었다. 이미 다 아는 사실이니 환경부는 충격도 없는 듯하다.

이 나라의 이상한 정부와 지방자치단체는 자신들의 이름으로 제출한, 그리고 검토한 보고서 속의 1년이 최소 4,000일은 되어야 한다는 사실을 외면하기에 급급하다. 환경부는 어떻게 만들었는지 뻔히 아는 이런 평가서가 환경훼손을 저감할 수 있다고 한다.

더 큰 문제는 거짓 평가서 제출기관이나 검토기관이 잘못의 책임이 없다는 것이다. 도저히 회피할 수 없을 상황에 놓이면 '일부 업체의 일탈'이라 둘러대고 남의 일인 양 방관하길 반복한다. 훼손으로 발생하는 모든 피해는 고스란히 국민에 전가되고 있는데 말이다. 매년 수조 원의 세금이 이 거짓 평가서 작성에 들어간다. 어디부터 잘못된 것일까?

우리나라는 매년이 선거철이다. 정기선거가 있고 재보궐선거가 중간에 계속된다. 선거철만 되면 말초적 돈벌이를 위한 초법적 개발공약이 쏟아지고 당선자는 시민이 선택한 공약이라는 명분으로 임기 내 밀어붙이려 혈안이 된다. 환경문제를 우려한 반대 의견은 환경영향평가라는 적법한 절차를 통해 해소할 수 있다고 포장한다. 지자체나 개발부처는 이미 자연파괴 과정의 인사치레로 전락한 이 제도를 이때에만 신봉하는 척한다. 왜 이렇게 되었을까?

간단히 요약하면 이렇다. 환경보전으로 얻을 수 있는 거대한 보전이익은 자본을 많이 가지고 있거나 권력을 쥐고 있다고 해서 독점할 수 없다. 강물이 깨끗하다고 해서, 서울의 공기가 깨끗해졌다고 해서 누가 그 이익을 독점할 수는 없는 노릇 아닌가? 반대로 보전할 때 얻는 이익보다 턱없이 적은 개발이익은 한곳에 모을 수 있다. 폐수를 방류해서 얻은 이익은 나누지 않아도 된다. 디젤엔진의 오염물질 발생량을 조작해서 얻은 이익도 나눌 필요가 없다. 조금 더 나아가 보자. 당선을 원하는 자에게 개발이익을 독점할 수 있는 특정인의 영향은 매우 중요하다. 여론을 움직일 영향력이 있는 사람들이니 말이다. 유독 환경 관련 이슈에 여야 막론하고 비판이 없는 이유일 것이다.

이렇게 매년이 선거철이니 보전이나 국민의 안전을 얘기할 틈이 없다. 그런 면에서 우리나라 환경을 좀먹는 선거는 획기적으로 줄일 필요가 있다. 국회의원은 국가 전체의 이익을 위한 자리이지 지역 토건을 위해 쪽지예산을 확보해야만 하는 자리는 아니다. 몇몇 지역구 국회의원이 없다 한들 국가를 위한 국회는 흔들리지 않는다. 그리고 지자체장은 조금 힘들지만 권한대행이 남은 임기를 대행하면 되니 사실상 보궐선거는 세금만 낭비하는, 또 다른 환경파괴를 위한 준비에 불과하다. 지자체장의 공석 1년과 2년은 그렇게 큰 차이가 없다. 국회의원과 지방의회의원 몇 공석 기간도 1년이건 2년이건 차이는 없다. 오히려 공석이 길어질수록 원인을 만든 정당이 힘들어지니 민주주의는 발전할 수밖에 없다. 당장 2021년 봄 시행된 보궐선거 당시 나온 온갖 토건공약을 지켜보지 않았는가.

헌법 1조 1항, 대한민국은 자본공화국이다.

설악산과 케이블카, 환경전문가는 필요 없다

최근 환경영향평가와 관련하여 사회적 갈등이 심각하게 노출된 대표적 사업 중 하나가 설악산에 건설하고자 했던 오색케이블카 사업이다. 아직도 진행형이며 언제 끝날지 알 수 없다.

설악산은 해방 이후 우리나라에 몇 안 되는 원시자연이라 칭송받으며 이때까지 소중하게 보호되어왔다. 그런데 해방 이후 지금까지 가장 중요한 자연지역이라 얘기하며 수십 년을 보호해온 것이 무색하게도, 양양군 제출 환경영향평가서에 기록된 이곳의 환경 가치는 너무나 박했다.

환경영향평가서 내용대로라면 오색케이블카가 놓이는 지역은 보존할 만한 가치가 없는 그저 그런 산이라는 결론에 이른다. 반대로, 오색케이블카 건설의 핵심 이유는 이곳이 매우 훌륭한 자연환경적 가치를 지니고 있기 때문이다. 말 그대로 모순의 이야기를 늘어놓고 있다. 개발의 타당성이 높다는, 경제성을 부각하기 위해서는 자연환경이 뛰어나다는 이유를 들어야 했으며, 개발로 인해 발생할 환경훼손이 크지 않음을 주장하기 위해서는 반대로 환경이 좋지 않다는 이유를 들어야만 했다.

오색케이블카사업의 진행은 과정 하나하나마다 문제를 안고 있었는데, 이 문제적 결정의 시작은 자연환경을 평가하는 전문성이 아닌 대통령의 말 한마디였다. 갈등의 절정이 수그러든 것은 이 논란을 촉발했던 대통령의 탄핵 때문이었다. 탄핵 직후 문화재위원회의 전문가적 판단이 진행되었고 사업 부결로 마무리되나 싶었던 건이 2017년 6월 중앙행정심판위원회의 결정으로 또다시 갈등국면으로 돌아왔다. 자연문화재 전문가의 정당한 절차를 비전문가가 뒤엎은 것이다. 비전문가인 중앙행정심판위원회가 절차적 과정을 심판한 것이 아니라 문화재적 전문성을 심판한 어처구니없는 판단이었다. 설악산 천연보호구역(천연기념물 제171호) 내 케이블카 건설과 관련해서 '문화향유권이 제대로 고려되지 않았다'며 문화재위원회의 거부 결정이 잘못되었다고 한 것이다. 중앙행정심판위원회의 결정으로 환경영향평가가 속개되었고 환경부는 장시간 모든 관련 분야 전문가의 의견과 논의를 종합하여 환경영향평가서를 부동의 결정하였다. 2019년 8월의 일이다. 양양군은 또다시 중앙행정심판위원회에 물었고 2020년 12월 환경부의 부동의가 잘못되었다는 결론을 내렸다. 이때에도 환경영향평가법의 절차적 문제가 아니라 전문성을 심판했다. 중앙행정심판위원회에 참여했던 환경전문가는 없는 것으로 안다. 행정 절차를 판단해야 하는데 왜 환경전문성을 판단했을까?

두 차례 있었던 전문가의 판단을 무시한 중앙행정심판위원회의 결정 이유 중 하나를 전문가 입장에서 판단해봤다. 2017년 문화재위원회 결정을 부정한 중앙행정심판위원회 결정문에는 설악산의 '문화향유' 기회가 어느 정도이고 이것이 왜 고려되지 않았는지에 대한 내용은 없다. 과연 현재 설악산의 '문화향유' 정도가 어느 수준이어야 적당할까? 답은 없지만 적정선은 존재할 것이라 믿는다.

우선 설악산이 어떠한 가치가 있는지 속초문화원의 설악산 소개 글을 보자.

"설악산의 웅장한 절경은 어느 모로 보나 남한 제1의 명산으로 일찍이 1965년 천연보호구역으로 지정돼 전 국민의 사랑을 받으며 극진한 보호를 받아오고 있는 보호지역이며, 1982년도 유네스코로부터 생물권보존지역으로 지정되어 전 세계가 주시하는 보호구역이 되고 있다."

이런 국민적 자부심에도 부침은 있었다. 1995년 '국격'을 생각하여 이 "대한민국 최고의 명산"을 세계유산으로 등록하려 한 시도이다. 그런데 참 민망하게도, 세계유산으로 등록되면 규제가 강화되고, 관광객이 감소할 것을 우려한 지역민의 반대로 세계유산 등록에 실패하는 사건이 발생했다. 이 사건이 당시 우리나라 자연환경보전 정책에 시사하는 바는 매우 컸다. 국민이 세계가 알아주는 유산 등록을 자랑스러워하지 않고 규제강화라 생각하는 나라라고 자진한 꼴이 되었으니 말이다. 20년이 지난 지금도 여전히 환경을 바라보는 인식의 변화는 없다. 지금도 환경을 위한 각종 이슈는 모두가 타파되어야 할 규제라 목청을 높이는 상황이다.

이 사건 이후 각종 개발로 설악산의 문화향유는 급격히 확장되었다. 2016년에는 총 365만 명이 설악산을 '직접' 향유했다. 과연 매일 1만 명씩 관광객이 찾는 설악산의 문화향유권은 어느 수준일까?

전 세계에서 가장 유명한 보호지역이며 세계적 관광지로 알려진 세계 최초의 국가공원(National Park)인 미국 옐로스톤국가공원과 비교해보자. 옐로스톤국가공원의 직접 향유를 위한 입장객은 최근 10년간 연평균 약 350만 명이며, 미국 국가공원청(National Park Service)이 설립된 지 100주년을 맞은 2016년에는 426만 명이 방문했다. 연간 300만 명 초반을 유지하던 관광객이 국가공원청 설립 100주년을 기념(미국 국가공원청은 1916년 설립되었다)하기 위한 대대적 홍보로 2013년과 2014년 각각 전년도에 비해 50만 명씩 증가하여 400만 명을 넘어서게 된 해가 2015년이고 이듬해에는 역사상 가장 많은 방문객이 방문했다. 자신들의 적극적 홍보에 의한 일시적 현상으로 보이는 데도, 급격한 이용객 증가에 따른 자연환경 훼손을 우려하여 2015년에 무려 20%의 입장료 인상(현재 입장료는 차량 한 대당 35달러로 한화 약 4만 원이다)을 단행하여 탐방객 제한을 유도했다. 2016년 100주년 이후 연간 입장객은 서서히 줄어 2019년에는 402만 명까지 감소했다. 우리나라에서라면 입장료를 올리기 위한 꼼수라는 비판과 저항으로 입장료 인상은 이뤄지지 못했을 것이다.

언뜻 보면, 설악산 방문객은 문화향유 측면에서 세계에서 가장 유명한 미국 옐로스톤국가공원과 비슷한 수준으로 볼 수 있다. 그러나 이 숫자는 공원의 면적, 즉 공원 방문객의 밀도를 계산하지 않은 결과로 방문객을 수용하는 공원면적을 고려하면 상황이 달라진다.

설악산국립공원 면적은 398km²로 우리나라에서는 매우 큰 보호지역 중 하나이다. 단위면적 1km²당 연간 관광객 수는 약 9,200명이다. 옐로스톤국가공원은 설악산의 22배가 넘는 9000km²에 육박한다. 역사상 가장 많은 관광객이 방문한 2016년의 입장객을 기준으로 한다

미국 옐로스톤국가공원. 먹이를 찾는 곰, 바이슨과 함께할 수 있는 것이 국가공원에서 즐길 수 있는 문화향유권일 것이다. 우리는 이미 이 향유권이 모두 사라졌다.

고 해도 1km^2당 연간 관광객 수는 고작 474명에 불과하다. 면적이라는 분모를 대입하여 계산하면 설악산국립공원은 전 세계에서 가장 유명한 보호지역인 옐로스톤국가공원에 비해 20배가 넘는 문화향유가 이루어지고 있다는 것을 알 수 있다.

미국은 설악산의 20분의 1도 채 되지 않는 옐로스톤국가공원의 관광객 밀도에도 자연훼손을 우려하여 입장료를 과감하게 올렸다. 반면, "대한민국 최고의 명산"으로 "극진하게 보호하는" 설악산은 세계에서 가장 유명한 보호지역에 비해 단위면적당 20배나 많은 관광객이 찾고 있어도 문화향유 권리가 부족하다고 판단한 것이다. 중앙행정심판위원회가 어떠한 논리로, 어떠한 전문성으로 그러한 판단이 정당한지 근거를 들지 않았으니, 정확하게 알 길은 없지만 미국의 국가공원제도를 도입해서 활용하고 있는 나라로서 비상식적인 판단임은 명확하다.

미국 옐로스톤국가공원. 야생의 곰을 관찰할 수 있는 것이 국가공원에서 즐길 수 있는 문화향유권으로 본다면, 이미 곰이 멸종해버린 설악산의 문화향유권은 얼마나 부족한 것일까?

혹자는 우리나라와 미국을 단순비교하는 것은 맞지 않는다는 논리를 여기에도 들이댈 것이다. 그러나 명심하자. 미국의 동물이건 한국의 동물이건 안전하게 살아가기 위해 필요한 공간이 자기가 살고 있는 국가의 국토면적을 고려하여 정해지지는 않는다는 것을 말이다. 아울러 동일한 관점에서 해당 국가의 특수성을 배제한 채 외국에는 케이블카가 많다는 논리를 펴는 주장은 하지 말자. 케이블카가 필요하다고 주장하는 사람들이 반드시 사례를 드는 국가가 스위스이다. 스위스 알프스에도 케이블카를 건설하는데 왜 우리나라는 유별나게 반대하냐는 논리를 들어서 말이다. 그런데 우리나라 국립공원에는 케이블카가 여럿 있는 반면 스위스는 최소한 국가공원에만큼은 원천적으로 케이블카를 건설하지 않는다. 정확한 사실은 스위스 국가공원에는 케이블카가 단 한 대도 없다는 것이다. 스위스 사례는 오히려 케이블카 건설을 반대하는 측에서 들어야 한다. 그리고 국가공원 개념을 처음 만든 원조국인 미국 국가공원에도 케이블카는 없다.

문화재위원회의 결정 논리와 중앙행정심판위원회의 결정 논리 중 어느 쪽이 더 합리적인지는 굳이 말하지 않더라도 뻔하다. 마찬가지로 환경영향평가를 진행하며 어쩔 수 없이 공개적으로 거친 모든 전문적 과정이 중앙행정심판위원회의 결정과정보다 비전문적이었다고는 그 누구도 말할 수 없을 것이다. 행정심판위원회의 결정은 자신들을 제외한 국가의 모든 전문위원회가 필요없다고 얘기하는 오만으로밖에 비치지 않는다.

환경의 전문성이 이렇게 무시되는 나라가 과연 선진국일까? 비단 환경분야만이 아닐 것이다. '내가 해봐서 아는데'를 외치던 상황은 올바른 판단을 만들지 못하는 핵심 원인이 된다. 또, 전문성이 없어도 되는 환경부의 환경영향평가제도가 큰 몫을 담당하고 있으니 아이러니다.

먼지 쌓인 환경·생태 공약

아쉬움도 많고 기대도 많이 꺾였지만, 우리나라에 없었던 역사를 새롭게 쓰며 출범한 문재인정부가 '기득권 카르텔형 부패국가'를 벗어나고자 추진해왔던 노력은 실로 대단한 것이었다. 비록 가시적 성과는 흐릿해도 처음 제시했던 핵심공약 대부분이 시도되었다. 5년이라는 짧은 시간 안에 확실한 성과를 기대하는 것은 과도한 욕심이라 생각했지만 그래도 그 욕심을 버리는 것이 잘 안 된다. 짧은 기간 동안 만연한 사회문제들이 수면 위로 드러나는 정도만이라도 볼 수 있어서 감사해야 하는데 그렇지 못한 것이, 아직 더 많은 공부가 필요한가 보다 생각한다.

그리고 안타깝게도 문재인정부가 내건 공약 중 아직까지 전혀 실천할 맘이 없는 내용도 눈에 들어온다. 콕 집어 환경분야 공약이 그렇다. 국토 환경개선의 근간인 "생태계 보전"을 위한 '자연자원 총량관리제도'와 '환경영향평가제도' 개선이 그것이다. 실천은커녕 논의조차도 없다. 정확히 말하면 논의는 하고 있지만 하기 싫은 것을 억지로 구색을 맞추려 한다는 게 적당할 듯싶다.

이 제도가 하루빨리 제자리를 찾아야 하는 이유는 지금도 맡은 역할을 성실히 수행하는 전문가를 하찮은 바보로 만들어버리고 이들을 방패 삼아 부동산과 건설자본이 국민이 누릴 환경복지를 빼앗아 버리는 현상이 비일비재하기 때문이다. 환경영향평가에 대한 문제 제기는 아무리 늘어놓아도 부족하지 않다.

정부의 논리로는 우리나라 환경영향평가법은 없어도 된다. 가방끈이 조금 긴 자가 개발예정지역을 잠시 둘러보고 상상으로 조사서류를 작성하면 가장 힘든 조사과정이 끝나버린다. 전문가 1인이 단 3시간 만에 방대한 지역에서 7개 분야의 전문조사를 마쳐도 정당하고, 누구나 볼 수 있는, 늪지대에 널린 수달과 삵의 배설물이 유독 전문가에게만큼은 보이지 않아도 정당하다. 혹여 누군가 문제를 밝혀도 일부 부족했다고 간단히 인정하면 된다. 조사 당시 안 보였을 뿐이라는 이유를 들어서 말이다. 심지어 계약기간 동안 단 한 번도 조사에 참여하지 않은 사람을 전문 '조사자'로 버젓이 내밀어도 문제되지 않는다는 궤변의 논리까지 정부가 알아서 만들어 주는 것이 현실이다. 그러니 이제 이 분야에서만큼은 성실한 전문가는 설 자리가 없다.

또 하나, 앞으로 우리나라 멸종위기종 목록은 모두 없어져야만 한다. 왜냐하면 그 어떠한 개발로도 멸종되지 않고 알아서 잘 살기 때문이다. 모든 멸종위기 동물은 다리가 달려 서식처가 파괴되면 알아서 제 살 곳을 찾아가고, 식물은 옆으로 옮기면 되는데 무슨 멸종위기종의 지정과 보호가 필요하단 말인가? 보존할 가치가 높은 지역은 우리나라에는 존재하지 않는다. 그토록 대단하다고 자랑했던 설악산 정상부 고산지대도 가치가 없다고 하니 말이다.

개발에 의한 환경영향을 줄이려는 법률은 시간이 지날수록 수많은 항목을 추가하여 얼핏 보면 더욱 견고해진 것 같지만 형식만 그렇다. 정작 이 법의 내용을 해석하는 기관인 환경부가 그렇지 않으니 형식을 갖춘 거짓을 양산하는 보고서로 변질되었을 뿐이다. 법률의 허우대는 멀쩡하지만 이는 다만 의미 없는 검은색 글자 정도의 취급을 받기 때문이다. 법으로 환경의 가치는 강화되는데 왜 그 중요한 야생생물을 연구하는 전문가와 대학교 전공은 대부분 사라졌을까? 단언하건대, 열심히 하면 일자리를 뺏기는 이상한 법 때문이다. 국가가 나서서 열심히 하지 말라고 하니 배움의 열정과 자긍심은 온데간데없다. 그러니 대학에서 이런 전문가를 양성할 필요가 없다. 성실하면 일할 수 없는 이상한 법 때문에 '복붙'의 비양심적 업체들이나 무늬만 전문가들만이 살아남는다. 이제는 학문의 근간이 되는 생물분류군별 조사자조차 섭외하지 못하는 현실이 대한민국 환경의 현주소가 되었다.

확인하면 화가 나니 열심히 찾아서 확인하지는 않지만, 여러 계기로 들춰보게 되는 환경영향평가서들은 죄다 거짓과 부실이 넘쳐난다. 개발만 되면 엄청난 불로소득을 얻을 수 있으니 바꾸지 않는 것이리라. LH사태는 정보를 먼저 안 것에 불과하지만 자본으로 무장한 투기세력은 권력과 결탁하여 아예 그린벨트를 풀면서, 없어도 되는 도로를 만들면서까지 능동적으로 개발을 만들어낸다. 공약을 이행하지 않는 이유는 뚜렷하다. 보전의 가치를 인정하는 것과 동시에 세금을 투입한 개발에 의한 불로소득의 완전한 환수가 제도화되어야만 할 것이다.

가리왕산에 드리워진 오리발과 지역발전의 허상

개발과 관련한 얘기는 아직까지도 부동산 불패 신화를 써가고 있는 우리나라에서 많은 사람을 현혹한다. 으레 뭔가가 마을에 들어오면 지역이 발전한다는 이상한 논리가 팽배하다. 나라가 좁기에 소문은 빠르게 전국적으로 퍼지고 관련 사건이 쉽게 확산되는 것이 때로는 좋은 쪽으로 작동하지만 환경적 측면에서는 부정적으로 작동하는 경우가 많다.

특정 지역에서 뭔가 사람들의 이목을 끌 만한 괜찮은 사건이 하나 발생하거나 시설이 만들어지기라도 하면 평생 그 명성이 이어질 것 같은 호들갑에 전국이 부산해지는 게 일반적이다. 지방자치제가 시행된 이후에는 깨알만 한 홍보거리라도 생길라치면 마치 달덩이처럼 크게 부풀리기 일쑤이다. 이런 과정은 지방을 활성화하기보다는 점점 쇠락하게 만드는 요인으로 작용하는 경우가 많다. 이제 이 허상에서 벗어날 때도 된 것 같은데 어째 선거철만 되면 유권자 머릿속에서 과거의 기억은 완전히 사라지는 듯하다.

자연환경 조사를 위해 여러 지역을 다니면서 아름다웠던 지방의

몰락을 볼 때마다 정말 마음이 편치 않다. 가장 안타까운 것 중 하나는 잠시 유행한 드라마나 영화, 또는 사람을 홍보하기 위해 막대한 세금을 허비하는 상황을 보는 것이다. 수천, 수만 년 동안 만들어낸 장소의 아름다움을 하루아침에 내팽개치고 새롭게 껍데기를 포장하는 데 잘될 리가 없지 않은가? 매년 수많은 드라마나 영화가 인기를 끌지만 잠시 후 그 자리를 다른 것들이 밀어내는 것은 너무나 당연한 일인데도 마치 그 드라마나 영화가 영원히 인기가 사라지지 않는 것인 양 포장에 열을 올리니 말이다. 그 과정에서 자연의 아름다움은 사라진다.

전국에 조금이나마 괜찮다고 하는 풍광이 있는 곳들은 모두 최소한 한두 번쯤은 영화나 드라마의 촬영지가 된다. 별것 아니라는 말이다. 그럼에도 이런 곳에는 어김없이 ○○영화 촬영지라는 이름으로 을씨년스러운 간판이 서 있다. 설치만 하고 관리는 안 하니, 오히려 그곳이 지닌 아름다운 풍경들을 망가뜨리는 흉물로 변해서 말이다. 반짝 인기에 편승하기 위한 홍보로 막대한 적자에 시달리는 지방자치단체의 예산은 갈수록 쪼그라든다.

이런 호들갑의 최고봉은 단연 국제경기, 그중에서도 올림픽 개최일 것이다. 전국적으로 재정상태가 가장 열악한 지자체인 강원도가 동계올림픽을 개최한 건 그리 오래전이 아니다. 2001년부터 홍보가 시작된 동계올림픽의 경제효과 허상은 오랫동안 지역주민을 흥분시켰다. 2018년 올림픽이 끝나고 얼마 지나지 않은 지금, 환상은 모두 사라지고 남은 것은 폐허가 된 자연과 지역의 분열, 주민이 안고 가야만 하는 빚뿐으로 보인다. 자연 파괴를 통해 돈을 번 일부는 이미 자리를 떴다.

많은 학자가 우리나라에서 가장 중요하고 경이로운 원시림이라 했던 가리왕산 보전 주장은 평창동계올림픽 유치의 경제효과 착시 앞에서 허무하게 무너져버렸다. 오랫동안 자연환경보전 선봉에 섰던 지역 환경단체들도 올림픽 유치를 위해서는 원시림이 훼손돼도 좋다고 주장했었다. 정말 마음이 아팠던 부분이다. 세계인의 이목이 쏠린 큰 잔치를 치르는 집으로서의 자부심과 희열은 불과 며칠에 불과했지만, 잔치 후 감당해야 할 빚과 뒷수습은 냉정하게 남아 있다. 올림픽을 위해 준비한 평창 알펜시아리조트는 강원도가 1조 6천억 원 전체를 세금으로 건설한 곳이다. 한데 지역관광 활성화는커녕 매년 적자에 시달리고, 심지어는 동계올림픽을 치른 2018년에도 100억 원 이상의 적자를 기록했다. 다른 시설들도 상황은 다르지 않다. 상황이 이러한데도 강원도는 뭔가 큰 개발이 진행된다 하면 도민을 부자로 만들 것이라 호도하며 반대하는 자들을 원수 보듯 하고 있다. 언제쯤 이 허상에서 벗어날는지 안타깝기만 하다.

반면교사로 삼아야 함에도 불구하고 이런 사업들은 다른 지자체에서 또다시 반복된다. 얼마 전 우리나라에서 개최한 세계 육상대회나 세계 수영대회가 언제, 어디서 열렸는지 기억하는 사람은 많지 않다. 혹여 기억한다 하더라도 그게 지역의 발전이나 소득향상에 무슨 영향을 준단 말인가. 이런 빚잔치가 지역경제에 도움이 될 리 만무한데도 왜 반복되는 것일까? 답은 앞에 있다.

토건사업을 위한 경제성 분석은 환경영향평가가 그러하듯 기본적으로 색안경을 끼고 봐야만 한다. 이들은 늘 어떤 시설을 만들어 놓으면 수십 년간 관광객이 계속 늘어나 엄청난 수익을 준다는 구조로 분석한다. 평창올림픽 관련시설들도 그렇게 숫자를 만들었을 것이다. 그래서 늘 비용과 이익을 따지는 분석에서 이익이 많은, 즉 경제성이 있다는 결과를 내어놓는다. 숫자놀음일 뿐인데 사람들은 이 허망한 숫자에 정신을 잃는다. 65조 원이 넘는 경제효과, 이 중 관광수익만 약 32조 원. 마치 수익의 대부분이 강원도에, 특히 평창에 돌아온다는 허상을 주민들에 주입하는 것이다. 이 숫자가 어떻게 만들어졌는지는 중요하지 않다. 단지 크다는 것만 보여주면 된다. 지역주민이 정신을 차릴 수가 없게 말이다.

평창올림픽 유치를 위해 피켓을 들고 자신의 시간과 비용을 들인 지역주민들에게 그 수익이 돌아갔을까? 이제 숫자를 풀어보자. 이 관광수익은 평창군민 1인당 7억 원이 넘는 돈이다. 경제인구만 고려한다면 가뿐히 1인당 10억 원을 넘는다. 지역경제에 효과가 엄청날 것이라는 환상을 만들어내려는 숫자놀음에 불과하다는 것이 자연스레 이해가 되지 않나? 그런데도 이익을 얻기는커녕 나중에 뒷감당만 해야 하는 주민들은 밖으로 나가 자본의 이익을 대변하기 위해 기꺼이 피켓을 들었다. 그 피켓의 결과는 매년 자신들에게 돌아와야 하는 수백억 원의 돈이 적자 메꾸는 데 사용되는 것이었다.

동계올림픽이 경제적 효과가 없다는 것은 이미 이전 개최지의 사후평가로 철저히 검증되었고 최근 개최지일수록 더욱 심각한 결과를 보인다는 사실을, 이것을 추진한 지방정부는 몰랐을 리 없다. 우리만은 막대한 이익을 창출할 수 있을 것이라는 근거 없는 기대는 내가 산 로또복권의 1등 당첨을 확신하는 것과 다르지 않다. 우리나라에서 내로라하는 많은 전문가가 만들어낸 예상이니 혹여 이 수치가 현실이 되었다 치자. 그러면 과연 올림픽 전후로 발생한 이 많은 수익은 어디로 간 것일까? 당연히 강원도에, 평창에 남을 것이라 생각했던 것일까? 재정자립도 20%를 겨우 넘는 강원도의 주민이라면 막대한 인프라 예산의 투입 이전에 반드시 물어야 했을 질문이다.

명백한 사실은 이 이익이 평창군민, 강원도민에게 돌아가지는 않았다는 것이다. 서울에서 1시간 남짓 걸리는 거리에서 온 사람들이 얼마나 많은 돈을 쓰길 기대하는가? 외지에서 강원도를 방문한 관광객 입장에서는 많은 비용을 지출했겠지만, 대부분은 값비싼 교통비가 차지하게 된다. 이미 이 현상은 가장 많은 이익을 창출해야 할 올림픽 기간에도 나타난 현상이니, 평상시야 오죽하랴?

이익은 사유화하고 손해는 공유화하는 것이 자본과 권력이 결탁하는 속성이다. 정의라는 말에 절대적으로 어긋나는 자본주의 사회의 모순이다. 인프라가 전혀 없는 지역에서, 올림픽이라는 짧은 이벤트는 이 결탁을 통해 절대다수 소시민의 잠재이익을 빼앗는 가장 효과적인 방법 중 하나일 뿐이다. 일부 관료들이 산업자본, 금융자본과 결탁해 특권과 이익을 누리는 시대를 우리는 언제까지 용인할 것인가? 국민이 희열에 도취된 그 짧은 순간, 이미 그들은 사후 전략까지 알차게 계획했을 것이다. 그럼 이 짧은 빚잔치로 돈을 번 곳은 어디일까? 상상에 맡긴다. 참고로 65조 원의 경제효과를 예측한 곳은 우리나라 대표 건설그룹의 연구소다.

다음은 2018년 2월, 동계올림픽이 한창일 때 이 예상이 현실이 되지 않기를 일견 바라며 기고했던 글이다. 결과는 누가 예측 못 하는가, 하는 사람들을 위해 당시 글을 그대로 옮겨본다. 시간이 지난 지금 냉정히 평가해보기 바란다.

"빠르면 이번 지방선거부터, 늦어도 내년부터 강원도 정치 관료들은 올림픽 이후 활성화되지 않는 각종 시설의 활성화라는 명분을 내세워 또 다른 대규모 개발사업을 위한 지원과 환경파괴를 위한 각종 규제완화를 요청할 것이다. 사전에 제시했던 뻥튀기된 수치와 이미 들어간 공적 비용의 과오는 당연히 자신들과는 무관한 모르는 일이 될 것이다. 올림픽 유치 전제조건으로 내세웠던 가리왕산의 복원 약속은 여지없이 무너질 것이다. 곳에 따라 많은 차이가 있지만, 일반적으로 자연지역의 복원은 훼손 비용의 약 10배가 들어가며, 이렇게 막대한 비용을 쓴다 하더라도 기존 가치의 회복은 불가능하다. 보전의 잠재가치 측정이 불가능한 가리왕산 천연림 훼손에 2000억 원이 넘는 돈을 썼으니, 제대로 된 복원을 위해서는 2조 원 넘게 들여야 한다는 말이 된다. 강원도나 중앙정부는 애초부터 약속을 지킬 맘이 없었기에 올림픽 신청단계부터 시작했어야만 하는 복원과정을 진행하지 않았음은 물론 현재까지 계획조차 수립하지 않고 있다. 물론 우리나라는 이러한 복원을 진행해 본 사례조차 없다. 침체된 경제회복 명분으로 더 큰 파괴행위가 일어나지 않길 바랄 뿐이다."

잘못된 예측이 있는가? 최소한 65조 원의 경제이익을 예측한 경제전문가들보다는 훨씬 정확하지 않았나? 비록 이렇게 적었지만 예상이 맞아 들어가는 것이 어째 씁쓸할 뿐이다. 올림픽 후 복원을 약속했던 가리왕산 알파인경기장은 언제 그런 약속을 했냐는 듯이 올림픽이 끝나자마자 시설 존치를 얘기하고, 중앙정부에 지원을 요청하는 적반하장의 공간으로 변했다. 언제 올림픽이 있었냐는 듯 대다수 국민이 까맣게 잊고 지내는 지금까지도 이 주객전도격 논란은 계속되고 있고, 사용하지 않는 경기장의 필수유지를 위한 세금이 지금도 고스란히 투입되고 있는 실정이다. 1인당 7억 원의 이익을 얻게 하겠다는, 자본과 결탁한 정치인의 선동에 거리로 나선 주민들은 이제 반대로 못 살겠다며 시설의 존치를 주장하고, 중앙정부의 또 다른 지원을 요구하며 길거리로 나가고 있다.

교육의 힘은 위대하다. 올바르건 올바르지 않건 이 사회에서 일어나고 있는 일련의 상황들은 실시간으로 미디어에 의해 전달되며 훌륭한 학습효과로 각인된다. 멀게는 일제강점기 정반대의 길을 살아온 친일매국자들과 독립운동가들, 그들의 후손이 만들어낸 엇갈린 삶의 역사, 29만 원밖에 없다 하면서 지금도 자신의 행위를 부정하고 사회를 비웃으며 거짓으로 남은 삶을 사는 자가 살아온 역사부터, 가깝게는 갑질 재벌가가 만들어내는 일그러진 풍경들, LH 직원의 부동산투기를 시작으로 봇물 터지듯 이어진, 공적 개발의 이익을 사유화하는 부동산투기 민낯이 우리에게 건네는 모습까지, 살아 있는 학습의 효과는 정말 대단하다. 학자적 양심으로 4대강사업을 반대했던 사람들 대부분이 지금까지도 힘든 시간을 보내는 반면, 그 부역자들은 정부의 막대한 연구지원을 기반으로 탄탄대로를 걷고 있는 현실에서 어느 누가 공익과 정의를 위한 목소리를 낼 것인가?

교과서보다 더 중요하며 실질적인 이 살아 있는 교육에서 우리가, 특히 앞으로 사회를 이끌 청소년들이 배우는 교훈은 무엇일까? 의사가 되기 위해, 법관이 되기 위해, 시험에서는 교과서에서 외운 정의로운 죽은 답을 찾겠지만, 의사건 판사건 검사건 현실에서 마주한 이 살아 있는 학습결과를 따르는 지금의 우리 사회는 어쩌면 당연한 것이 아닐까? 의대 학생들의 집단반발이 고스란히 그들의 의도대로 돌아가는 현실, 기득권이 우리 사회의 정의이다.

우리나라 현대사에서 가장 소외된 지역은 분명 강원도일 것이다. 역설적이게도 그간의 소외를 견뎌온 시간 덕에 이 시대 가장 큰 경쟁력인 깨끗한 환경과 아름다운 경관을 유지하게 해주었다. 그러나 동계올림픽을 준비하면서 급격하게 짧아진 서울과의 시간적 거리로 그간 소외된 지역주민의 잠재자산까지도 자본에 넘겨주게 되었다. 정보가 부족한 대다수 국민은 정부를 신뢰하지만 역사 속 정부는, 특히 지방정부는 권력만을 행사하려 하며 약속을 지키지 않는 신뢰 없는 정부가 되어가고 있다. 이익은 권력을 가진 극소수가 챙기고 손해는 국민, 특히 강원도민이 떠안을 수밖에 없다. 이제 이런 후진적인 지방자치는 쫓아낼 때가 되었다. 그럼에도 지리산 산악열차나 설악산 케이블카가 주민에 엄청난 이익을 가져올 것이라는 환상은 버릴 수 없는 게 인간의 심리인가 보다.

내 복권이 당첨될 확률도 남의 복권이 당첨될 확률과 다르지 않다. 현실을 직시하자. 미시령터널로 원암리 주민들이 잘살게 되었다는 얘기는 들어본 적이 없다. 빨리 오면 머물지 않고 돈을 쓰지 않는 이 단순한 논리는 변하지 않는다. 지금도 허무맹랑한 경제효과를 내세워 지역주민을 앞세운 강원도는 손실보전금만 민자기업에 따박따박 갖다 바치고 있다. 공사에 964억 원의 민간자본이 투입된 미시령터널은 2036년까지 손실보전금 지원액 명목만으로 4천억 원 가까운 세금을 갖다 바칠 예정이다. 자본은 땅 짚고 떼돈을 버는 것이다. 미시령터널과 다르지 않은 허상의 논리로 진행되는 동서고속화철도가 개통되면 여기에 투입되는 세금은 더욱 늘어날 수밖에 없다. 도민은 가난해질 수밖에 없다. 만약 4천억 원으로 원암리 주민을 위한, 머무는 관광지를 위한 투자를 30년 넘게 꾸준히 했다면 어땠을까? 당시에도 지금도 이런 얘기를 하면 아마 말도 안 되는 미친 짓이라고 할 것이다. 허망한 빚더미 터널이 아니라 지역주민을 위한 프로그램과 소소한 사업에 꾸준한 투자를 하는 것이 지방을 살리는 길이다.

지금 우리 사회는 정의로운 삶이 훨씬 고귀하다는 것을 새 역사로 만들어가야 할 시대적 책무를 가지고 있다. '닭 잡아먹고 오리발 내미는' 후진적 지방자치는 사라져야만 한다. 도민에 도움 되지 않는 대규모 토건사업 대신 강원도만의, 다른 지방만의 강점을 살린, 완전히 다른 패러다임으로의 변화를 시도해야만 한다.

4차 산업혁명의 역행, 흑산도공항

언제 있었냐는 듯 동계올림픽 경제효과의 허상은 사라지고 개발망령의 뒷감당조차 벅차게 된 상황은 비단 강원도만의 문제가 아니다. 모든 지방이 안고 있는 이 허상을 어떻게 할 것인가는 지방자치가 풀어야 할 고민이지만 대개 이런 고민은 안중에 없다. 우리나라에서 국민의 피땀으로 만들어진 민간투자자금은 지금도 여전히 눈먼 돈이라서 어떻게든 내 수중으로 가져오기 위해 노력해야만 하기 때문이다.

거의 모든 대규모 사업의 예비타당성조사는 오로지 사업의 진행만을 위해 거짓으로 일관한다. 사업자와 정치가가 서로의 이익만을 위해 움직이기에 주민의 고혈은 안중에 없다. 공항건설사업 또한 대표적인데 무안공항의 현재 이용률은 수요예측의 3.8%, 양양공항은 5.3%에 불과하다. 광역시인 광주공항의 이용률 또한 10%를 넘지 못한다. 일관되게 과잉예측만 있을 뿐이고 예측보다 많은 이용이 일어나는 경우는 없다. 이런 예측을 한 사람들을 전문가라 할 수 있을까? 잘못된 수요예측으로 현재 대부분 공항은 이익 창출은커녕 세금이 없으면 유지관리도 못 하는 애물단지로 전락해 있다. 대규모 토건사업으로 지역이 발전한다는 말은 거짓 선동가를 빼면 사실 발 빠르게 부동산투기에 열을 올린 몇몇을 제외하고 나면 지역 토착주민 대부분은 엄청난 피해만 보게 된다. 그럼에도 늘 이런 사업을 성사시키기 위해 앞에 서는 것은 소외된 토착주민이다. 민자사업의 허상을 그렇게나 보아 왔으면서도 늘 앞장서주니 자본과 권력을 움직이는 손은 뒤에서 얼마나 편하게 웃고 있을까?

4대강을 포함해서 가습기살균제, 미세먼지, 폭염, 미세플라스틱, 석탄화력발전소 등 열거하기도 버거운 각종 환경문제에 대한 수습이나 개선에 관한 긍정적 소식은 감감하고 오히려 시간이 가면서 더 많은 문제가 불거지는 형국이다. 이곳에는 모두 땅 짚고 헤엄치는 자본의 음흉한 미소가 있다. 반환경적이면서도 경제성이 의문시되는 석탄화력발전소 건설도 자본에는 큰 피해가 없을 것이다. 아마 건설 후 얼마 지나지 않아 정부가 세금을 들여 보상에 들어갈 것이기 때문이다.

적폐가 물러나고 새롭게 들어선 문재인정부에서 대대적 변화를 이끌어낼 것처럼 시작한 부처는 단연 환경부다. 장관과 차관의 인사 모두 이전에 없었던 파격이었기에 그랬다. 초반 움직임도 이번에는 뭔가 다르다는 것을 보여주기에 부족함이 없는 행보였다. 지금은 그런 일이 언제 있었냐는 듯 과거로 회귀했지만 말이다. 타당성조차 검토가 필요 없다는 공항개발특별법을 대표 발의한 국회의원을 환경부 장관으로 임명했으니 정말 용두사미가 아닐 수 없다.

새로운 패러다임으로 그간 굳어졌던 환경문제들의 해결에 손을 걷어붙인 환경부와 기존 개발세력의 대립이 최고조에 달했던, 우리나라 환경정책 방향이 어떻게 나아갈지에 대한 중요한 변곡점이었던 2018년, 국정감사를 얼마 남겨두지 않은 때 개혁을 위해 움직이던 문재인정부 초대 환경부 장관의 전격 교체가 공표되었다. 당연히 환경 관련 국정감사는 예리함이라고는 찾아볼 수 없이 흐지부지 넘어갔다. 시기상으로는 꽤 이해하기 어려운 타이밍이었다. 환경부 장관 교체 발표 바로 얼마 전 문재인정부의 2기 내각 구성을 위한 대규모 장차관 교체가 있었기 때문이다. 이 당시 명단에 포함되지 않았던 환경부 장관이 묘한 시기에 교체된 것이다. 표면적으로는 그해 봄 발생한 '재활용쓰레기 수거대란'의 대응문제가 이유였지만 그렇게 인정하는 사람들은 별로 없어 보였다.

알량하게 남겨진 얼마 안 되는 자연공원의 개발사업 추진은 모든 정부가 시도해왔던 일이다. 문재인정부도 이전 정부와 다르지 않은 결을 보였는데, 파격적이었던 환경부의 수장 구성이 개발중심주의를 떨쳐내지 못한 입장에서는 받아들이기 어렵지 않았나 하는 생각이다. 정부의 힘으로 추진되던 다도해해상국립공원 흑산도에 공항을 건설하려는 계획이 정부의 힘에 기대어 추진되어왔지만 진전은 없었고, 급기야 이 사업이 국립공원위원회를 통과하지 못하자 바로 장관 교체가 공표된 것이다. 오비이락의 공교로운 상황이었을까? 토건국가 대한민국의 개발본능이라 할 만큼 각종 토건행위에 대한 신봉은 촛불을 통해 일어선 정부라도 별반 다르지 않다는 것을 확인한 순간으로 기억한다. 파격적으로 인선한 환경부 장관이 자신이 맡은 자리에서 당연히 수행해야 할 자연공원에서만큼은 대규모 개발사업을 용인하지 않겠다는 국가의, 환경부의 지극히 기본적인 업무수행 의지가 내심 못마땅했던 것이 아닐까 한다.

과도한 토건사업으로 가뜩이나 좁은 국토 전체가 유린되어 더 이상 대규모 토건사업을 할 곳도, 할 구실도 찾기 어려운 시대가 되었다. 이런 와중에 토건족들이 찾아낸 기막힌 사업이, 거짓 경제효과를 동원하여 강을 파헤치는 4대강사업이었다. 이 사업도 마무리단계에 온 상황에서 이제 국민과 미래 대한민국을 위한 마지막 보루인 보호지역과 그 주변 지역에까지 망령이 뻗치고 있다. 아직까지 미련을 떨치지 못하고 있는 흑산도공항 건설사업은 겉으로는 지역주민의 복지와 관광활성화를 내세우고 있지만 실체는 개발 이후 폐허가 될 토건사업의 추가에 불과하다. 현재도 볼거리, 즐길거리가 없어 관광객이 머무르지 않는데, 공항이 만들어진다고 관광객 수십만이 증가한다는 예측을 믿을 수 있을까? 앞선 공항들의 예측과 같이 10분의 1 정도로 줄여도 과도한 예측이 될 개연성이 크다. 즐길거리를 만든다? 이를 만들기 위한 부지, 접근도로, 막대한 숙박시설과 서비스 공간을 어디에 확보할 것인가? 결국 현재 흑산도의 최대 자산인 아름다운 해안과 자연을 훼손할 수밖에 없는데, 그러면 관광객 만족도는 더욱 추락할 뿐이다. 늘 희생만 당해왔던 주민은 언제까지 이런 개발망령의 혹세무민에 당해야만 할까?

과대 포장된 수요예측은 차치하고서라도, 위험천만의 무모한 개발 부작용은 눈에 선하다. 흑산도공항 활주로의 계획 길이는 1160m이다. 그런데 온전한 산을 하나 부수어 천혜의 해안선과 바다를 메운다는 계획의 이 공항에 도입할 소형항공기의 착륙거리는 습도가 높을 때 무려 1222m에 달한다. 비행기가 활주로를 지나쳐 62m를 더 가야 멈출 수 있다는 말인데, 그곳에는 추락해서 가라앉을 바다밖에 없다. 유사시 운행을 멈추겠다고 하지만 얼마나 억지스러운가? 섬이라는 특성상 시시각각 활주로 여건이 변하기 때문에 완벽한 실시간 대응은 가능하지 않다. 특히 해수면과 접한 특성상 노면의 환경변화는 매우 크게 일어날 수밖에 없다. 내륙에서 비행기가 이륙한 후에 기상여건이 급격히 변화될 가능성도 크다. 결국 승객 안전이 담보되지 않는다는 말이다. 실제 이착륙 시 활주로를 이탈하는 오버런은 공항에서는 빈번한 사고로, 활주로는 반드시 여유 공간을 확보해야만 하는데 흑산도공항은 여유 공간은커녕 최소거리도 확보하지 못한다. 공사착공 이후 몇 배의 세금을 더 투입하는 추가 대형 토목공사를 요청하거나, 운행 한 번 못하고 폐허로 방치될 것이 뻔하다. 아마도 전자가 더 설득력이 커 보인다. 그래야 누군가 돈을 더 벌지 않겠나.

이런 말도 안 되는 계획이 논란거리가 되는 것조차 놀랍다. 섬이 매혹적인 이유는 찾는 사람이 적어서다. 있는 자원조차 파괴하는 구시대적 토건사업이 아니라 적은 수의 관광객이 찾으면서도 수익을 극대화하는, 주민을 위한 고품격 관광 대안을 만들어야 하는 것 아닌가. 그것이 국립공원의 존재 이유이기도 하다.

환경부 장관을 경질시킬 만큼 흑산도공항이 중요했을까? 찬성과 반대는 한 치의 양보도 없어 보이는데, 이제는 다른 시각에서 해결책을 모색해야 하는 건 아닌가 한다. 최근 몇 년간 우리는 귀에 딱지가 박히도록 '4차 산업혁명'이란 말을 들어왔다. 마치 이 경쟁에서 뒤처지면 국가가 곧 망할 것처럼 했지만, 말만 요란했지 현실은 이미 뒤처져 있는 것 같다. 4차 산업혁명의 상징적 기업 중 하나는 '우버(Uber)'인데, 이미 전 세계 공유경제서비스에 관해 독보적 입지를 구축하고 있다. 우리나라에는 이런저런 이유로 존재감이 없지만 말이다. 흑산도공항과 4차 산업혁명, 결이 다른 이야기로 들리겠지만 개인적으로 우리나라가 처한 현주소와 묘하게 일치되는 조합으로 보인다.

우버는 공상과학영화에서나 보아오던 소위 '하늘을 나는 택시'를 2023년에 상용화한다는 계획이다. 이미 CES2020에서 현대자동차와 함께 개발한 도심항공용 5인승 비행체를 소개했다. 이용금액도 1.6km당 500원 수준으로 떨어뜨린단다. 대략 계산하면 흑산도에서 육지까지 약 3만 원에 아무런 제약 없이 이동할 수 있다는 말이 된다. 2023년은 먼 미래가 아니다. 지금부터 흑산도공항 건설이 원활하게 추진된다 하더라도 이착륙 공간이 필요 없는 이 비행체의 상용화 시기보다 훨씬 이후에나 공항이 건설된다. 물론 우버의 '에어택시' 또한 계획대로 진행되지 않을 가능성이 높지만 그렇다고 해서 마냥 늦춰지지는 않을 것으로 보인다.

그동안 국가의 핵심 · 첨단사업은 대부분 서울을 중심으로 진행되어왔다. 국토의 불균형 발전으로 지방에 사는 사람들은 늘 소외감을 느끼며 살아가고 있다. 특히 도서지역 주민들은 참담한 기분으로 살아가야만 하는 상황을 오랜 시간에 걸쳐 만들어왔다. 주민의 염원을 핑계로 추진하는 흑산도공항이 건설된다 해도 현실적으로 운행 가능한 노선은 서울~흑산밖에는 없을 것이다. 또 다른 서울 블랙홀에 힘을 실어주는 행위밖에는 되지 않는다. 현시점에서 '미래는 소외된 국민을 우선으로' 새로운 혁신교통을 개발하여 낙후된 국립공원 도서지역에 우선 배치하겠다는 정책 추진을 촉구하는 정치인은 어떨까? 그에 더해 이를 준비하기 위한 '에너지자립도서'로의 대전환정책을 만들어 보는 것이 훨씬 미래지향적이다.

4차 산업혁명을 말하는 정부가 국립공원에까지 구시대적 토건을 추진하고, 이를 막고자 하는 환경부 장관은 이미 경질된 지 오래다. 집권여당의 한 환경노동위원회 위원은 새로운 시대의 모빌리티 대신 흑산도공항 건설을 속히 추진해야 한다고 주장했고, 2021년 정부 예산에 흑산도공항 조성을 위한 비용 69억 원이 책정되었다. 국립공원의 기본을 지키려던, 지극히 나라다운 나라의 관료로 일하던 환경부 장관을 교체하고 기어이 공항을 추진할 모양이다. 용두사미다.

지금도 계속되는 4대강사업

일본 제품 불매운동이 한창 불붙던 때, "한국의 불매운동은 오래가지 않을 것"이라고 기름을 부은 유니클로 임원의 말은 우연한 말실수로 보이지 않는다. 그가 기업 판매전략 수립을 위해 장사꾼 입장에서 장기간 우리 국민을 면밀히 관찰한 데에서 나온 말이라는 것이 보다 합리적인 추측이다. 그의 머릿속에 들어가 보지 않았으니 알 수는 없으나, 추측해본다면 수익을 위해 철저히 제3자 입장에서 면밀히 관찰하고 내린 결론인 '냄비근성'을 부드럽게 표현한 것이리라. 이렇게 순화해서 표현했는데 왜 그렇게까지 분노하는지 알 수 없다는 반응을 하지는 않았을까? 아마도 그는 우리나라 사회를 분석하면서, 일어나는 수많은 사회문제들을 보아왔을 것이다. 그리고 여러 의견이 다양하게 표현되면서 제자리를 찾아가는 자연스러운 토론의 장이 아닌, 획일화된 여론에 전 국민이 물고기 떼 움직이듯 쉽게 끓어오르다가 아무런 해결도 되지 않는 모습을 주시했을 것이다. 그리고 이 폭발적인 관심은 얼마간의 시간이 지나면 온데간데없이 사라지는 현상들을 꽤나 많이 접했지 싶다.

쉽게 끓어올라 넘치고 언제 그랬냐는 듯 고요히 가라앉는, 사회문제에 대한 관심의 심한 기복이 우리 사회 일면임을 부정하기는 어려워 보인다. 우리 국민은 이 정곡을 하필 일본인이 찔렀기에 더 분노한 것인지도 모른다는 생각을 해본다.

1년 4계절은 늘 반복된다. 여름이 오면 당연히 덥고, 겨울이 되면 당연히 춥다. 이런 온도 변화의 루틴과 마찬가지로 환경오염문제를 대하는 언론이나 국민의 관심도 너무나 진부한 루틴에 사로잡혀 있는 것 같아 안타까울 뿐이다. 여름이 올라치면 폭염과 기후재난, 겨울에는 미세먼지, 연중 플라스틱 쓰레기와 핵문제, 자연파괴로 이어지는 반복되는 환경뉴스는 더 이상 새로울 것 없이 모든 이의 감각을 무디게 만든다. 사람답게 살기 위해 당연히 누려야 할 기본권리가 오염되어 모두가 피해를 받는 상황이 뚜렷해짐에도 점점 관심 밖으로 밀리는 모양새다. 폭염은 에어컨, 녹조는 페트병의 생수, 미세먼지는 공기청정기가 해결해주고 쓰레기와 방사능은 나와 관계없는 것으로 치부하며 외면하지만, 더 이상 진부한 재난영화의 클리셰가 아닌 현실임을 주시해야만 한다. 거대자본과 운명을 같이하는, 언론을 자신들 입맛대로 만들어가는 극소수의 일부는 눈앞에 펼쳐지는 재난을 외면하는 것이 가능하겠지만 많은 서민들은 그렇지 않기 때문이다.

한반도 역사상 최대 혈세 낭비를 환경파괴 행위로 연결된 4대강사업이 촉발한 '녹조라떼'는 한때나마 국민들을 충격으로 몰아넣었다. 이 거대사업은 신중은커녕 만고의 진리조차 반대로 우겨대며 밀어붙였었다. 불과 10여 년 전 이런 과정을 두 눈으로 보아왔음에도 지금은 마치 이 사업을 통해 진짜로 4대강 강물이 깨끗해지기라도 한 양

관심 밖으로 밀려나 있다. 실로 엄청난, 코로나19로 신음하는 전 국민에게 지급된 재난지원금보다 훨씬 많은 돈이 당시 강 속에 허무하게 쓸려내려 갔다. 그럼에도 이 과오를 잊고 사는 것이 현명한, 망각의 동물이라는 본능에 충실한 듯 많은 국민이 언제 그런 개발을 찬성했냐는 듯 잊고 지내는 것을 보면 안타까울 뿐이다.

문제는 여기서 끝이 아니다. 오로지 몇몇 우리나라 굴지 토건회사의 수입 유지를 위해 자행된 거대한 세금 버리기 작전이 4대강 공사만으로 끝난 게 아니라는 것이다. 이 세금으로 하천을 훼손하는 사업은 국민의 무관심 속에 연어도 아닌 것이 4대강 본류에서 지천으로 물을 거슬러 오르며 확산하고 있다. 이제는 상류에서부터 오염된 물이 흘러내려 고도정수에도 식수로 사용할 수 없을 만큼 갈수록 오염이 심해지는 게 현실이다.

당시 무언가에 홀려 4대강사업을 찬성했다 하더라도 지금은 그 허상의 실체를 현실에서 확인하지 않았는가? 모래로 쌓아 올린 제방이 그리 크지 않은 비에 터져버리고, 수천수만 년을 온전히 우리 강물에 의지해 살아오던 수많은 생명이 순식간에 사라지는 것을 말이다. 그러나 지금 그 선택의 잘못을 탓하려는 것이 아니다. 다만, 꿀 먹은 벙어리가 되어 4대강 재자연화를 위한 과정에 걸림돌이 되지는 말아야 할 것이며 이런 잘못된 국책사업이 다시는 일어나지 않도록 반면교사 삼아야 하지 않겠는가 하는 말을 하려는 것이다. 너무나 큰 잘못된 선택을 본 직후라 그런지 몰라도 그보다 상대적으로 작은 문제들에 대해서는 벌써 내성이 생긴 것처럼 가만히 있어서는 안 된다고 얘기하고 싶다. 잘못된 선택을 원점으로 돌릴 수는 없다. 그러나 잘못 꿴 단추는 하나라도 더 잠그기 전에 빠르게 풀어야 제대로 옷을 입을 수 있는 것 아닌가?

잘못된 사업이 몰고 온 피해가 누적되기 전에 하루라도 빨리 보를 철거하고 강둑을 복원하는 게 국민의 생활 환경 개선과 건강 위협을 줄이는 일이었다는 것은 자명하다. 여기에 더해 경제부흥을 빙자한 환경파괴 행위인 하천 토건사업이 허상이었음을 보여주는 상징적 의미로도 반드시 빠르게 추진되었어야만 했다. 그러나 복원을 천명하며 탄생한 현 정부에서도 보 해체는 지리멸렬하기만 하다. 만고의 진리를 거스르는, 수많은 환경전문가나 국민은 인류가 쌓아놓은 과학적 근거들을 토대로 그토록 반대했던 사업임에도 토건세력이 보여주었던 그 신속한 추진력을 보고 배운 게 없는 듯하다. 모든 과학적 정당성과 명분을 등에 안고서도 뭣 하나 진도를 나가지 못하니, 보는 사람 입장에서는 복장이 터질 따름이다.

복원이 더딘 것보다 더 큰 문제는 파괴적 보 조성이 멈춘 것이 아니라 현재진행형이라는 데 있다. 단물을 다 빼먹은 4대강이 아닌 그 지천으로 옮겨갔을 뿐, 지금 이 시간에도 4대강을 포함한 국토의 모든 강에는 무수히 많은 보가 촘촘히 건설되고 있다. 멀쩡한 자연둔치를 인공을 가해 자연형으로 만든다며 외부에서 돌과 콘크리트를 가져다가 하천이 흐르는 공간을 메우고 있다. 물고기는 언제나 잘 이동했는데, 이동하지 못하게 보를 만들고 또다시 물고기가 이동도 하지 않는 콘크리트 어도를 만들고 있다. 이 과정에서 안정적으로 유지되던 하천생태계는 폭격을 맞은 듯 초토화되고 있다. 토착생태계는 처참하게 무너지고 외래생물만이 판을 치는 환경으로 만들고 있는 것이다.

'물은 고이면 썩는다'는 단순 진리의 검증을 위해 천문학적 돈을 썼는데, 이제 또 다른 만고의 진리인 '윗물이 맑아야 아랫물이 맑다'는 검증을 위해 막대한 세금을 쏟아붓고 있다. 4대강을 막은 16개 보 해체에만 관심을 두는 사이 국토의 실핏줄이라 할 수 있는 지천에서는 작은 물줄기 하나당 4대강사업을 통해 만든 것보다 훨씬 많은 숫자의 보가 지금도 계속 건설되고 있다. 보 주변으로는 산을 폭발해서 가져온 돌들을 콘크리트와 범벅을 해 붙여놓고 있다. 외부의 돌을 가져다 놓으면서 하천 단면을 줄이는데 왜 홍수가 예방되고 물이 깨끗해지는지 아무런 설명이 없다. 이런 사업이 그럴싸한 '생태하천 복원', '고향의 강'이라는 이름을 붙여서 진행되고 있는 것이다. 4대강이 대기업의 몫이었다면 지천의 이런 사업은 지방 토호 토건세력의 몫이다. 이런 흐름이 당시 대통령이 그토록 주장했던 낙수효과일 것이다. 오로지 자본만을 위한 낙수효과.

'강 살리기'라는 이름으로 강을 죽이고, 지금은 '생태하천 복원'이라는 이름으로 자연의 위대함이 만들어낸 생태기능과 아름다움을 망가뜨리고 있다. 말장난 사업으로 멀쩡한 멸종위기 어류의 서식처가 없어지고, 둔치의 자연정화기능은 심각하게 상실되고 있다. 더불어 상류의 물길까지 막아 이곳을 흐른 물은 4대강에 채 도달하기도 전에 빠르게 오염된다. 윗물에서 썩은 물이 흘러들어 오는데 4대강 보가 해체된들 강물이 깨끗해질 리 만무하다. 지금 진행되고 있는 지천의 수많은 보 조성사업이 중단되지 않는다면 하류의 4대강에 있는 모든 보를 해체해도 절대 물은 깨끗해지지 않는다. 4대강 재자연화는 늘 그랬듯 '논란'이라는 프레임을 통해 소모적 논쟁으로 이어지고 그사이 지천의 보는 셀 수 없이 만들어지고 있다. 지루한 논란 끝에 시범적으로 철거한 몇몇 보의 효과는 이미 상류에서 내려오는 오염된 물에 의해 검증되지 못할 것이다. 향후 4대강 보가 철거된다 해도 자신들이 꾸준하게 진행한 상류의 또 다른 보 조성작업의 문제는 뒤로하고 보 제거가 효과가 없다는 논리만을 내세울 것이 눈에 훤하다. 궤변으로 일삼은 4대강 찬성론자들은 이때를 틈타 다시 수면 위로 올라올 것이다.

불탄 잿더미 복원을 위한 논쟁보다는 지금 확산하는 불을 끄는 것이 우선이다. 이미 벌어진 폭력인 4대강사업보다 현재진행형인 지천에서 자행되는 각종 하천파괴사업 중단이 훨씬 시급하다. 후손의 생명을 위해 4대강에 펼쳐진 '녹조라떼' 현상은 잊지 말자.

2

인간, 자연 앞에서 한없이 부끄러운

자연의 위대함과 아름다움을 단순히 돈벌이 수단으로밖에 바라보지 않는, 일그러진 자본주의가 전 국토를 잠식해버렸다. 각종 환경문제의 해결은 이제 내가 살아가는 이 시대에는 해결되지 못할 것 같은 불안감이 엄습해온다. 아름다운 자연이 자본의 온갖 책략에 여지없이 무너지는 상황을 셀 수 없이 접하면서 이 불안감은 더욱 떨쳐내기 어려운 마음의 짐이 되고 있다.

우리나라에서 멸종위기 야생동물을 가장 가까운 곳에서, 가장 많이 관찰할 수 있는 곳은 단연 주남저수지이다. 그곳에서 이네들은 멸종위기종이 아니라 흔한 동네 길고양이보다 친숙하다. 주남저수지에는 한때 전 세계에 남아 있는 대부분의 가창오리가 월동했었다. 1980년대 후반 수십만 마리의 가창오리 월동이 알려지며 유명한 철새관찰지가 되었다. 전 세계에서 수많은 사람이 가창오리 떼의 군무를 보기 위해 찾아왔지만, 지금은 사람만 찾고 가창오리는 사라졌다. 그래도 아직까지는 4대강사업으로 낙동강에서 쫓겨난

큰고니와 재두루미, 노랑부리저어새 등 많은 멸종위기에 처한 동물들이 이곳을 찾고 있다. 이제는 재두루미가 예전 가창오리 떼처럼 언제 이곳에서 사라질지 매년 겨울을 맞을 때면 조마조마해진다.

오로지 돈만 벌면 된다는 자본의 횡포에도 꿋꿋하게 자신의 삶을 살아가는 사람들이 있다. 자연을 동반자로 여기는 '자연농법'이라는 세계를 개척한 위대한 농부 '후쿠오카 마사노부'나 눈물을 흘릴 수밖에 없는 '기무라 아키노리'의 삶을 무덤덤하게 그려낸 '기적의 사과' 스토리를 잇는 농부들이 우리나라 곳곳에서 농사를 짓고 있다. 농약과 화학비료는커녕 가축분퇴비도 주지 않고, 자연이 베푸는 힘으로 농사를 지으면서도, 엄청난 화학비료와 농약으로 재배하는 관행농업과 같은 양의 수확을 한다. 수확량은 같으면서 농약의 위험과 비료에 의한 오염에서 벗어날 수 있다. 일을 덜 하고 더 비싼 가격을 받는 것은 덤이다.

곡식을 생산하는 농업도 이러할진대, 우리나라는 균형 잡힌 자연에서조차 그 가치를 인정하지 못하고 어설픈 지식으로 위대한 자연을 망치는 개입을 지속하고 있다. 산림이 그렇고 하천이 그렇다. 본질은 너무나 단순한데, 이 본질을 가리는 자본의 힘은 너무나 강력하다. 마치 마약이 몸을 서서히 망치는데도 순간의 환희를 위해 절제하지 못하는 것과 같다. 모든 국민을 위해 공리주의를 선택해야만 하는 국가에서도 이 환각을 떨쳐내지 못하는 것을 보면서, 소위 지식인이라 불리는 한 사람으로서 부끄러움에 숨을 곳을 찾는다.

이미 우리는 자연이 베푸는 최고의 서비스인 지속 가능한 삶을 망각하는 상황에까지 왔다. 인간이 자연보다 위대하다는 오만을 떨칠 때 우리 삶은 지금보다 훨씬 나아질 것으로 믿어 의심치 않는다. 이미 UN은 '생태계서비스'라는 개념을 통해, 인간이 자연으로부터 얻는 가치를 최대화하기 위해서는 자연을 보전하라고 전 세계에 얘기하고 있다. 황금알을 낳는 거위의 목을 베어 고기를 얻었다고 기뻐하지는 말자. 조만간 우리나라에서도 '손해를 감수하면서 자연을 훼손할 수밖에 없다'는 안타까움으로 개발이 진행될 날이 올 것으로 본다.

반달가슴곰 KM-53의 여행?

방위비 분담 압박은 미국이 이제 더 이상 혈맹이나 우방이 아닌, 부자가 빈자의 고혈을 짜내는 약육강식을 시전하는 강자의 횡포로밖에는 보이지 않는다. 트럼프가 재선에 실패했으니 제자리를 찾을지도 모르겠지만 안보와 관련된 문제는 언제나 협박이 될 수 있는 취약한 부분이다. 국방력 세계 6위인 국가가 이렇게 쩔쩔매는 것은 국민의 한 사람으로 도저히 이해할 수 없다. 트럼프정부 당시 한미군사협정의 뜨거운 감자는 방위비 분담금 외에도 고고도미사일방어체계(THAAD · 사드) 발사대의 추가 · 전진배치가 자리하고 있었다. 환경과는 먼 얘기로 들리겠지만 어쩌면 깊은 관련이 있을 수도 있다.

코로나19로 전 세계가 움츠러들고 모든 나라의 정부가 시험대에 오른 2020년, 우리나라 정부의 코로나 방역 신뢰도는 60~80% 사이를 오갔다. 야당의 온갖 문제 제기와 함께 거의 모든 언론이 방역 실패를 기대하는 것처럼 기사를 쏟아내던 때에 달성한 수치다. 비교적 최근의 일이니 이 수치를 기억하고 비교해보자. 2016년과 2017년 OECD 발표 우리나라 정부신뢰도는 24%였다. 코로나19 위기에서 국민이 정부에 보낸 지지는 엄청나게 높았다고 볼 수 있지 않은가. 코로나 방역의 높은 신뢰도에도 불구하고 비난만 하는 언론을 봤을 때, 2016년 당시 정부 발표들은 명확히 확인되는 것 빼고는 오히려 믿지 않는 것이 당연할 정도였다. 사드기지 논란이 극에 달한 시점도 이 정부 불신 시기이다.

당시 사드와는 아무런 관련이 없어 보이는 이상한 사건이 하나 발생했다. 성주와 접한 김천 수도산에서, 지리산에 방사한 곰인지 탈출한 사육곰인지 야생곰인지 알 수 없는 반달가슴곰이 발견된 것이다. 급히 지리산 반달가슴곰 복원사업팀에 소속된 전문가들이 출동해 포획했는데, 마취를 한 후 직접 이동시키면서도 어떤 개체인지 잘 모르겠다는 발표를 했다. 반달가슴곰 복원 프로젝트를 통해 지리산에 방사한 곰은 귓불에 커다란 위치추적장치를 달아 야생으로 내보낸다. 당연히 발견된 곰이 지리산에서 방사한 곰이었다면 전문가들이 놓쳤을 리 만무하다. 만약 귓불에 커다랗게 매단 추적기가 떨어졌다고 해도 당연히 큰 흔적이 있었을 텐데 과연 몰랐을까?

베테랑이 이런 기본적인 확인을 하지 않았다는 것은 생각할 수조차 없다. 의문이 시작된다. 이 의문은 2019년과 2020년 발생한 두 건의 유사 사건으로 더 증폭된다. 지리산국립공원 밖에서 반달가슴곰이 무인카메라에 촬영된 사건이다.

2019년 11월에는 덕유산에서 한 마리, 2020년 여름에는 지리산 남측 형제봉에서 두 마리의 반달가슴곰이 무인카메라에 포착되었다. 이들 3개체를 확인한 것도 수도산에서 포획을 담당한 국립공원공단의 전문가들이다. 국내에 반달가슴곰 전문가라 할 사람들은 국립공원공단의 반달가슴곰 복원팀뿐이니 당연한 것이다. 다만 두 사건은 수도산과는 달리 현장이 아닌 영상으로만 확인했다. 그런데 개체를 잡아 눈앞에서 확인한 앞선 수도산에서의 모호함과는 달리 영상만으로도 이 개체의 출처를 명확히 확인할 수 있었던 모양이다. 덕유산에서 관찰된 개체는 환경부가 영상만 보고도 귀 발신기 흔적이 없는 야생곰이라 발표했고, 형제봉에서 관찰된 개체는 한 마리는 지리산에 방사한 복원곰이고 다른 한 마리는 야생곰일 가능성이 매우 높다는 발표를 한 것이다. 뭔가 이상하지 않은가? 포획해서 눈으로 확인해도 모르는 것을 흐릿한 무인카메라로는 이렇게 잘 확인한다?

어찌 되었건 잘 모르겠다던 수도산 포획 반달가슴곰의 유전자검사가 빠르게 이어졌고, 정부는 방사 후 단 한 번도 지리산 남부를 떠난 적이 없었던 KM-53이 직선거리 80km에 달하는 거리를 이동했다고 발표했다. 이 비상식적 발표를 믿어야 할까? 24% 신뢰도의 정부 발표를? 의문을 가지는 것이 이상할까 아니면 그대로 정부 발표를 믿는 것이 이상할까? 안타깝게도 당시 나는 76%의 다수 집단에 속했다.

KM-53의 사고와 관련하여 비상식적인 일련의 상황들을 자세히 정리해 볼 이유로는 충분하지 않나 생각한다. 세상에는 이성적으로 이해하기 힘든 비상식적인 일들이 너무나 많이 일어나니 지금까지 밝혀진 야생동물의 일반적 현상과 다른 일들이 일어나지 말라는 법은 없다. 단지 그럴 가능성은 매우 희박하다는 것을 전제한다.

곰의 이동에 관한 연구는 전 세계적으로 알려진 것이 그리 많이 없다. 일반적으로 곰의 이동은 본능적인 이동과 학습적 이동으로 구분된다. 본능적 이동으로는 지금의 서식지보다 먹이가 많은 지역을 알아내어 이동하거나 보다 적합한 동면장소를 찾아 이동하는 것, 그리고 가장 큰 본능인 번식과 관련하여 앞선 두 이동보다 훨씬 잦은 이동을 하는 것으로 보고되고 있다. 학습을 통한 이동은 대부분 먹이를 구하기 위한 활동에서 나타나는데, 일반적인 포유동물이 부모를 통해 학습하는 반면, 곰은 주로 또래의 친구와 먹이활동 루트를 공유한다는 연구결과가 있다. 이때에는 한 번 갔던 곳을 지속적으로 다시 가는 것으로 알려져 있다. 회귀 또한 본능으로, 먹이를 위한 이동이기 때문에 당연한 결과로 보인다.

곰이 자신의 서식처를 벗어나 장거리 이동을 하는 이유는 대부분 짝짓기와 관련한 것이며 부가적으로 먹이활동과 동면을 위한 이동이 있다. 후자의 두 이동은 해당 목적을 달성하면 주 서식처로 돌아오는 습성을 보인다. 어떠한 이유인지 모르지만 극히 이례적으로 일부 개체가 수백 킬로미터까지 이동한 사례가 보고된 적도 있긴 하다.

KM-53(정부에서 발표한 것이니 이름을 따르도록 하자)의 이동은 일반적인 이동과는 전혀 부합하지 않는 상황이다. 그렇다면 과연 이것은 극히 이례적인 이동사례에 해당할까? 여기서 우리는 KM-53의 이동을 상식적 · 합리적으로 유추해 볼 필요가 있다. 왜 KM-53이 이동했을까 하는 것이다.

우선적으로 가장 많은 이동 요인인 짝짓기 이동의 가능성을 생각해보자. 곰은 일반적으로 여섯 살이 지나야 짝짓기를 하는 데, KM-53은 아직 한참 어린 녀석(발견 당시 두 살 반으로 추정되었다)으로 짝짓기를 위해 이동한 것은 아닐 것이다. 만약 짝짓기를 위한 이동이었다면 더 큰 혼란이 발생한다. 수도산 인근에 암놈이 있다는 얘기가 되니 말이다. 가장 많은 이동 요인인 짝짓기는 가정에서 제외하는 것이 합리적이다. 물론 그 어떤 상황도 완벽히 배제할 수는 없지만.

수도산에서 KM-53이 최초로 발견된 시기는 2017년 6월이었으니 동면을 위해서였다면 2016년 겨울에 이동했을 것이고 이미 이 시기에는 자신의 주 활동공간인 지리산 남쪽으로 벌써 돌아왔어야만 했다. 또, 산 정상부가 먼저 추워지는 것이 자연의 이치이니 동서로 주능선을 형성하는 지리산의 특성상 지리산 남쪽에 있었던 반달가슴곰이 추워서 더 추운 북쪽의 산을 넘어간다는 것은 자연현상을 역행하는 해석이 된다. 월동을 위해 지리산 남향 저지대의 따뜻한 기존 서식지를 놔두고 험준한 산을 넘어 이동했다고 보기에는 가능성이 너무 낮다. 또 수도산에서 잡아 와 지리산에 재방사한 이후 2017년 겨울 동안 지리산 남쪽에서 동면을 했기에 수도산 일대가 훨씬 좋은 동면장소로 보는 것은 심각하게 무리가 있다. 따라서 동면을 위한 이동도 아닐 것이다.

여러 정황으로 미루어 수도산에서 발견되기 이전인 2016년 겨울은 본래 서식지였던 지리산 남쪽에서 동면했을 가능성이 훨씬 높다. 안타깝게도 환경부에서 위치자료를 공개하지 않아(방사 이후 2016년 8월까지 KM-53은 단 한 번도 지리산 남쪽 자신의 서식지 주변을 벗어난 적이 없다) 언제까지 KM-53의 활동이 포착되었는지 알 길이 없어 이렇게 추정할 수밖에 없다.

수도산에서 KM-53이 발견된 시점은 한창 여름이 시작되는 6월로 반달가슴곰이 좋아하는 먹이인 참나무류 열매인 도토리를 포함해 숲속 나무의 열매는 대부분 익지 않을 시기이다. 산에 먹이가 그리 풍부하지 않을 때이다. 이렇게 봤을 때 KM-53이 지리산 남부 자신의 서식처를 떠난 원인은 먹이가 풍부한 지역을 찾아서라는 가정이 가장 합리적인 추론이다.

곰은 수 킬로미터 떨어진 곳에 있는 먹이의 냄새를 맡을 수 있을 만큼 후각이 발달해 있다. 그렇기에 주된 활동공간에 먹이가 부족할 경우 먹이가 많은 곳으로 수시로 먹이를 찾아 나선다고 한다. 이렇게 봤을 때 이 가정은 타당성이 매우 높다. KM-53이 수도산의 먹이 냄새를 맡을 수 있는 가까운 곳에 서식하고 있었고 수도산 일대가 지리산보다 먹이가 훨씬 풍부하다면 이 이동은 설명 가능하다. 그러나 너무나 큰 허점이 보인다. 최초 지리산에 방사한 곰으로 발표할 당시 신문기사는 이 곰을 수도산과 가까운 지리산 북동쪽에 방사한 아이라 전했었다. 그러나 시간이 얼마 지난 뒤 KM-53의 방사 위치는 초기 기사에서 언급한 곳의 정반대 편인 동남쪽, 구례군으로 확인되었다. 단순 오류로 보기에는 좀 이상하지 않은가?

KM-53과 함께 방사한 개체인 KM-54의 2016년 행동반경을 살펴보면 두 개체가 봄철에는 서로 인접하여 서식하고 있었지만 서식공간을 중첩하지 않고 뚜렷하게 서로 각자의 영역을 지키다가, 여름인 6월 이후부터 활동공간을 공유했던 것으로 확인되었다. 여름철 일부 기간 동안 중첩은 있으나, 두 개체의 활동공간은 뚜렷하게 자신의 영역을 확보하고 있었고 당시 단 한 번도 이 영역을 벗어난 일이 없었다. 그들은 철저하게 자신의 활동영역을 지키면서 움직였던 것이다.

기존 연구결과를 바탕으로 판단해 볼 때, 만약 이들이 서로를 동료로 인식하고 있었다면 친구의 먹이활동 루트를 따라 한다는 측면에서 여름철까지의 활동 범위는 매우 자연스러운 것으로 볼 수 있다. 안타깝게 2016년 여름 이후 두 개체의 위치추적 자료는 확인하지 못했다. 이럴 때면 미국의 정보공개와 관련한 정책이 매우 부럽다. 그곳은 국가 안보가 아니라면 세금으로 만들어낸 정보는 거의 모두 가공되지 않은 원자료를 꼼꼼하게 공개한다. 곰의 이동 위치는 절대 비밀이 아닌, 인근 주민과 탐방객의 안전을 위해 많이 알려야 하는 자료임에도 우리나라에서 자료확보는 녹록지 않다. 과연 안전을 생각하는 기관인지 의심스러울 뿐이다.

먹이를 위한 이동이었을 가능성을 좀 더 살펴보자.

지리산 동남쪽의 구례군 산자락 하단이 주 서식처인 이 개체가 만약 먹이가 부족해서 이동해야 했다면, 당연히 활동하기 쉽고 다른 개체와의 경쟁이 없는 남쪽의 백운산 방향으로 이동하는 것이 가장 합리적이다. 아울러 KM-53의 기존 서식처보다 풍부한 먹이의 냄새를 맡을 수 있는 범위는 단연 수도산 일대는 포함되지 않는다. 남쪽 백운산 일대는 지금까지 지리산에서 모니터링하고 있는 곰이 단 한 번도 가지 않은 곳이라 만약 지리산 내부에서 먹이경쟁이 있었다고 한다면 당연히 가장 가기 쉬운 백운산 일대를 선택했을 것이다. 곰의 후각이 아무리 발달했다고 해도 그 높은 산 너머 저 멀리에 있는 수도산의 먹이 냄새를 맡을 수는 없었을 것이며, 또 에너지를 최대한 아껴야 하는 상황에서 과도한 에너지를 써가면서까지 험준한 산을 넘을 필요도 없기 때문이다. 여기에 더해 지리산 북동쪽에서 활동하는 많은 개체가 지금까지 단 하나도 수도산으로 이동하지 않은 것도 수도산의 먹이가 곰들에게 별로 특별하지 않다고 해석할 수 있다. 상식적으로도 적극적으로 보호되는 지리산을 놔두고 지속적 간섭이 있었던 수도산의 먹이가 죽음을 무릅쓰고서라도 찾아가야만 할 만큼 월등히 많다는 데에 수긍할 사람은 그리 많아 보이지 않는다. 만약 그렇다고 한다면 수도산 일대가 훨씬 적합한 곰의 서식지라는 말이 된다.

지리산에서 지금까지 확보된 모든 곰의 움직임 분석 결과 지리산의 고지대 핵심 능선을 넘어가는 움직임을 보인 개체가 거의 없다는 데에서도 절대 자연스러운 이동으로 볼 수 없다. 아울러 주로 친구를 따라 움직이는 행동패턴에서도 기존의 연구사례와 배치된다. 여기에 더해 먹이를 위한 이동은 짧은 시간에 마무리되고 본래 서식처로 돌아오는 것이 일반적인데 이 또한 기존의 사례들과 전혀 다른 상황을 보여준다. 몇 가지 질문을 더 해볼 수 있을 것 같다.

서식지를 옮긴 것일까?

지금까지 연구에 의하면 곰은 본래의 서식지를 유지하면서 동면을 위해 또는, 먹이를 찾기 위해 일시적으로 이동한 이후 다시 제자리로 복귀하는 습성을 지니고 있다. 만약 먹이를 찾기 위한 움직임이나 동면을 위한 움직임이었다면 KM-53을 지리산 남동부에 재방사했을 때 이 녀석은 당연히 자신이 돌아와야 할 곳에 온 것이기에 오히려 더 편안하게 안주했을 것이다. 그런데 풀어놓자마자 다시 수도산으로 돌아갔고, 또다시 포획되어 두 번째 방사한 때에도 급히 수도산으로 돌아가다 사고를 당했다. 만약 먹이를 구하기 위해 잠시 간 것이라면 과연 죽음을 무릅쓰고 돌아가려 했겠는가에 대한 의문이 달린다. 지금까지 이러한 움직임을 보인 개체가 없었기 때문에 더욱 의문스럽다.

지금까지의 내용을 종합해서 간단히 생각을 바꾸면 좀 더 합리적인 추론이 가능해진다. 수도산이 원래 이 녀석이 살던 서식처라 가정하는 것이다. 수도산과 아무리 멀리 떨어진 곳이라 해도 동물이 자신의 서식처로 돌아가려 하는 귀소본능을 고려하면 비정상적 이동은 당연해진다. 동물행동학에 기초하여 훨씬 합리적이고 명쾌한 설명이 가능해진다.

정부가 이 개체를 KM-53이라 발표했기 때문에 믿어야만 한다? 만약 내가 반달가슴곰을 2004년부터 지금까지 연구해온 학자이며 전문성을 가진 사람이라면 어떻게 행동할까, 단순한 가정을 해봤다. 현재 우리나라 야생 반달가슴곰 서식처는 DMZ를 제외하면 지리산이 유일하며 이 개체 중 방사한 개체에는 귀에 커다란 위치추적기가 달려 있다. 국내 최고 전문가로서 수도산에서 발견된 반달가슴곰을 마취하여 포획했다면 가장 먼저 확인할 사항이 무엇이겠는가? 말해야 뻔하다. 당연히 양쪽 귀의 위치추적기를 확인했을 것이다. 정말 우연으로 위치추적기가 떨어져 나갔다 해도(이 사례가 얼마나 있는지는 모르겠다. 아마 이것도 이 개체가 처음이 아닐까 한다) 그것을 단 흔적은 쉽게 확인되었을 것이다. 그럼에도 이곳을 달려간 전문가는 방사개체인지 야생개체인지 모른다고 했다. 언론기록을 찾아보면 유전자감식이 끝난 후에야 KM-53이라 발표하게 된다. 유전자 감식결과를 확인한 외부인은 없다.

왜 육안으로 아주 쉽게 관찰할 수 있는 귀의 흔적을 최고 전문가들이 현장에서 확인하지 못했을까? 그들은 초보가 아니라 베테랑인데? 단순 실수일까? 합리적 의심을 안 할 수 없다. 수도산에 살던 아이라면 귀불의 위치추적장치를 달았던 흔적을 현장에서 발견하지 못한 것도 너무나 당연하게 설명된다.

마지막 질문이다. 가장 중요한 질문이기도 하다. 이 개체가 수도산에 살고 있는 야생 반달가슴곰이었다면 굳이 KM-53이라 발표할 이유가 있을까 하는 질문이다. 만약 지금까지 설명한 합리적 의심으로 이 개체가 야생이라 가정한다면 이 질문은 너무나 자연스럽다. 형식상으로야 안전을 얘기했지만 이미 지리산에 엄청난 수의 곰이 서식하는 마당에 설득력은 매우 떨어진다. 그리고 가야산국립공원과 연결된 숲이니 곰이 살아간다고 해서 문제될 곳이 전혀 아니다. 곰의 서식 자체가 돈이나 북한과 관련될 수도 없기에 어떤 다른 큰 이유가 아니고서는 굳이 진실을 왜곡할 이유도 없다. 따라서 이 부분은 매우 중요한데 여기서 이 곰이 발견된 수도산의 위치가 그 의심을 배가시키는 요인이 된다.

고고도미사일방어시스템을 운영하기 위한 사드기지는 경북 성주다. 행정구역은 다르지만 실제 수도산과 매우 가깝고 수도산과 연결된 자락이다. 만약 야생의 반달가슴곰이 사드 예정지역 인근이 주 서식처라고 한다면? 답은 간단하다. 환경영향평가가 무난하게 통과될 가능성이 거의 사라지게 되고 사드기지 건설 논란은 더욱 커지게 된다. 이유는 충분하다. 그리고 이 이유를 합리화하는 이동이 있었다. 짝짓기를 할 나이가 된 이 아이가 자신의 서식영역을 넓혀 2019년 6월에는 구미 금오산으로 이동한 것이다. 수도산과 금오산이 연결되는 한가운데에 사드기지가 있다.

환경영향평가, 앞에서 지루하게 다루었다. 이것이 문제가 되는 경우는 많은 사람이 관심을 가질 때뿐이라는 말을 기억할 것이다. 그리고 반달가슴곰은 우리나라 야생에서 살아가는 가장 큰 육상동물이다. 당연히 멸종위기종 Ⅰ급*으로 지정하여 보호하고 있는 최우선

* 우리나라 멸종위기종은 「야생생물 보호 및 관리에 관한 법률」에 따라 두 개 등급으로 지정하여 관리하고 있는데, Ⅰ급은 이미 멸종위기에 처한 종, Ⅱ급은 가까운 장래에 멸종위기에 처할 우려가 있는 종으로 구분하여 지정한다. Ⅰ급으로 지정된 포

으로 보호해야 하는 종 중 하나이다. 어떤 지역에서 반달가슴곰이 출현했다고 하면 개발은 어렵다고 본다. 그만큼 희귀한 개체이다. KM-53이 처음 발견될 당시에도, 지금도 끝나지 않은 사드기지 논란의 핵심 중 하나는 환경영향평가이다. 혹여 있을지 모를 '멸종위기종 서식처' 논란을 원천 차단하려 했다면 이 모든 의문이 한꺼번에 풀린다.

전혀 합리적이지 않았던 이 사건에 대해 생태적 관점의 합리적 의심을 해본다. 물론 판단은 독자의 몫이다. 그리고 이 반달가슴곰이 수도산에 원래 있었던 곰이건 KM-53이건 중요한 것은 따로 있다. 이 아이가 스스로 살아가고 싶었던 곳은 지리산이 아니라 수도산이라는 것이다. 수도산이 이 곰에게는 더없이 좋은 서식처였다는 것이다. 우리나라가 싫어서 이민 간 사람을 강제로 다시 데려다 놓는 것은 선의가 아닌 폭력일 뿐이다.

수도산은 기실 가야산국립공원과 아무런 단절 없이 연결되어 있는 곳으로 가야산 자락이다. 지리산국립공원의 반달가슴곰이 가야산국립공원을 새 터전으로 삼았다고 한다면 모두가 환영할 일이었다. 어떤 형태로건 처음부터 그곳에 그대로 두었어야 했다. 우여곡절을 겪은 후에야 자기가 원하는 곳에서 살게 된 곰은 번식연령이 되었을 즈음 서식영역을 넓혀 구미의 금오산도립공원으로 이동했다. 이곳으로 이동하기 위해서는 사드기지 주변을 통과해야 한다.

유류는 모두 12종인데, 사실 많은 종이 이미 우리나라에서는 멸종했다고 보는 종들이다. 호랑이, 표범, 여우 등이 반달가슴곰, 산양 등과 함께 Ⅰ급으로 지정되어 있다. 얼마나 중요한 종인지 판단할 수 있을 것이다.

숲 가꾸기, 정부의 위장환경주의

카피라이터, 참 좋은 직업이다. 기업으로서는 안 팔릴 물건조차 짧은 문구로 구매자를 움직여 매출을 확대해주니 말이다. 좋은 물건을 좋다고 하는 과정이라면 더없이 긍정적인 일이다. 그런데 '레몬'이라면? '레몬'에 그럴싸한 카피를 붙여 '오렌지'처럼 위장하여 비싸게 팔았다면 좋은 일을 한 것인가 아니면 나쁜 일을 한 것인가. 기업이 아닌, 최소한 나라만큼은 국민에게 이런 일을 해서는 안 된다. 주인을 속이는 일이기 때문이다.

기후위기, 이미 반세기 이전부터 심각한 문제로 인식되었지만 정작 우리나라에서는 최근 갑작스럽게 이슈가 되고 있다. 그간 침묵하던 많은 주류언론에서까지 다루니 관심 없던 사람들도 관심을 두는 상황이 되었다. 그만큼 중요하게 인식되는 것일 수도 있고 또는 어떤 다른 보이지 않는 손이 움직인 것일 수도 있다. 어찌 되었건 거들떠보지 않던 비주류의 공허한 외침이었던 지구환경문제가 우리 사회 주류로 편입되는 상황이 만들어지는 분위기는 그래도 다행스러운 일이다. 돈을 조금 더 벌기 위해서는 갈수록 악화되는 폭염과 기후변화로 발생하는 각종 환경재앙은 감내해야만 하는 필연적 고통일 수밖에 없기 때문이다.

2020년은 '성장'을 추구하여 성과를 올린 해로 기억될 것이다. 당당히 전 세계 10위라는 경제대국의 성과를 만들어냈다. 반대로 갈수록 악화되는 환경재앙이 더 커진 것 또한 피부로 다가온 해이기도 했다. 그렇다면 이 재앙과 맞바꾼 소득은 어느 정도 행복을 가져다주었을까? 우리가 잊지 말아야 할 것은 우리나라 평균온도 상승이 지구 전체 그것의 두 배나 높다는 것이며, 앞으로도 이 추이는 꺾이지 않고 유지될 것이라는 점이다. 앞으로도 다른 나라보다 두 배나 빠르게 온도가 올라간다는 말이다. 경제순위 5위가 되면 기후위기가 해결될까?

여름철 온도 상승을 포함한 각종 기후위기 억제를 위해 할 수 있는 일 중 가장 효과적인 방법은 에너지 절약과 소비를 줄이는 것인데, 사회구조적 체질개선이 필요하니 이 주장은 당분간은 공허할 뿐이리라. 2020년 뒤늦게 그린뉴딜이란 이름으로 국가산업의 체질개선 방향을 야심 차게 내밀었지만 이곳에도 정작 가장 중요한 절약과 관련한 내용은 찾아볼 수 없다. 밥을 떡으로 대체하자는 이런 수준의 정책을 그린뉴딜이라 표현하는 자체가 헛웃음만 나오게 만든다.

절약을 전면에 내세우거나 구체화된 방향을 제시하지 않으니 가장 중요한 소비억제 측면의 핵심 대책은 물 건너갔다고 본다. 차선책은 끌어올려진 온도의 저감과 함께 배출된 탄소의 저장을 동시에 할 수 있는 유일한 방법인 숲의 보호와 조성을 강력하게 추진하는 것이 남았다. 공공의 이익보다 사익이 우선되는 나라에서, 특히 부동산 불로소득을 통한 기득권 자산형성을 용인하는 나라에서 이 차선책의 강력한 추진을 기대한다는 것은 어쩌면 에너지 절약보다 더 어려운 과제일지도 모르지만 말이다.

우리나라는 전후 지금까지 산림관리에 막대한 예산을 쏟아붓고 있으며, 훌륭한 성과를 얻었다고 자화자찬하고 있다. 그런데 그 훌륭한 성과라는 것이 예산투입에 대비해 얼마나 효과를 냈는지는 전혀 알 수 없다. 숲이 차지하는 면적이 전체 국토의 60%를 훌쩍 넘고, '숲가꾸기' 사업에 매년 수천억 원이 투입되는 상황을 감안하면 앞서 설명한 한반도 온도의 급상승은 언뜻 이해가 되지 않을 것이다.

말로만 친환경을 내세우며 부당한 이익을 얻어 가는 것을 위장환경주의(Greenwashing)라 한다. 주로 기업이 이런 일을 하는데 우리나라는 국가가 한다. 대표적 그린워싱은 '4대강 살리기 사업'이다. '살리기'라는 그럴싸한 이름을 붙여 마치 죽은 강을 살려내는 신이라도 된 양 막대한 세금을 일부 토건기업에 넘겨준 사건이다. '고향의 강' 사업도 동일하다. 이 사업들이 강에서의 그린워싱이라면 산에서는 '숲가꾸기'가 단연 돋보인다. 인간이 자연 위에 있다는 오만함을 보여주는 용어이기도 하다.

숲의 건강 증진을 위한다는 명목으로 진행되는 '숲가꾸기'라는 이름의 사업은 대부분 큰 나무를 키우기 위한 솎아베기(간벌) 사업이 차지한다. 환경적 공익과 공공일자리 창출이라는 명목으로 효과의 검증 없이 매년 수천억 원의 예산이 투입되는 사업인데, 어떤 근거에 의해 이토록 오랫동안 계속되는지를 확인해보면 4대강사업으로 인한 세금의 증발은 귀여운 수준이었음을 알 수 있다. 학자적 관점에서 이 사업에 대한 타당성은 어디에서도 찾아볼 수 없으며 가끔씩 나타나는 제대로 된 연구결과를 보면 볼수록 문제의 심각성은 회복할 수 없는 수준에까지 이르렀다는 것을 알 수 있다. 사업의 비용이 천문학적이니 수십 년 동안 연구도 다양하게 진행되었을 것이다. 그럼에도 많은 산림과학자가 침묵하는 이유는 무엇일까? 생각은 다를 수 있다고 얘기하지만 이건 생각의 차이를 논하는 수준의 얘기가 아니다.

급기야는 그린뉴딜을 틈타 2021년 1월 산림청은 자연림을 인공림으로 빠르게 바꾸겠다는 추진전략을 발표했다. 잘 자라는 숲을 베어내고 인공수종을 심겠다는 전략이며, 숲의 파괴를 위한 임도를 확대하겠다고 한다. 2019년 세계 최고 권위의 학술지인 네이처(NATURE)지에 실린 한 글에 따르면 자연림의 탄소저장능력은 최대 인공림의 무려 40배에 달한다고 보고했다. 탄소를 더 흡수하기 위해 해야 할 일은 지금까지 진행한 간벌이나 인공림 식재를 멈추고 자연의 힘으로 전환되는 자연림을 보호하는 길인데도 정반대로의 행보를 마치 획기적 전략인 것처럼 포장해서 발표했다. 나무를 심는 것은 환영할 일인데, 베고 심으면 무슨 소용이 있는가? 30억 그루를 심기 전에 하는 일은 멀쩡한 100억 그루 이상의 나무를 베어내는 일이다. 기껏 오랜 시간에 걸쳐 저장한 탄소를 대부분, 그것도 매우 빠르게 배출하는데 나중에 흡수를 조금 더 하면 뭐하나? 자연이 오랫동안 저장한 탄소를 한꺼번에 날려버리는 우매한 일일 뿐이다. 산림청의 2021년 그린뉴딜 추진전략이 정당하다면, 아마존의 산림벌채는 지구 탄소저장을 극대화하기 위한 큰 그림이어야 한다. 어불성설이다.

산에서 벌어지고 있는 이 복마전을 내 일이 아니라는 이유로 방관해서는 안 된다. 계속 언급하겠지만 자연이 주는 혜택은 모든 사람이 고르게 받는 것이기에, 자연이 훼손되면 그만큼 나의 혜택이 줄어들게 되는 것임을 알아야만 한다. 왜 숲가꾸기를 이렇게 비판하는지 세

가지로 요약한다. 더 많은 문제가 있지만 이것만으로도 비판을 이해하기에 충분할 것이다.

숲의 탄소저장

간벌을 중심으로 한 숲가꾸기는 30년 전부터 숲 관리의 핵심으로 자리하였다. 더 이상 심을 곳이 없으니, 이제 심은 나무만 잘 자라도록 자연스럽게 자라는 나무를 베어버리는 작업을 하자는 것이 이 사업의 핵심이다. 오랫동안 지속된 단일사업으로 그 결과는 명확하게 검증되었어야 했지만 그렇지 못했다. 관행적으로 진행해온 이 사업이 어떤 결과를 초래했는지를 유추할 수 있는 연구결과가 얼마 전 발표되었다. 최근 국내에서 검증된 모든 실증결과를 종합하여 솎아베기 후 탄소저장량의 변화를 분석한 이 결과는 자못 충격적이다. 우리나라 산림에서 간벌이 탄소저장량에 어떠한 영향을 미쳤는지를 지금까지 진행된 국내 논문 모두의 실증결과를 기초로 한 메타분석을 통해 이끌어낸 내용이다. 수십 년간 진행한 정부사업이 어떤 결과를 초래했는지 명확히 검증이 된다.

간벌의 효과가 매우 크다고 홍보하며 투입하는 비용이 매년 수천억 원이 넘어가는 현실에서, 간벌의 탄소저장효과를 검증한 연구결과가 수십 년간 단 14편에 불과하다는 것은 연구자의 한 사람으로 안타깝기까지 하다. 과연 어떤 믿음으로 세금을 투입하는지에 대한 의문이 들기 때문이다.

최근 100년간 우리나라 평균온도 상승은 지구 전체 평균의 2배를 기록하고 있고 앞으로도 이 추이는 장기간 지속될 것으로 예측된다.

그리고 온도 상승 대부분이 1980년대 후반부터 시작된다. 그 이전까지는 세계 평균수준 정도였으니 30년이라는 짧은 시간 동안 온도가 너무나 빠르게 오른 것이다. 정부의 산림관리 예산 투입에 비해 그 결과는 참담하리만치 좋지 않다. 더 많은 예산을 투입하지 않아서 발생한 결과였을까? 우연한 일치인지, 급격한 온도 상승이 진행된 시점은 산림정책의 변화시기와 일치한다. 나무를 심는 데서 나무를 베어내는 쪽으로 방향을 전환한 시점이다. 검증된 내용을 살펴보자.

간벌이 탄소저장량 변화에 미치는 영향을 지금까지 우리나라에서 축적한 모든 실증연구 자료를 분석한 후 예측한 계산식은 설명력 83%로 간벌 이후 탄소저장량의 변화를 충분히 정확하게 추정하고 있다.

우리나라 간벌은 주로 전체 산림의 30~50% 수준으로 이루어지고 있으며 일반적으로 30년 전후가 된 수목을 중심으로 이루어진다. 도출된 수식에 40% 수준으로 숲을 간벌했을 경우 탄소 흡수량 변화를 예측해보면 간벌 이듬해에는 비간벌지와 비교하여 탄소 흡수량이 34.3% 감소한다. 숲의 탄소저장 기능이 3분의 2로 줄어든 것이다. 일반적으로 나무가 사라지니 이 결과는 당연하다. 핵심은 간벌의 효과를 홍보하는 정부에서 이 줄어든 기능이 빠르게 회복된 후 저장기능이 배가되어 더 좋아진다고 하는 부분이다. 여기에 더해 간벌목을 목재로 활용하여 그동안 나무가 흡수한 탄소를 지속저장할 수 있다는, 이론적인 개념이 있다. 그러나 수식에 대입해 보면 숲의 간벌 이후 간벌하지 않은 숲과 연간 탄소저장량이 같아지는 시기는 수년이 아니라 38년이나 걸리며 이때까지 숲의 총 탄소저장량은 그대로 유지한 숲에서 연간 흡수할 수 있는 양의 약 650%나 감소한다. 38년 동안 6년 반 정도의 기간은 숲이 탄소저장기능을 전혀 하지 못한 것이다. 이렇게 손해를 본 탄소저장량만큼을 다시 복구하는 데 걸리는 시간은 무려 37년이다. 둘을 합하면 75년이 된다. 즉, 숲을 단 한 번만 간벌하면 이후 75년까지는 해당 숲의 총 탄소저장량이 간벌 없이 그대로 둔 숲보다 적다는 의미이다. 간벌 후 75년이 지나면 조금씩 좋아진다는 것 또한 가장 왕성하게 자라는 건강한 30년 정도의 나무의 생장속도가 100살이 넘어서도 지속된다고 가정해야만 한다. 사람으로 치면 20세 청년의 활동량이 60세가 되어서도 지속됨을 전제해야만 한다는 것이다. 안타깝게도 이 간벌사업은 탄소흡수기능이 뛰어난 어린나무를 베어내 버리는 사업이다. 상황이 이러한데, 나무를 모두 베고 새로 심는 30억 그루 나무 심기 사업은 배출된 탄소를 흡수하는 데 대체 얼마나 많은 시간을 필요로 할까? 원상회복조차 불가능한 사업을 탄소중립 사업이라 발표하니 답이 없다. 흡수한 탄소를 다시 고스란히 내보내 원점으로 만드는 것을 중립이라 표현한 것일까?

또, 현재 우리나라에서 간벌한 목재의 사용량은 20%를 채 넘지 않으며 나머지는 고스란히 숲속에 남아 탄소 흡수원이 아닌 배출원으로 작동한다. 이렇게 나무들이 열심히 30년 동안 흡수한 탄소의 80%가 헛되이 대기 중으로 날아가게 된다. 그것도 아주 빠르게 배출되니 탄소중립은커녕 온난화를 가속화할 뿐이다. 불가능하지만 간벌목 100% 이용을 전제로 할 경우에라도 75년 이후에나 효과를 조금씩 볼 수 있다. 숲가꾸기의 탄소저장효과는 80%의 간벌목이 애써 흡수한 탄소를 다시 내뿜게 되므로 무의미한 것에서 나아가 심각한 탄소 발생사업이 되는 것이다. 75년이라는 수치는 숲을 간벌할 때 인부들이 숲으로 이동하기 위해 발생하는 탄소, 숲의 간벌을 위해 사용한 엔진톱이 발생시키는 탄소 등은 계산하지 않은 것이라 실제 사업이 진행된 숲의 탄소중립 기간은 더욱 늘어날 수밖에 없다. 중립 자체가 불가능한 사업이다.

여기서 우리는 고민해보지 않을 수 없다. 생장이 가장 왕성한 30년 정도의 나무를 간벌하면 남겨진 수목들의 나이가 100살이 되었을 때 간벌로 인한 탄소저장량을 상쇄시킨다는 말인데, 간벌한 숲을 70년 이상 온전히 보전하는 지역이 있는지 궁금하다. 대부분 숲은 70년이 지나기 훨씬 이전에 또다시 간벌사업이 진행되거나 모두 베어진다. 간벌사업이 진행된 많은 지역은 산림이 아예 다른 용도로 전환되기도 한다. 지금까지 간벌로 인해 숲이 탄소를 흡수하지 못한 양은 수치로 헤아리기 어려울 정도가 된다. 이는 고스란히 우리나라의 비상식적 온도 상승으로 이어진 것이라 판단할 수 있다. 자신들의 수십 년간 사업이 잘못되었다는 것을 스스로 인정한 것일지도 모르겠는데, 이제는 아예 젊은 나무들을 베어내자 하고 있다. 심각하게 잘못된 것이 자연림에는 절대 탄소흡수능력이 다소 줄어드는 나이가 많은 나무들만 자라지 않는다. 이들이 나이가 들어가면서 주변에 탄소흡수를 활발하게 하는 어린나무들이 훨씬 많이 새롭게 자라나게 된다. 그렇게 숲은 탄소를 아주 오랫동안 흡수하고 저장하는 저장고 역할을 하는 것이다. 저장고를 무너뜨린 후 다시 조금 채우는 것이 무슨 효과가 있겠는가? 간벌보다 더 심각한 사업일 뿐이다.

또한 간벌한 숲이나 개벌된 숲이 개발되는 것을 막기도 어려울뿐더러 간벌사업 이후 5년이 지나면 또 간벌이 가능해진다. 최소한 간벌작업이 효과를 보려면 사업이 진행된 숲은 100년 이상 온전히 보호되는 장치를 마련해야 한다. 또한, 간벌된 숲은 용도전환이 되지 못하도록 해야 한다.

이상에서 본 바와 같이 간벌은 최소한 100년은 지나야 조금이나마 사업 이유가 생긴다. 이것을 스스로 부정하는 발표가 최근 '그린뉴딜'에 편승해서 뿌려지고 있다. 우리나라 산림의 70% 이상이 30년이 넘어 노령화되어 빨리 베어내야 한다? 숲가꾸기를 통한 탄소저장량 증대는 거짓말이 아니었나? 자연이 애써 저장한 탄소를 이유 없이 다시 내보낸 것 아닌가? 반성은 없다. 눈먼 세금을 쓰는 사업만 있을 뿐이다.

우리는 현재 매년 수천억 원의 세금을 들여 숲의 공익적 기능을 악화시키고 있으며, 이로 인해 한반도 온도 상승을 초래해, 고스란히 사회적 약자들에게 더 큰 직간접적 피해를 주고 있다. 숲가꾸기가 단지 탄소저장만을 위해 행하는 것이 아님을 항변하지만, 다른 홍보하는 효과들 또한 좋아진다는 연구결과는 찾아볼 수 없다. 열대야를 참아내기 어려운, 기후변화 시대를 힘겹게 살아가는 대다수의 소시민을 위해 숲 관련 공공정책은 산림청의 시각이 아닌 새로운 시각에서 완전히 새롭게 전환되어야만 한다. 내 땅이 아니라고 관심을 버려서는 안 된다. 특히 내가 사는 곳 주변의 숲에 대한 관심은 나의 삶과 직접적으로 연결된 곳임을 인식해야만 한다.

숲과 폭염

기후위기의 가장 큰 요인은 온실가스 급증으로 인한 온도 상승이다. 계속 반복하여 얘기하지만 산업혁명 이후 지구 평균온도가 약 1

도 상승했고, 우리나라는 지구 평균의 두 배씩 뛰고 있다. 이런 상황에도 우리나라는 내 주변의 변화에 너무나 둔감하다. 극지방 빙하와 히말라야 만년설이 녹는다는 뉴스와 북미와 호주의 사상 최악 산불 뉴스, 아마존의 열대우림 파괴 뉴스가 연일 도배되어도 정작 우리나라와는 동떨어진 내용이다. 과연 우리는 지구 반대편 기후재앙의 피상만 바라보며 남의 집 불구경만 해도 되나? 우리나라 온도가 이들 나라보다 두 배씩 뛰는 이유는 궁금하지 않나? 위대한 자연을 단편적인 숫자로 표현하긴 불가능하다. 너무나 복잡한 연결고리가 서로 얽혀 있기 때문이다. 하지만 간단한 산수를 해보는 것은 이해를 돕는 데 매우 유용하다.

우리나라 연평균 강우량은 1300mm가 조금 안 된다. 육지에 내린 비는 흘러서 바다로 가거나 증발산한다. 물이 증발산하려면 에너지가 필요한데 상온에서 1리터의 물이 수증기가 되기 위해서는 600킬로칼로리가 넘게 필요하다. 무려 밥 두 공기 정도의 칼로리가 소모된다. 숲이 시원한 이유는 나무가 물을 증발시키면서 주변에 떠다니는 열에너지를 빼앗기 때문이다. 탄소를 저장해 기후변화를 완화하는 것보다 주변 잉여에너지를 흡수해 온도를 낮춰주는 미기후 조절 효과가 훨씬 크다는 말이다. 그러면 우리나라는 숲이 획기적으로 좋아졌는데 도대체 왜 이렇게 온도가 빠르게 높아진 것일까라는 의문을 가질 수밖에 없다.

산림청은 숲을 자연의 위대함에 맡기면 쇠퇴한다는 엉뚱한 논리로 지난 수십 년간 줄기차게 숲의 나무를 베어냈다. 최근 20년간의 숲 가꾸기 사업 면적은 국토 전체 산림 면적의 무려 112%에 달한다. 온갖 방법으로 자연의 위대한 힘을 제거하려 애쓰는 모습을 보면, 납세가 왜 국민의 의무인지 화까지 나려 한다. 이런 정부 주도의 산림성장 방해에도 불구하고, 너무나도 훌륭한 기후대에 절묘하게 걸쳐 있는 우리나라의 특성상 자연의 위대한 힘은 아직까지 버티고 있다. 앞서 언급했던 것처럼 지금까지 진행된 모든 실증결과에 따르면 단 1회의 숲가꾸기가 탄소 흡수와 저장에 미치는 부정적 영향은 80년 가까이 지속된다. 우리가 본격적으로 간벌을 중심으로 하는 숲가꾸기 사업을 진행한 시점은 이제 30년이 조금 넘었다. 초기에 이 사업을 진행한 숲이라도 임목축적량을 회복하려면 앞으로도 50년은 더 기다려야만 한다. 이런 상황인데 2019년 12월 산림청에서 발표한 결과는 더 놀랍다. 1990년부터 2015년까지 25년 동안 우리나라 임목축적 증가율이 전 세계 1위라는 것이다. 이 기간 동안 산림이 비약적으로 발전할 수 있었던 것은 분명 산림청이 홍보하는 것과 같이 산림경영이 제대로 되어서가 아니다. 앞의 검증자료가 그것을 증명하지 않나?

치산녹화에 성공한 나라. 우리가 지금까지 들은 얘기는 정부의 검증되지 않은 일방적인 얘기일 뿐이다. 그런데 아무도 이것을 검증하려 하지 않는다. 관련 사업이 대대적으로 진행되었고 산이 녹화된 것은 맞지 않는가라고 반문할 수 있다. 당연히 녹화되었다. 풍성한 숲을 부정하는 것이 아니다. 다만 이것은 사람이 한 것이 아니라 거의 모두 자연이 해준 것이다. 만약 녹화사업을 하지 않았다면 우리 숲은 지금보다 훨씬 더 아름답게, 푸르게 발달했을 것이라 확신한다.

정부는 일제강점기 일본의 산림자원 수탈과 전쟁을 겪으면서 산림이 벌거숭이가 되었고, 이것을 치산녹화사업으로 푸르게 만들었다고 홍보하고 있다. 초등학교에서부터 이렇게 배워왔으니 아무런 의심이 없다. 그런데 과연 일제강점기 이전에는 우리 산림이 울창했을까? 삼천리 금수강산이었을까? 안타깝지만 그렇지 않다. 좀 수고를 들여 인터넷을 검색해보자. 내가 사는 동네나 고향의 옛날 사진을 찾아보는 흥미로운 검색을 해보자. 요즘은 디지털아카이브가 흔하니 사진기가 처음 도입된 조선 후기에 찍은 마을 주변 사진을 쉽게 찾아볼 수 있을 것이다. 운이 좋으면 지금 살고 있는 곳이나 고향의 옛 사진도 찾을 수 있을 것이다.

우리나라에 사진기가 도입된 이후 일제강점기 이전까지 도시 주변의, 아니 시골이라도 마을 주변의 전경을 찍은 사진을 살펴보기 바란다. 마을과 함께 찍힌 주변 산에 나무가 울창하게 자라는 경우는 찾아볼 수 없다. 전후 산림과 그리 다르지 않아 보일 것이다.

조선 후기를 검색한 사진에서 보이는 나무가 없는 숲들, 이런 사실은 어디서도 배운 적이 없지 않나? 2020년 말 국립산림과학원이 공개한 1910년 조선임야분포도를 보면 당시 산림현황을 명확히 확인할 수 있다. 1910년은 일제의 산림자원 수탈이 일어났다고는 볼 수 없는 해이다. 그럼에도 당시 우리나라 산림에 큰나무가 있는 숲은 단지 21%에 불과했다. 국토 전체면적의 10%를 조금 넘는 수준이다. 걸어서 나무를 할 수 없는 곳 빼고는 모두 나무를 베어낸 결과이다.

나무를 대신할 석탄이라는 연료가 들어온 때는 일제강점기 초기이다. 이때까지 우리나라 모든 가정이 난방과 취사를 위해 나무를 땠다. 조선 후기 인구가 급격히 증가했고 당연히 주변 산의 나무는 남아날 수 없었던 것이 숲에 나무가 없어진 핵심 이유이다. 일제강점기 일본인들이 자신들을 위해 지은 건물의 난방을 위해 연탄을 사용하면서부터 난방을 위해 나무를 탈피할 채비를 한 것인데, 당연히 확산은 더뎠다. 해방 이후 곧바로 한국전쟁을 겪으면서 에너지 전환에 엄두를 내지 못한 반면, 인구는 더욱 가파르게 증가했고 난방과 취사를 위한 연료는 더 많이 필요했다. 이것이 산림 황폐화의 주된 이유이다. 나무를 베지 않아도 될 만큼의 연탄은 80년대 들어 빠르게 보급되었으며 1988년 우리나라 가정의 78%가 연탄을 주 연료로 사용하는 단계까지 이른다. 바꿔 말하면, 난방과 취사를 위해 주변 산의 나무를 더 이상 베지 않아도 된 시점이 1980년대라는 것이다. 물론 당시에도 시골지역이나 산 아랫마을에서는 주변에 나무가 흔하고, 오히려 경쟁이 줄어드니 90년대까지 나무를 난방 연료로 사용하는 가정이 적지 않았다.

우리나라 산에서 나무가 제대로 안정화되면서 자란 시기는 고작해야 30~40년 정도가 되는 것이다. 산림청이 발표한 40년 정도의 숲이 많다는 것도 이런 이유이다. 비록 난방 연료가 짧은 시간 동안 바뀌었다고는 해도 모두 같은 시점에 바뀐 것이 아니기 때문에 숲의 발달도 약간이나마 시차를 두고 이루어지고 있다. 그래서 숲을 자세히 살펴보면, 마을에서 멀리 떨어진 지역부터 발달하고 마을과 가까운 지역은 아직까지 발달이 미흡한 곳이 많은 것을 확인할 수 있다. 겨울철 난방을 위해 나무를 때본 경험이 있다면 이 의미를 너무나 쉽게 이해할 수 있을 것이다.

우리나라 숲이 이렇게 빠르게 녹화된 이유는 나무심기의 성공이 아니라 에너지 전환에서 찾아야만 한다. 1990대는 우리나라에서 사용하는 난방 및 취사에너지가 나무에서 화석에너지로 바뀌는 끝자락이다. 더 이상 나무를 베지 않아도 되니 이때부터 자연의 생산력이 고스란히 산에 남게 되었다. 매년 수천억 원을 들여 베어내는 나무의 양은 난방과 취사를 위해 베어내던 나무의 양에 비하면 얼마 안 되는 것이라 볼 수 있다. 숲가꾸기로 안 베어냈으면 우리 숲은 더욱 울창해졌을 것이라는 명백한 이유이다.

다시 돌아가서 숲가꾸기 중 어린나무를 베어내는 등 상대적으로 주변에 미치는 부정적 영향이 작은 사업을 제외한 핵심 간벌사업 면적은 총 산림 면적의 60%에 달한다. 산림청이 진행한 연구에 따르면 간벌 후 숲에서 증발하거나 지하로 침투하지 않고 유출되는 물의 양은 사업 전과 비교하여 사업 후 10년간 평균 1.5배나 증가한다고 한다. 숲에서 빗물이 유출되는 양을 대략 50%로 계산한다면 총 강우량의 25%가 증발하지 않고 추가로 유출된다는 말이다. 간단히 계산하면 증발될 수 있는, 연간 320mm의 물이 간벌지역에서 추가로 흘러나오는 것이다. 분명 말하지만 제외한 사업이 부정적 영향이 없는 것은 아니다. 제대로 계산하면 유출량은 이것보다 훨씬 많아진다.

믿기 어려운 숫자가 나열되겠지만 정부의 연구결과이니 따라가 보자. 최근 20년간 간벌한 산림 면적 중 최소 50%에서만 유출량이 증가했다고 가정해보자. 약 2만km^2에서 증발될 수 있었던 물은 무려 64억 톤이다. 이 물의 기화를 위한 열량은 무려 3800조 킬로칼로리나 된다. 휘발유 1리터의 열량은 약 7500킬로칼로리다. 매년 무려 5억 1000만 톤이 넘는 휘발유가 만들어낸 열을 다시 흡수할 기회가 단 하나의 엉뚱한 사업으로 인해 사라진 것이다. 2018년 우리나라에서 소비된 휘발유 총량의 무려 40배가 넘는 엄청난 양의 에너지다.

단지 숲가꾸기라는 사업의 중단만으로도 우리나라 대기 중에 떠도는 엄청난 열에너지를 흡수할 수 있다는 결론에 이른다. 온도가 그만큼 낮아지니 폭염재난을 줄이고 기후위기를 완화할 수 있다는 말이

된다. 자연의 위대함이다. 과연 과도한 화석에너지 소비로 발생해 떠도는 열을 흡수할 방법이 이것 말고 있는가? 잘못된 세금을 쓰지 않는 데서 발생하는 환경복지는 상상할 수 없을 만큼 크다.

2021년부터는 더 심각한 사업이 시작되었다. 숲의 나무를 모두 베는 작업을 더 빠르게 추진하겠다는 것인데 주변 온도는 더욱 빠르게 상승할 것이 자명하다. 관심을 가져야 할 이유로 충분하지 않은가.

숲과 홍수

숲은 녹색댐이라는 말을 수없이 들어왔다. 당연히 그 역할을 제대로 하게 해주면 홍수는 줄어든다. 그렇게 하고 있을까?

2020년에는 사상 최고 6월 온도로 폭염재난의 두려움으로 여름을 맞았다. 두려움은 잠시, 7월부터 길게 이어진 장마에 여름은 물난리로 마감되었다. 평년보다 많은 비가 내리긴 했으나 섬진강이 넘칠 정도의 많은 비는 아니었다. 물을 가둔 댐을 제대로 관리하지 못하니 더 큰 재난으로 돌아온 것일 뿐이다. 자연재해를 인간의 힘으로 막은 것이 아니라, 아무렇지 않은 상황을 인간이 재앙으로 만든 것이다. 그런데 이제 이 인재를 발판 삼아 하천의 준설과 제방공사를 또 진행하려 한다. 원인과 결과, 이에 따른 대응은 오로지 세금을 기업에 넘겨주기 위한 방편으로만 활용하려 하니 안타까울 뿐이다.

세금을 아끼며 홍수피해를 대폭 줄일 수 있다면? 그런 방법이 있다 해도 토건자본에 포획된 정부가 선택하지는 않지 싶다. 자연에서 얻는 서비스 가치를 최대로 높이려면 자연을 보전하면 된다. 이 자연의 위대한 능력은 홍수방지에도 어김없이 적용되는데도 말이다.

우리는 재난을 극복한다는 논리로 지난 수십 년간 하천 폭을 극도로 좁히며 제방을 높였다. 이미 1970년대에 제방이 하류 도시의 홍수피해를 가중한다는 것을 알고 과거를 반성하며, 제방을 없애 물그릇을 키우는 유럽의 국가들을 반세기나 관찰하고서도 이런 일들을 줄기차게 해오고 있다. 지금도 멈추려는 노력은커녕 더 크게 일을 벌이려 기회만 보고 있는 꼴이라니. 50년에 한 번 있을 홍수를 막기 위한 제방에서 모자라, 지금은 100년에 한 번, 200년에 한 번 올까 말까 한 홍수를 예방한다며 더 높게 제방을 쌓고 있다. 그 좁힌 알량한 둔치까지도 이용에 열을 올려, 둔치에 물이 흐르는 당연한 현상까지 홍수피해라 하니 어불성설이 아닐 수 없다.

과연 제방을 쌓으면 안전할까? 제방의 내구연한은 100년, 200년이 넘을까? 불과 몇 년 전 쌓은 제방이 그리 많지 않은 비에도 속절없이 터지는 광경을 지켜만 보지 않았던가?

자연에서 답은 늘 아주 기초적인 곳에 있기 마련이며, 고차원적인 과학을 요하지 않는 경우가 많다. 고도의 과학연구가 아니라 기본적인 이해가 필요하다는 말이다. 자연은 파괴된 균형을 스스로 맞추기 위해 움직이기에 균형을 파괴하지 않으면 그 피해를 최소화할 수 있다는 기본원칙만 생각하면 언제든 현명한 답을 찾을 수 있다. 자연(自然)이라는 단어의 의미는 자연현상을 조금씩 알아갈수록 더욱 위대해 보일 수밖에 없다.

홍수 피해를 줄이려면 비의 특성을 확인하는 것이 가장 중요하다. 비의 특성을 보자. 국지적 폭우라 하더라도 결국 평균적으로는 64%가 국토면적의 64%를 차지하는 숲에 떨어지게 되며 1% 미만만이 하천에 내린다. 미국 교과서에 따르면, 나무가 우거진 숲에 내린 비의 80% 전후가 증발하거나 지하로 침투한다. 우리나라는 대략 40~60%가 유출된다. 여기에서 볼 수 있듯이 우리나라 산림은 아직 완전히 성숙했다고 보기 어렵다. 더 성숙할 시간이 필요하고 시간이 지나면 더 커다란 혜택을 얻게 된다. 숲은 비가 땅에 떨어지기 전에 엄청난 양의 물을 잡아준다. 나무의 표면적이 모두 물에 젖어야 하니 그 양은 숲의 밀도가 높을수록 많아진다. 그리고 땅을 적시기 전에 흙 위에 쌓인 낙엽이 물을 흡수하고 천천히 바닥까지 닿은 물은 또 천천히 땅속으로 흡수된다. 시간을 두고 천천히 흡수되니 훨씬 많은 물이 토양에 스며들어 표면으로 흐르는 물의 양은 현저히 줄어든다. 숲이 개발되면 많은 물이 지표면을 흘러 한꺼번에 하천으로 몰리니 그 힘을 견디지 못하는 것은 당연한 이치이다. 주로 산림 경계부 새로 개발된 곳에 홍수피해가 많은 이유이다. 태양광 발전도 예외일 수 없다. 숲을 없애고 태양광발전소를 짓는 일은 그래서 친환경이 아니며 절대 해서는 안 될 사업이다. 숲의 탄소저장 기능, 미기후조절 기능, 홍수조절 기능 등 수많은 긍정적 효과를 없애버리는 것이기 때문이다. 집이 부족하다고 멀쩡한 사무실을 없애고 새로 아파트를 짓는 것과 같다.

홍수피해는 폭우에 갑자기 불어나는 하천, 즉 피크유량의 증가가 핵심 원인이다. 여기서 숲가꾸기라는 이름으로 진행하는 간벌과 가지치기 사업을 주목해야 한다. 간벌을 하면 우수 유출량이 사업 이후 10년간 평균 1.5배나 증가한다. 정부가 약 30년간 진행한 연구결과이다. 즉, 폭우가 내리면 강으로 모여드는 물의 양이 급격히 증가한다. 강우 패턴이 유사한 일본의 한 연구에서는 단지 유역면적 5분의 1만을 간벌했음에도 피크유량이 급격히 늘어났는데, 200mm의 큰비가 내릴 경우 무려 80%나 증가한다고 예측했다. 강우 강도가 클수록 그 증가 비율은 더 커진다.

중요한 것은 간벌 사업의 규모이다. 지난 20년간 진행한 숲가꾸기 사업 면적은 무려 국토산림 면적 대비 112%다. 아무리 적게 계산한다 해도 이 사업 하나만으로 전국 모든 하천의 피크유량이 20% 이상 증가했다고 볼 수 있다. 물난리가 주로 발생하는 산림 하부는 무려 40% 넘게 증가했을 수 있다는 말이다. 제방이 견딜 수가 없다.

종합하면, 단지 숲가꾸기라는 사업 중단만으로도 현재보다 제방 여유고가 최소 20~40% 늘어나 홍수위험은 획기적으로 줄어든다. 자연의 위대함이다. 제방을 높이거나 하천을 준설하기 위한 천문학적 세금 투입이 먼저가 아닌 이유다. 결론적으로 이들 사업도 대부분 불필요한 것들이다.

물론 목재를 생산하지 말라는 것은 아니다. 생활 곳곳에서 나무를 사용하기에 목재 생산은 반드시 필요한 산업분야이지만, 그 과정과 방법이 잘못되었음을 말하는 것이다. 이 사업을 한다고 해서 목재 생산량이 늘어나는 것도 아니다. 혹여 늘어난다 해도 투입된 세금에 비한다면 아무것도 아니니 결국 세금을 허비한 셈이 된다.

소나무재선충과 숲

소나무재선충에 대한 관심의 시작은 지극히 개인적인 데에서 출발했다. 자연을 벗 삼아 살길 원해 이사한 집 주변은 산이 둘러싸고 있다. 그리고 산에는 소나무가 많았다. 기쁘게 이사를 했는데, 그해 겨울부터 나무를 베는 엔진톱 소리에 잠을 깨는 상황이 이어졌다. 새소리로 잠을 깨야 하는데, 심적 고통은 참기 어려웠다. 이때부터 재선충과 관련한 자료를 찾기 시작했다. 그리고 너무나 많은 문제를 확인할 수 있었다. 앞으로 내용이 길어진다. 이유는 내 삶과 직접적인 연관이 있기 때문이다.

시작은 전혀 관계가 없을 것 같은 소나무와 하늘소, 꿀벌에 관한 것으로 해보려 한다. 지구의 모든 생물이 하나같이 중요하지만, 그래도 가장 중요한 생물종을 들라면 인간을 제외하면 단연 꿀벌이다. 벌이 멸종하면 4년 뒤 인간이 멸종할 것이라 하니 반드시 함께 살아야만 하는 동반자란 의미다. 그런데 벌이 집단으로 사라지고 있는데도 우리는 남의 일인 듯 무감각하다. 벌이 사라지는 원인은 그동안 다양하게 제시되었으나, 연구가 축적되면서 바이엘사가 개발한 네오니코티노이드 계열 살충제의 과도한 사용이 핵심 원인으로 지목되었다. 초기 연구에서는 똑똑한 벌 스스로가 해당 살충제를 피하기 때문에 문제가 크지 않다는 발표도 있었으나, 2015년 한 연구에서는 벌이 시간이 지날수록 살충제가 있는 곳을 더 자주 찾아간다고 했다. 충격적이게도 담배와 같은 중독효과가 일어난 것이다. 이미 꿀벌 유해성 문제로 초기 네오니코티노이드 계열 살충제는 많은 국가에서 생산과 사용을 금지했으며 비교적 독성이 약하다는 3세대 살충제 또한 유럽 및 북미를 중심으로 경작지를 포함해 모든 지역에서 사용을 금지하고 있다.

우리나라는 아직까지 이 살충제를 경작지뿐만 아니라 인가 주변 산림과 심지어 도심까지 광범위하게 뿌리고 있다. 소나무가 죽어간다는 이유에서이다. 산림청이 소나무재선충 매개를 이유로 산림 내 솔수염하늘소를 죽이기 위해 사용한 네오니코티노이드 계열 살충제와 호흡기 독성물질이 유출되는 살충훈증제의 구입비는 2015년 한 해에만 무려 80억 원이 넘었다. 재선충은 고지대 산림에서는 거의 발병하지 않기에 대부분은 우리가 수시로 오르내리는 나지막한 동네 뒷산에 집중적으로 뿌려졌다. 또한 많은 지자체가 이 살충제를 가로수 병해충 방제에 사용하고 있으니 농경지는 물론 산림, 도시까지 구석구석 뿌려진다.

꿀벌이 이 농약을 피할 수 없는 것은 당연하고 도시민에게도 적은 양이지만 지속적으로 노출되었다고 봐야 한다. 환경이야 늘 후순위로 밀리는 우리나라는 이 약제에 대해서도 역시 다르지 않은 대응을 보여준다. 2016년 벌꿀의 생산지수는 현저히 떨어졌지만, 양봉농가들의 지속적 문제 제기에도 정부는 문제없다고만 하고 있다. 앞서 설

한려해상국립공원의 심각한 문제라고 주장하며 진행한 소나무재선충 방제지역의 모습. 과연 무엇이 숲에 심각한 문제를 일으킨 것일까? 소나무재선충인가 아니면 방제작업인가. 2019년 3월 31일 저녁에 찍은 사진이다. 작업이 마무리되려면 긴 시간이 필요해 보이는 상황이다. 가이드라인에 따르면 3월 31일까지 모든 작업을 마무리해야 한다(그 이후에는 솔수염하늘소가 밖으로 나오기 때문에 방제의 효과가 없다).

명했듯이 우리 숲이 그나마 온전하게 자연의 섭리를 따르기 시작한 시기는 지역별로 조금 차이는 있지만 1980~90년대 시골까지 석유나 연탄보일러가 어느 정도 보급된 이후이다. 숲이 사람의 간섭을 벗어난 지 고작 30년 정도가 되어 이제야 조금씩 안정화 단계로 접어드는 중이다. 그리고 숲의 진짜 나무(眞木), 참나무가 성장하면서 반대급부로 초기에 번성하는 소나무는 여러 이유로 줄어들고 있다. 자연 스스로가 만들어내는 안정화를 외면하면서 숲의 미래를 책임질 진짜 나무를 잡목이라는 이름으로 베어내고, 하늘소를 포함한 숲속의 수많은 생명을 죽이는 살충제를 가장 깨끗해야 할 산림에 뿌리고 있는 것이다.

불안정한 산림생태계가 안정화되면서 자연스럽게 소나무가 쇠퇴

하는 것을, 마치 소나무가 줄어들면 산림이 황폐해질 것같이 호도하는 이유는 무엇일까? 반대로 생각해보자. 가을의 아름다운 단풍산행지가 늘어나는 사실이 농약을 뿌려야 할 만큼 심각한 문제인가? 하늘소를 죽이는 살충제가 뿌려진 숲이 과연 건강한 산행지일까? 농경지는 아니더라도 최소한 우리가 늘 호흡하는 도시와 산림에는 사용하지 말아야 하지 않을까? 환경 관리는 언뜻 남의 일 같지만 절대 남의 일이 아니다. 모두가 지금보다 훨씬 많이 관심을 기울여야 하는 이유는 차고 넘친다.

꿀벌과 농약, 소나무숲이 서로 얽혀 있듯 자연은 참으로 복잡하게 연결되어 있으며, 단순히 어떠한 현상이 문제가 된다고 해서 그것만 바라보면 안 된다. 자연에서 일어나는 단순 현상만을 바라보며 허비하는 세금은 돈을 뿌린 만큼 이익으로 돌아오는 것이 아니라 오히려 손해로 돌아오는 경우가 다반사다. 자연의 복잡한 관계를 이해하는 것은 매우 복잡하지만, 또 그리 어려운 문제는 아니다. 폭염과 산림 병해충, 세금의 관계 또한 그러하다.

재해를 막기 위해 정부가 쏟아내는 대응은 임기응변의 세금 투입 일색으로, 주변 전체를 생각한다면 폭염을 더욱 심화시키는 대책들이 대부분이다. 말 그대로 언 발에 오줌 누는 격이며, 근본적 대책을 위한 논의는 사실상 후순위로 밀리고 있다.

기실 전 지구적 기온 상승으로 인한 폭염에 정부가 내놓는 대안이 당장 살기 힘든 국민들을 만족시킨다는 것은 불가능에 가깝기 때문에 어느 정도 이해는 간다. 그러나 이 재난의 원인을 지구적 산업화에 따른 온난화라 치부해 버리면 우리가 할 일은 거의 없으며 순순히 더 길어지고 더 세지는 여름철 재앙을 앞으로도 이렇게 무방비로 견디는 것만 남게 된다. 우리나라 기온 상승이 지구 평균에 비추어 두 배 이상 빠른 매우 심각한 수준이라는 것도 문제를 대외적 요인으로 치부할 수 없는 이유이다. 당장 핵발전소를 더 가동시켜 전기를 싸게 쓰자는 대책을 일부 기득권에서 주장하고 있지만, 핵발전이 광범위한 해수면 온도 상승의 유발 원인인 것을 고려한다면 문제를 더욱 가중하는 것으로 대안이 될 수 없다. 더위에 지친 서민에게 전기료 절감과 같은 달콤한 대책으로 비치지는 못하겠지만, 우리나라 온도 상승 속도 완화를 위한 중장기적인 대책을 절실히 논의해야만 한다.

지구적 기온 상승의 근본 원인은 화석연료 사용으로 인한 온실가스의 과도한 배출이다. 이 근본 원인에 대한 대책은 첫째, 온실가스 배출량을 줄이는 것이며, 둘째는 배출된 온실가스를 더 흡수하는 것이다. 물론 간단해 보이는 이 대책을 실천하는 것은 전혀 쉬운 일이 아니다. 특히 재난상황에서 무조건 더위를 참으며 에너지를 절약하라는 말이나, 일반화된 소비 행태의 급진적 전환 요구는 대책이 될 수 없다. 자연스럽게 대책의 시작은 기온 상승을 유발하는 화석에너지원 및 핵발전의 빠른 전환과 함께 온실가스 흡수량을 높이기 위한 방안의 고민에서 출발해야 한다.

온실가스 흡수를 위한 대안은 숲의 면적과 기능을 확대하는 것이 거의 유일한 방법으로 인식되고 있다. 수목은 탄소를 흡수할 뿐만 아니라 아스팔트에 물을 뿌리는 효과와 동일하게 수분을 증발시켜 대기 온도를 직접적으로 낮추는 이중 효과가 있다.

안타깝게도 우리나라 녹지관리 정책은 '탄소 흡수원 확충'을 위한다는 최우선 명분과는 달리 탄소 흡수 기능을 훼손하는 데 지속적으로 세금을 투입해왔다. 숲가꾸기 사업으로 최근 10년간 약 2조 2000

억 원의 세금을 투입했는데, 대부분 사업은 간벌과 가지치기로 숲의 탄소저장 총량과 연간 탄소 흡수량을 줄이는 데 사용되었다. 또 지금의 기온 상승 추세가 지속되면 우리나라 대부분 숲에서 소나무가 살 수 없음이 명백한데도, 소나무재선충병 방재를 명목으로 온도를 낮출 수 있는 참나무와 낙엽활엽수 숲으로의 변화를 방해하는 데 쏟은 세금이 1조 1000억 원에 달한다. 그런데 이렇게 허비된 세금은 일각에 불과하다. 국가 예산에서 차지하는 비중은 매우 적으나 이 행위로 인해 모든 국민이 감당해야 할 사회적 비용은 도저히 상상조차 할 수 없을 정도의 금액이기 때문이다.

폭염이나 산림병해충의 대책은 세금을 투입하는 것만이 능사가 아니다. 각 분야에서 폭염을 가중시키는 데 들이는 세금을 쓰지 않는 것이 훨씬 쉽고 높은 효과를 보임을 명심해야 한다. 환경운동의 바이블이 된 레이첼 카슨의 『침묵의 봄』이 출간된 지 60여 년이 흘렀지만 당시의 상황과 우리나라에서 지금 벌어지고 있는 상황은 크게 다르지 않다. 그때와 같은 일이 고스란히 지금도 우리나라에서 펼쳐지고 있다.

침묵의 숲

봄꽃이 만발하지만 우리 숲에는 봄이 오지 않는다. 농약으로 얼룩진 침묵의 봄이 이어진다. 이맘때면 계곡물이 모자라게 울어대던 개구리와, 짝을 찾느라 분주하던 새들의 울음소리가 잔인한 엔진톱 소리로 바뀐 지 오래다. 가장 깨끗해야 할 숲속에 화학살충제가 뿌려지고 있다는 사실을 아는 사람은 많지 않다. 소나무재선충 방제를 명목으로 하늘소를 죽이기 위해 광범위하게 살포되는 살충제는 하늘소뿐만 아니라 유익한 대다수 숲속 곤충들을 죽이며, 특히 꿀벌집단의 붕괴 원인으로 지목받고 있다. 최근 유병률이 가장 높은 암인 유방암과 관련 있다는 연구결과도 발표되었다.

정부는 늘 안전하다고만 한다. 과연 그럴까? 프랑스를 시작으로 유럽연합은 우리와 정반대의 선택을 했다. 우리가 안전하다고 산림에까지 뿌리는 이 살충제를 경작지에서조차 전면 금지한 것이다. 유럽연합의 선택이 주는 의미는 뭘까? 반세기 전 사용이 금지된 DDT는 아직도 그대로 남아 흙에서 닭으로, 다시 달걀로 옮겨가며 '살충제 달걀'로 우리 건강을 위협하고 있다. 안전하다던

DDT가 그랬듯 네오니코티노이드 계열 살충제 또한 이미 많은 국가에서 사용을 금지했다.

재선충 발병 지역에서 양서류가 사라진 것은 우연이 아니다. 산림에 광범위하게 뿌려진 살충제는 무차별적으로 곤충을 죽이고, 곤충을 먹이로 하는 개구리들 또한 없애고 있다. 이미 지렁이를 포함한 토양무척추동물에게 강하게 독성이 미치는 것도 밝혀지고 있다. 레이첼 카슨이 『침묵의 봄』에서 살충제 남용 문제를 폭로한 이후 이미 반세기가 훌쩍 넘은 지금도 우리나라에서만큼은 바뀐 것이 없어 보인다. 당시 네덜란드 느릅나무병을 막기 위한 살충제 남용은 소나무재선충에 대한 지금의 정부대응과 놀랍도록 일치한다. 이 책의 몇 단락을 옮겨본다.

네덜란드 느릅나무병은 1930년경 유럽에서 들여온 목재에 숨어서 건너왔다. 느릅나무 껍질에 사는 딱정벌레는 이 병을 다른 나무로 옮긴다. 병의 확산을 막기 위해 매개체인 딱정벌레를 없애는 방법이 자주 이용된다. 특히 느릅나무가 번성하는 지역에는 약제의 집중 살포가 일상화되었다. 적은 양이 살포된 1954년에는 별 문제가 없어 보였다. 그러나 곧 무언가 잘못되었음을 분명히 알 수 있었다. 죽어가는 울새가 서서히 발견되기 시작한 것이다. 화학물질이 살포된 지역은 치명적 함정이 되어, 그곳을 찾아온 울새들은 일주일 뒤 모두 죽고 말았다. "살충제를 뿌리는 사람들은 그 약품이 '새에게는 무해하다'고 강조했지만 울새들은 바로 그 약품 때문에 죽어갔다."

강력한 농약은 해충인 느릅나무딱정벌레뿐 아니라 가루받이를 돕는 곤충, 포식성 거미 등 모든 곤충을 죽인다. 가을이 되어 땅에 떨어져 축축해진 낙엽은 아주 천천히 분해된다. 지렁이들은 가장 좋아하는 썩은 잎을 먹어치워 분해를 돕는다. 그런데 나뭇잎을 먹은 지렁이들은 어쩔 수 없이 살충제까지 흡수하게 되고, 체내에 그 살충제가 농축된다. 물론 많은 지렁이가 죽었지만, 살아남은 지렁이들은 독극물의 '생물학적 증폭기' 구실을 했다. 많은 연구를 통해 해충 억제 측면에서 새들이 여러모로 중요하다는 사실이 밝혀졌다. 그러나 이러한 자연의 조절능력을 화학약품에 흠뻑 젖은 현대사회에서는 더 이상 기대할 수 없게 되었다. 살충제가 해충뿐 아니라 그 천적인 새들도 함께 죽이기 때문이다. 살충제가 뿌려지고 얼마 후엔 벌레들이 다시 돌아온다. 그러나 벌레의 수를 조절해줄 새들이 없다.

"해충의 천적들이 농약 때문에 사라진다면, 새로운 해충이 등장해 다른 나무들을 공격할 것이다. 앞으로 어떤 방법으로 통제할 것인가?"

미세먼지와 자동차

코로나19로 인한 생활환경 변화로 미세먼지 농도가 전반적으로 개선되었다고는 하지만 두려움은 여전하다. 최근 몇 년간 언론의 중심을 도배한 미세먼지 공포로 대기질에 대한 언론과 국민의 관심도는 매우 높아졌다. 그러나 언론의 호들갑과는 달리 오히려 미세먼지 농도는 1990년 이후 최근까지 점진적 개선이 있었다는 것을 아는 사람은 많지 않다. 수치로는 가히 획기적으로 줄어들었다.

통계자료를 살펴보면 서울의 경우 1990년대 중반까지 PM10 농도가 평균 80μg/m^{3}을 넘기던 것이 2010년 이후부터는 50μg/m^3 아래로 떨어져 단기간에 훨씬 좋아진 것을 확인할 수 있다. 비단 서울만이 아닌 전국 모든 대도시의 미세먼지 농도가 과거에 비해 현저히 낮아졌다. 그럼에도 미세먼지 공포는 날로 심각해지고 있다. 이 문제가 데이터와는 달리 최근 몇 년간 사회문제로 급부상한 이유는 몇 가지 사건이 중복된 탓이다. 빠르게 개선되던 미세먼지 농도가 2013년 이후 답보상태를 보였는데, 하필 이때 WHO가 미세먼지를 발암물질로 규정했다. 언론이 두 상황을 연결하며 문제를 지속적으로 언급했는데, 하필 이 상황과 맞물려 호흡기질환 환자와 사망자 증가율이 급격히 늘어났다. 많은 국민이 관심을 보이니 언론이 더욱 자극적인 기사를 쏟아내는 반복이 이어진 것으로 본다.

일반적으로 사람들이 환경문제를 인식하게 되는 시점은 이미 손쉬운 해결에서는 한참 벗어나, 자신 또는 주변에 문제가 일어났을 때가 대부분이다. 대기오염과 밀접한 관련이 있는 호흡기계통 질환 사망률은 미세먼지가 크게 좋아지던 시절인 1990년 이후에도 지속적으로 증가했고 2010년 이후 급격히 증가했다. 폐렴에 의한 사망자는 1990년 전체 사망자의 6%에서 2010년에는 3배 가까이 늘어난 15%가 되었는데 이후 2015년에는 29%로 껑충 뛰었고 전체 호흡기질환 사망자는 50%를 넘어섰다.

사망자 두 명 중 한 명이 호흡기질환으로 사망하니 미세먼지가 좋아졌다는 말을 믿을 수 있겠는가? 이에 더해 흡연자 비율도 현저히 줄었다. 당연히 수치와는 달리 미세먼지에 대한 공포는 더욱 커질 수밖에 없다. 이유는 모든 대기오염 문제를 대표하는 단어가 눈으로 확인할 수 있는 "미세먼지"가 되었기 때문일 것이다. 그런데 다른 부가적인 생각을 모두 버리고 단순히 미세먼지와 호흡기계통 질환 사망자의 관계그래프를 그려보면 '미세먼지 농도가 감소하면 호흡기질환이 증가한다'라는 이상한 논리가 성립된다. 미세먼지 공포에서 벗어나 좀 더 냉철해져야 하는 이유이다.

미세먼지의 감소를 고려하면 최근 급격한 호흡기질환 증가의 주된 원인은 다른 곳에 있다고 판단하는 것이 보다 합리적이다. 앞에서 언급한 기간 동안 감소한 미세먼지와는 달리 대표적 호흡기질환 물질인 오존농도는 서울시 기준으로 두 배가 증가했다. 도심 오존은 질소산화물이 자외선과 결합하여 생성되기 때문에 다량의 질소산화물을 발생시키는 화석에너지 사용과 밀접한 관련이 있다. 미세먼지와는 달리 오존이나 질소산화물은 가스상 물질로 마스크로는 해결되지 않기에 개인이 대처할 수도 없다. 정부가 보다 적극적으로 화석에너지 저감을 위한 특단의 대책을 세워야 하는 이유이며 이 중 시급히 개정해야 하는 것이 자동차 관련 과세문제이다. 오존농도 상승과 디젤차량의 증가, 호흡기질환 사망자의 증가 추이는 매우 높은 관계성을 보이기 때문이다.

우리나라는 소상공인을 위해 트럭의 연료인 경유에 낮은 세금을 부과한다. 이 단순한 세금정책이 가져온 파장은 매우 크다. 유가상승과 클린디젤이라는 세계적 사기가 맞물려 소상공인이 아닌 많은 사람이 승용차로 디젤차량을 선택한 것이다. 2010년 전체 차량의 36%이던 디젤차가 2017년에는 42%를 훌쩍 넘어섰다. 심지어 다른 나라와 달리 디젤게이트 발생 이후에도 증가세가 꺾이지 않고 있다. 디젤차량의 급격한 증가는 고급 승용차와 레저를 위한 SUV 차량이 주도했다. 유류세 정책은 본래 목적과는 달리 부자나 중산층의 세금혜택 수단으로 전락했다.

정유사와 자동차회사들은 디젤의 미세먼지 배출량이 휘발유와 별 차이가 없다고 홍보한다. 이는 모든 대기오염을 '미세먼지'라는 말로 인식하는 데에서 발생한 호도인데, 미세먼지 배출량 차이가 크지 않다고 하여 대기오염에 미치는 영향이 같다는 것은 분명 아니다. 앞서 미세먼지 농도와 호흡기질환 사망자의 관계를 보지 않았는가?

디젤차량의 질소산화물 배출량은 휘발유의 무려 10배, 최근 발표에 따르면 최대 30배 가까이 많다. 도심의 급격한 오존농도 증가와 관련된다. 같은 디젤차량으로 대체될 노후 경유차 조기폐차보조금이나 허울뿐인 저감장치에 보조금을 줄 상황이 아님은 물론 환경개선부담금을 폐지할 상황도 아니다. 오랫동안 경유차를 타며 세금혜택을 주어왔는데 폐차과정에서 또 세금혜택을 준다? 이들이 새롭게 산 경유차는 또다시 세금혜택을 받고 시간이 지나면 노후 경유차가 된다. 뭐 이런 정책이 있는가?

대책은 휘발유와 동등하게 유류세를 부과하는 데에서 시작되어야만 한다. 최악의 대기오염국가에서 오염을 감내하면서 이들 차량에 세금혜택을 줄 이유는 없다. 디젤에 부과하는 세금을 당장 올리지 못한다면 최소한 차종을 구분하여 승용차에 할인해주는 세금은 환급받아야만 한다. 평균 주행거리를 감안하면 차량 한 대당 연간 30만~50만 원 정도다. 만성적 대기오염을 획기적으로 개선할 방법은 현실적으로 녹록지 않다. 국민들도 개인의 작은 이익을 위한 선택이 모두의 불행으로 돌아옴을 인식하고 에너지 절약을 보다 적극적으로 실천해야 할 것이다. 당연히 정부는 국민의 올바른 선택을 도와주어야만 한다. 디젤차를 판매하는 기업의 이익을 생각하는 것이 아니라.

아울러 디젤의 심각한 문제는 전 세계적인 디젤게이트와도 직접적으로 연결된다. 2018년 내내 이어진 BMW 화재사고는 차량결함이라는 단순 사실에서 나아가 왜 이런 사고가 발생했는가의 본질을 주시할 필요가 있다. BMW의 화재사고와 2015년 알려진 폭스바겐 디젤게이트는 특정 회사의 문제가 아닌 모든 디젤차량의 대기오염 유발 문제라는 본질에서 바라봐야만 한다.

과도한 질소산화물 배출로 인한 도심의 오존농도 증가가 국민 호흡기 건강에 미치는 악영향이 매우 심각하기에 디젤차량을 줄이는 것은 그 어떤 대기환경정책보다 중요하다. 폭스바겐과 BMW의 사태는 모두 이 질소산화물 배출과 연관된다. 디젤의 질소산화물 배출을 줄이기 위한 유럽연합의 규제는 해가 갈수록 강화되었고 2015년에는 이전 유로5 기준보다 배출기준을 5배나 강화한 유로6 기준을 적용하였다. 미국은 그 이전부터 유로6보다 훨씬 강력한 배출가스 규제를 적용하고 있었다. 거의 모든 승용차와 소형트럭까지도 휘발유를 연료로 사용하기에 가능한 조치였다. 폭스바겐은 미국의 이 강력한 배기가스 규제 기준을 디젤로 맞추기 위해 거짓 조작을 한 것이다. 다른 회사가 감히 상상할 수 없는 혁신이라는 이름으로 말이다. BMW 화재사고 또한 획기적으로 강화된 유로6 기준을 맞추기 위한 기술이 문제가 된 것이다.

주목해야 할 것은 비록 조작은 했지만 이들 두 회사의 디젤엔진의 오염물질 저감 기술력은 최고 수준이었다는 점이다. 실제 질소산화물 배출량이 다른 제조사에 비해 상대적으로 매우 적었다는 것이다. 2016년 유럽에서 실제 도로를 운행하는 차량의 배기가스 배출량을 조사하여 발표한 바 있다. 결과는 충격적인데 유로5 기준을 통과한 디젤차량의 질소산화물 실 배출량은 회사별로 허용기준의 최소 3.2배에서 최대 7.9배를 초과했다. 유로6 기준을 통과해서 운행하는 차량은 실제 도로에서는 최대 15.1배를 초과했다. 도로를 주행했을 때 발생하는 질소산화물의 양으로 살펴보면, 유로 기준을 충족하는 디젤차량을 만든 회사는 단 하나도 없어 충격을 주었다. 문제가 된 두 회사는 비록 유로6 기준에 부합하지는 못했지만 질소산화물 초과 배출량이 허용기준의 3배 이내로(이 수치도 끔찍한 수치이지만 말이다) 가장 적은 배출량을 보인 회사들이었다. 결국 실현가능성 없는 과도한 기준치의 적용과 이 요구를 안일한 조작으로 맞추기 위한 기업의 무리수가 화를 불러온 셈이다.

앞서 얘기했지만 문제가 부각되지 않은 회사 차량이 안전하다거나 좋다는 것이 아니다. 안타깝게도 우리나라에서 가장 많이 팔리는 자동차회사 디젤차량의 질소산화물 배출량은 유로5 기준을 통과한 차량의 경우 실제 허용기준치의 7.2배, 유로6 기준을 통과한 차량 또한 허용기준치의 무려 7.7배가 더 배출되는 것으로 조사되었다. 이러한 수치는 클린디젤이 아닌 디젤의 더러움을 직접적으로 보여주는 수치이며 지금까지 생산된 모든 디젤차량이 호흡기에 치명적인 질소산화물을 대량으로 방출하고 있다는 것을 의미한다. 즉, BMW와 같이 개별 차량의 화재문제는 아닐지라도, 도시 대기오염을 가중해 우리 모두의 건강을 위협하는 문제는 훨씬 크다는 것이다.

대기오염 정도가 세계 최고 수준이고, 호흡기질환이 급격히 증가하는 현실에서도 디젤차량을 위해 지속적으로 디젤 가격을 저가로 유지하는 상황을 과연 어떻게 생각해야 할까? 국민의 생명을 갉아먹는 자동차 연료에 세금으로 유지비를 보조해주는 격이다. 당장 멈춰야 한다. 차량 두 대 중 한 대는 디젤이니 아마 이 글을 읽는 사람 두 명 중 한 명도 디젤차량을 소유하고 있다고 본다. 세금이 저렴해 유지비가 적게 드니 언뜻 동의하기 어려울 것이다. 그래서 환경개선을 위해 개인 스스로의 변화만을 요구하는 것은 한계가 명백하다.

자동차가 사치품인 시대는 이미 오래전에 지났고, 필수품을 보다 저렴하게 사용하고자 하는 욕구는 그 어느 때보다 강하다. 시대가 바뀌면 세금정책 또한 바뀌는 것이 당연하다. 화석연료 자동차의 퇴출은 급진적으로 진행되겠지만 그사이 정부가 국민의 건강을 위해 시급히 해야 할 일은 그리 어렵지 않다. 전기차나 수소차에 지원되는 통 큰 세금은 가난한 사람들을 위한 것이 아니다. 지금이야말로 어려운 국민을 위해 휘발유에 부과되는 세금을 경유 수준으로 낮출 적기이다. 두 연료에 부과되는 세금이 동일하다면 경유차, 특히 승용경유차를 선택할 이유는 거의 없다.

미세먼지와 숲

경제성장만이 유일한 목표인 것처럼 내달리던 사회에서 결코 해결되지 않을 것 같던 고질적 문제인 미세먼지 문제가 잠잠해졌다. 이 기회에 그간 유행처럼 나타나 세금을 축낸 우리나라의 미세먼지 저감정책이 얼마나 엉뚱한 것이었는지 돌아본다.

숲은 만병통치약인 듯싶다. 최근에는 미세먼지 자체를 줄이려는 노력은 없이 방출된 미세먼지를 흡수할 수 있다는 논리로 막대한 세금을 들여 미세먼지 저감숲을 조성하고 있다. 과연 효과가 있을까?

2017년 5월 30일 산림청은 '도시숲은 미세먼지 잡아먹는 하마'라는 제목으로 도시숲이 미세먼지를 40.9%나 감소시킨다는 보도자료를 배포했다. 국민들에게 숲이 미세먼지 저감에 탁월하다고 호도되기 시작한 결정적 계기가 된 자료다. 정작 숲을 얼마나 만들어야 40%를 줄여주는지에 대한 기초정보조차 제공하지 않은, 엉성하기 그지없는 보도자료 하나인데 말이다.

산림청은 자신들이 만든 이름 하나만으로 이듬해부터 거대 세금이 들어가는 미세먼지 저감 명목의 각종 사업을 추진한다. 막대한 세금이 투입되는 단초를, 그것도 가장 신뢰해야만 하는 정부가 제공한 것이니 이 보도자료를 돌아보지 않을 수 없다. 해당 자료에 따르면 이 40%의 수치는 단순히 서울 동대문구 도심 한가운데와 홍릉숲 한가운데에서 각각 측정한 미세먼지 농도의 차이를 비교한 것에 불과하다. 숲속에서 측정한 미세먼지 농도가 낮으니 숲이 미세먼지를 감소시킨다고 발표한 것이다.

무엇이 문제인지 무릎을 탁, 쳐야 하는데 뉴스의 제목만 보는 많은 현대인은 그렇지 않다. 간단하다. 숲에는 미세먼지 배출원이 없지 않은가? 사막에 미세먼지 농도가 낮으니 모래가 미세먼지 저감에 탁월하다는 논리와 무엇이 다른가?

함께 배포한 첨부자료로 이 자료가 얼마나 허황한 보도자료인지 확인할 수 있다. 첨부된 자료에는 '1ha의 숲은 연간 총 168kg의 대기오염물질을 흡수'한다고 했다. 이 수치만 보면, 숲이 일반 성인 몸무게의 두 배가 넘는, 엄청난 양의 대기오염물질을 흡수하는 것처럼 보인다. 비교할 수치가 없으니 그렇게 보이는 것뿐이다. 비교할 데이터가 필요하다.

간단하게 우리나라에서 배출되는 총 대기오염물질량과 비교해보자. 국가미세먼지정보센터에 따르면 2016년 우리나라에서 배출된 대표적 대기오염물질 여덟 종류의 총합은 무려 470만 톤에 달한다. 비교할 수치가 생겼으니 이제 숲을 만들어 얻을 수 있는 대기오염물질 저감효과를 살펴보자. 우리나라 국토에서 산림과 녹지가 차지하는 면적은 약 68%이고 경작지가 21% 정도이다. 초지와 습지, 하천이 약 5%가 조금 넘으니, 국토 중 녹지를 새롭게 만들 수 있는 면적은 6%가 채 되지 않는다. 대부분 건물과 도로로 개발된 곳으로 숲을 만들

수 없는 땅이다.

그래도 가정을 해보자. 우리나라 모든 개발지역을 숲으로 만들어 국토 전체를 자연지역으로 만든다면 어떻게 될까? 이렇게 해도 배출되는 대기오염물질 총량이 그대로 유지된다면 단지 2% 정도의 대기오염 개선효과를 볼 수 있다. 2019년 사업비 600억 원을 들여 만든 숲은 약 60ha이다. 산림의 숲과는 질적으로 다르니 흡수량도 훨씬 적겠지만 동일하다 가정하여 계산하면 대략 10톤의 대기오염물질을 추가로 흡수할 수 있다. 우리나라 연간 총 대기오염물질 배출량의 0.0002%가 된다. 대기오염물질 개선이 획기적인가? 1000년을 이렇게 투자해도 정밀측정기 오차범위 이내이다.

이 사업을 위해 2025년까지 투입할 세금은 약 1조 원이나 된다. 그래야 지금보다 0.003%가 좋아진다는 말이다. 차라리 지금도 무자비하게 잘려지는 나무를 자르지 않는다면? 정말 미세먼지 저감을 목적으로 이 사업을 한다면 도심에서 간벌이라는 명목으로, 30억 그루 나무심기라는 명목으로 나무를 잘라내는 사업부터 하지 않는 게 우선이다. 아이러니하게 예산을 쓰지 않으면 대기오염물질 흡수는 훨씬 더 많이 할 수 있다.

오염물질의 흡수를 살펴봤다면 이제는 대기의 흐름 관점에서 살펴보자.

온고이지신(溫故而知新), 옛것을 익혀 새것을 안다. 미세먼지 문제는 현대 산업화가 불러온 것이지만 옛 조상들의 삶의 지혜에서 배울 수 있다. 그리고 아주 단순한, 누구나 알고 있는 환경지식을 여기에 대입하면 왜 미세먼지 대책의 접근이 잘못되었는지도 쉽게 알 수 있다. 우리는 흔히 환경문제는 복잡하고 해결하기 어려운 문제로 인식하지만 사람도 환경에 어우러지는 생명체이고 오랫동안 환경에 적응하기 위해 노력한 결과 지구에서 살아남은 종이기 때문에 축적된 전통적 지혜를 생각하면 대안은 참 단순하고 쉬울 때가 많다. 옛 지식인 풍수지리와 미세먼지는 전혀 다른 결 같지만 환경과학 측면에서 동일하게도 볼 수 있다.

과거 한 번 터 잡은 마을에 대대로 살아가는 농경사회에서 살기 좋은 땅, '명당'을 차지하려는 욕망은 누구나 강했다. '땅의 기운을 점쳐 인간의 운명을 바꿀 수 있다'는 영화적 상상이 화성 이주를 시도하는 우주 시대에도 진실의 경계를 넘나들며 힘을 발휘하는 이유이다. 부귀의 땅을 찾는다는 단편적 의미로 변질되어 비과학적이라는 인식이 높아졌지만, 풍수지리(風水地理)는 현대학문인 생태학(風水)과 지리학(地理)이 결합한 융·복합과학이다. '왕을 만드는' 땅에 대한 탐욕이 아닌 '사람 살리는 땅'으로 풍수를 바라볼 때 이 경험과학에 기초한 심층생태학의 가치를 확인할 수 있다.

풍수는 장풍득수(藏風得水)의 약자로 바람을 피하고 물을 얻는, 인간이 안정적으로 살아가기 위한 삶의 터전을 확보하고자 하는 과학이다. 터전의 선택을 위해 최우선으로 피할 것과 얻을 것을 조합한 이름이다. 사계절이 반복되고 지형이 복잡하여 지근거리라도 환경 영향의 편차가 매우 큰 우리나라에서 안정적으로 살아가기 위해 가장 마주치고 싶지 않은 두 가지는 기근과 혹한이다. 농사를 지어 조금이라도 많은 생산을 해야만 했고 겨울철 추위를 최대한 막아야만 했다. 조금이라도 많은, 안정적인 생산을 위해 '물을 쉽게 얻는 곳'과 혹한을 견디기 위해 '바람을 막는 곳', 바로 배산임수와 좌청룡 우백호라는 말로 함축된 땅이 명당인 것이다.

풍수지리는 세상을 살아가는 보통사람들이 자연에서 비롯되는 화를 면하고 조금이나마 평안하게 살기 위한 곳을 안내하는 지침이다. '잘되자는 것이 아니라 잘못되지 말자는 것'으로 이해해야 한다. 이러한 이상적 장소는 그리 많지 않고 보통 어딘가는 부족하기 마련이다. 물이 모이는 곳에는 필히 빠져나가는 곳이 있기에 대체로 바람막이가 취약한 방향이 생기기 마련이다. 이 부족분의 보완이 풍수의 비보(裨補)로, 보통 찬 바람을 막아줄 숲을 마을 외곽에 조성하여 숲이 마을을 둘러싸게 만든다. 마을숲은 외부의 찬 바람을 막고 마을 안의 온기를 유지하기 위한 아주 간단하면서도 높은 효과를 낼 수 있는 장치다. 당연히 마을사람 모두를 위해 잘 보호되어야 했기에, 많은 전래동화의 소재가 된 토테미즘적 숭배사상이 생겨나게 된다. 마을 입구의 나무를 자르면 화를 당한다는 등의 얘기는 미신이 아니라 과학이다. 간단히 말해 남향으로 집을 짓고 마당 북쪽에 대나무로 울타리를 만드는 등의 옛 집 형태는 규모만 다를 뿐 모두 자연의 이치를 따라 순응하면서 화를 면하고자 한 전통적 지혜이다.

생존이 걸린 문제였던 경험과학은 이제 생존이 아닌, 더 잘 살기 위해 여유로운 자가 마음의 위안을 얻기 위한 선택으로 바뀌었고 비과학으로 치부되고 있다. 이 전통지식의 가치를 밀어낸 일등공신은 단연 미세먼지의 주범인 화석연료다. 화석연료로 인해 이제는 남향으로 집을 짓지 않아도, 찬 북서풍을 막지 않아도 겨울을 여름처럼 지낼 수 있게 되었기 때문이다. 아이러니다.

문제는 여기서 나타난다. 미세먼지 농도가 높은 지역은 분지형 도시 즉, 바람을 잘 막아주는 곳이다. 전통적으로 도시가 처음 발달할 때는 분지 지형이 풍수지리적 관점에서 매우 훌륭한 입지여건을 가진 곳이었다. 그런데 반대로 현대에 들어서 심각한 문제요인으로 작용하고 있다. 외부로부터 부는 바람을 잘 막아준다는 것은 역으로 내부의 공기가 잘 빠져나가지 않는다는 말이 된다. 안에서 만들어져 쌓인 미세먼지가 밖으로 빠져나가지 못하게 되는 이치이다. 보통 미세먼지 농도는 발생량이 월등히 높은 서울과 경기가 높아야 하는데, 백두대간이 가로막은 강원도 영서지방 소도시들의 미세먼지 농도가 높은 날이 많은 이유다. 내부에서 발생한 오염물질을 가두는 것에 더해, 서쪽에서 불어온 외부 오염물질까지 밖으로 내보내지 못하기에 그렇다. 대표적 공업도시인 울산이나 부산의 미세먼지 농도가 낮은 이유도 같은 이치이다.

이제 겨울의 공포는 북풍한파가 아니라 미세먼지가 된 지 오래고 미세먼지에 대한 높은 관심은 국민 모두를 미세먼지 전문가로 만들 정도다. 누구나 전문가이니 반대로 제대로 된 해결책을 만들기는 더 어렵다. 그리고 국민의 공분만 사는 설익은 정책이 쏟아져 나오고 있다. 그중 하나가 미세먼지 저감을 위해 도심에 숲을 조성하고 외곽 숲을 간벌하여 밀도를 낮추는 것이다. 간단히 생각하면 왜 해결책이 되지 않는지를 쉽게 알 수 있는데 안타깝게 우리에게는 그럴 여유가 없는 것 같다. 어떤 식으로건 눈먼 세금을 통해 돈을 벌고자 하는 탐욕이 눈을 멀게 하는 듯하다.

비단 풍수지리가 아니더라도 경험적 지식을 통해 오랫동안 외부에서 불어오는 찬 바람을 막기 위해 가장 손쉬운 방법으로 숲을 조성해 왔는데, 이제 반대로 숲을 조성해 미세먼지를 내보낸다고 한다. 숲은 추울 때는 바람을 막고, 미세먼지가 많을 때는 바람을 불게 하는 '신박한' 능력을 지닌 것일까? 과학을 한다면 최소한 일관성은 있어야 하는 것 아닌가?

화석연료가 보급되기 이전에 겨울을 나기 위해 최우선으로 해야 할 일은 땔감을 확보하는 것이었다. 마을 주변 숲에서의 땔감 채취는 숲의 밀도를 낮췄고, 밀도가 낮아진 숲은 바람을 더 잘 막아왔다. 밀도가 낮아지면 숲 내부에서는 바람 이동이 원활해지지만 숲 주변으로는 풍속이 줄어들게 된다. 방풍벽에 구멍이 뚫려있는 이유를 생각해보면 이해가 쉬울 것이다.

도심 주변의 숲은 더 이상 화목을 생산해야만 하는 곳이 아니다. 겨울 난방연료가 바뀌었으니 사람들은 나무를 하지 않는다. 당연히 밀도가 높아지고, 숲 내부에는 바람이 적게 불지만 숲 밖에서는 자연스레 바람 속도가 빨라지게 된다. 그런데도 우리나라는 숲의 밀도를 낮추는 간벌작업을 미세먼지 대책으로 추진하고 있다. 그리고 밀도가 낮은 숲을 도심에 만들고 있다. 외부로부터의 환기를 더욱 어렵게 하는 작업을 미세먼지 저감대책으로 추진하고 있는 것이다. 다시 말하지만 최소한 일관성은 있어야 하지 않나?

미세먼지 농도가 높은 날에는 어김없이 방송에서 남의 나라 탓을 한다. 비록 3분의 1이 중국발이라 하지만, 역으로 3분의 2는 우리가 만든 것이다. 바람이 불지 않으면 배출된 자리에서 그대로 쌓여 있게 되기에 미세먼지는 우리가 만든 것으로 보는 것이 훨씬 합리적이고 과학적이다. 어느 방향이든 좋다. 바람이 불지 않는 날과 부는 날의 미세먼지를 비교해보자. 중국에서 발생한 미세먼지가 도달하려면 2~3일이 걸린다. 그런데 바람이 멈추면 바로 다음 날 미세먼지 농도가 올라간다.

우리가 할 수 있는 일이 없는 것이 아니다. 다만 중국 핑계만 대면

할 일이 없다. 가장 좋은 방법은 분지에서 미세먼지를 최대한 적게 만드는 것이며 다음으로는 외부의 깨끗한 바람을 얻는, 장풍득수(藏風得水)가 아닌 득풍득수(得風得水)를 위한 도시로 만들어가는 것이다. 미세먼지 문제를 해결해줄 단기 방안은 없다. 그리고 숲가꾸기라는 그럴싸한 이름을 달고 진행하는 도시숲을 간벌하는 일은 해결을 위한 대안이 아니라 악화시키는 원인이다. 제발 세금 좀 버리지 말자.

숲속 나무는 얼마나 오래 살까?

주목을 흔히 살아 천 년, 죽어 천 년이라 한다. 천 년을 살고, 이렇게 오랫동안 살아온 주목을 이용해 만든 가구를 천 년을 쓸 수 있다고 한 데서 유래한다. 정이품송과 같이 사람들은 나무가 아주 오래 살 것이라고 흔히 생각하지만 일반적으로 그렇지는 않다. 나무의 나이와 관련된 얘기를 해본다.

우리나라는 오래전부터 삼천리 금수강산으로 불리며 자연과 산세의 아름다움을 모두가 인식해왔다. 그러나 지금은 이런 아름다운 말을 쓰지 않는다. 오래된 낡은 말이라서가 아니라 이제 이렇게 불릴 자격이 없어졌음을 모두가 마음속으로 알고 있는 것이다. 상황이 이러함에도 아직까지 국토 면적의 64%가 산림이라는 이유로 더 개발해야 한다는 논리를 편다. 우리나라 환경이 만들어내는 독창적 아름다움은 뒤로하고 고산지대라 초지밖에 없는 유럽의 '알프스'를 앞세워 '영남알프스', '하동알프스'라 명하며 오로지 케이블카, 산악열차 개발에만 몰두하고 있다.

아름다움이 있어야 그곳에 가는데, 그곳에 가기 위해 정작 그 아름다움을 파괴하려 하니 답답하다. 그곳에 갈 수단은 생길지 모르나 막상 갈 이유가 없어지니 갈 일이 없다. 개발에 따른 훼손은 자연의 시간과는 달리 급격하게 나타난다. 경제적 이익을 얻을 수 있는 시간은 매우 짧은 반면 오랜 지구역사가 만들어낸 아름다움의 가치는 빠르게 소멸한다. 이 가치가 사라지면 개발자들은 다른 온전한 곳으로 시선을 옮기고, 또 옮기고를 반복한다. 지금까지 우리나라 관광산업의 전형적인 패턴이다. 과거 80~90년대 도시 근교 유원지를 떠올리면 단번에 이해가 될 것이다. 너무나 아름다웠던 도시 근교의 자연지역이 개발로 그 가치를 상실하면서 조금 더 먼 곳으로 차츰 이동했다. 이 개발행위가 더 이상 갈 곳이 없어 이제 마지막 보루인 국립공원 심장부까지 겨누고 있다. 우리나라 최초의 국립공원인 지리산국립공원 영역에 알프스라는 이름으로 산악열차와 케이블카, 모노레일을 건설하려 하고 있으며, 설악산 심장에 케이블카를 설치하고자 지치지 않는 돈의 힘으로 밀어붙이고 있다. 이곳의 자연환경이 어떠한지를 객관적으로 살펴보는 일은 그래서 중요하다.

설악산 오색케이블카를 설치하려 하는 곳은 문화재청이 지정한 천연보호구역이다. 1965년에 천연보호구역으로 지정되었는데, 지정 당시 문화재위원들은 이런 기록을 남겼다.

"우리나라에서 자연상의 피해가 가장 적다고 할 수 있는 지역으로, …… 이 지역만이라도 우선 천연기념물로 지정하여 보호해야 한다."

이 자리에 참석했던 전문가들은 이렇게 기록함으로써 설악산이 영구적으로 보호될 수 있게 되었다는, 자신이 해야 할 일을 했음에 작게나마 안도의 한숨을 쉬었을 것이다.

당시 문화재위원들의 기술이 단순 미사여구인지 아니면 정말 우리나라에 거의 없는 숲인지에 대해, 이 지역이 정말 다른 숲에 비해 어느 정도의 희소성을 가지는지에 대해 객관적 비교를 해보려 한다. 안타깝게도 자연환경의 희소성이나 가치에 대한 평가는 객관성을 담보하기 매우 어렵다. 개발의 입장에서, 현대 경제학의 입장에서 환경영향평가나 환경가치의 주장들은 실체가 없다고 기각되기 일쑤이며 각종 말장난식의 어구로 피해 가기 때문이다. 오색케이블카 개발이 추진되는 동안 진행된 환경부의 자연환경보전 행정을 살펴보면 이 기관이 얼마나 탁상행정의 전형인지, 허상인지 알 수 있다.

환경부가 자연환경 보호를 위해 사용하고 있는 주요 용어들을 보자. '생태축', '천연기념물 서식지', '번식지', '이동통로', '아고산식생대', '우수경관', '극상림', '보존가치 지형' 등은 보존의 필요성이 인정되는 곳이다. 그런데 이 용어들은 과연 실체가 있을까? 안타깝지만 우리정부는 생태축이 어디인지 정의하지도 않은 채 생태축을 보호한다고, 보호해야 한다고 해왔고, 아고산식생대가 어디인지도 모르면서 정작 아고산식생대의 개발은 할 수 없다고 주장해왔다.

오랫동안 환경부는 오색케이블카 예정지를 백두대간 생태축의 핵심지역으로 지정하여 관리한다고 하였고 산양 서식처로, 아고산식생대로 홍보했다. 당연히 국가적으로 가장 중요한 보호지역이라고 홍보해 왔는데, 막상 케이블카를 건설한다고 하니 이 모든 것들을 부정한다. 말 그대로 고무줄 잣대로 객관적으로 정의되지 않은 용어들을 상황에 따라 자기들 편한 대로 쓰고 있는 것이다. 이런 용어들을 이유로 보전비용을 아낌없이 써야 한다고 주장하던 이들이 막상 개발하려 하니 언제 그랬냐는 듯 돌아섰다. 당장이라도 이런 자연환경 관련 용어의 정의가 명확히 이루어져야만 한다. 그렇지 않을 경우 심각한 사회비용 낭비가 계속될 것이다.

숲의 보전가치를 평가하기 위해 위의 모호한 용어들 외에 객관적으로 비교할 수 있는 항목들이 완전히 없지는 않은데, 이 중 해당 숲에서 살아가고 있는 수목의 나이는 절대적인 수치로써 확인 가능하다. 다른 지역과 객관적인 비교가 가능하고 숲의 역사성을 살펴볼 수 있는 자료로도 훌륭하다. 수목의 나이는 생태계라는 복잡한 사회를 표현할 수는 없는 단편적인 수치이기는 하지만 분명 객관적인 비교 자료로서는 매우 훌륭한 지표가 된다.

우리가 알고 있는 정이품송이나 용문사 은행나무 등 일반적으로 저지대 평지에 독립적으로 자라는 천연기념물들은 나이가 500년 이상 되는 수목들이 많다(천연기념물로 지정된 나무가 많은 것은 아니니 실제로는 매우 희귀한 생명체이지만 천연기념물로 지정된 수목 중에서는 그러하다는 것이다). 그러나 단 하나의 수목이 주변의 다른 수목과 경쟁하지 않으면서 안정적으로 보호받으며 자라는 천연기념물과는 달리 많은 수목이 서로 경쟁하면서 숲을 이루는 지역은 같은 종이라도 특정 개체가 오랫동안 생존하지 못하며 빠르게 다른 나무가 대신하는 경쟁이 치열하게 진행된다. 지구상에는 간혹 그렇지 않은 숲도 존재한다. 미국 캘리포니아주 세콰이어국가공원이나 요세미티국가공원에서 볼 수 있는 자이언트세콰이어숲에는 수천 년 이상 살아온 나무들도 있지만 경쟁에서 살아남을 수 있는 그 지역만의 독특한 환경이기에 가능한 숲으로 완전히 예외다.

우리는 늘 같은 숲을 보는 것 같지만, 숲에서 살아가는 수목의 한

세대는 그리 길지 않다. 매년 우리나라를 찾는 제비가 흥부네 집을 찾아갔던 그 제비가 아니라는 것을 알지만, 어김없이 찾아오면 동일체로 보는 인식이 있는 것과 마찬가지이다.

숲 내부 수목의 나이는 아무리 오래된 숲이라도 상대적으로 홀로 서있는 천연기념물보다는 많지 않다. 물론 숲 내부에서도 극히 일부의 수목은 오랫동안 생존하는 경우도 있으나 일반적인 현상은 아니다. 안동 하회마을의 소나무숲은 하회마을과 역사를 같이한 나무들이 절대 아니라는 말이다.

설악산 오색케이블카 예정지 상부 지역은 1965년 천연보호구역 지정 이후 지금까지 공식적으로 사람의 출입을 허락하지 않은 지역이다. 이러한 특성을 반영하듯 케이블카 노선의 중간 정도를 경계로 나무의 나이가 큰 차이를 보인다. 케이블카 노선 주변에 자라고 있는 다양한 수목 21주의 수령을 조사한 결과 평균 120년 정도였으며, 중간지점 이후 상부 수목 15주는 평균 약 140년이었다. 가장 오래 산 3주의 평균 수령은 210년이나 되었다.

앞서 말했듯이 보통 천연기념물이 500년이 넘는 수목이 흔하니, 언뜻 이곳은 개발을 위해 노력하는 자들이 주장하는 바와 같이 예전에(무려 200년 전에) 훼손된, 별로 가치없는 숲으로 주장할 수도 있을 것이다. 조사결과를 보면 해당 숲은 오래된 수목이 200년 정도 되는 숲으로 볼 수 있다.

언뜻 보기에 우리나라에서 가장 자연성이 높은 숲이라고 당시 문화재위원들이 그토록 강하게 얘기한 설악산 고목들의 나이가 단지 200년 정도밖에 되지 않는 것에 상당히 의아해할 수 있다. 많은 사람이 노거수나 보호수, 천연기념물 등 보호되는 수목의 나이가 매우 많다는 점을 인지하고 있기 때문에 나타나는 오류다. 숲을 이루는 수목들의 평균적 나이를 노거수 단목과 비교하는 것은 크게 의미를 둘 수 없다. 우리나라를 대표하는 다른 숲과 비교해보면 이해하기 쉽다.

우리나라에서 오래된 숲은 대부분 천연기념물로 지정하여 관리하고 있다. 안타깝게도 천연기념물 중 수림대에 대한 수령조사는 제도가 시행된 이후 거의 진행된 바가 없다. 다행히 2010년 문화재청에서 일부 중요지역의 수령을 측정한 자료가 있어 비교해봤다. 조사지는 함양 상림, 광양 읍수와 이팝나무, 하동 송림, 북송리 북천수, 예천 금당실 송림, 하회마을 만송정, 주사골 시무나무와 비술나무숲, 도천리 도천숲 등으로 숲이 언제 조성되었는지에 대한 사료가 비교적 확실한 지역들이다. 이들 지역은 조성 후 훼손과 관련한 기록이 거의 없으며, 일제강점기 때 조사한 보고서에서도 안정적 숲을 유지한다고 기록되어 있는 만큼 최소한 큰 훼손은 없었던 것으로 보인다.

문화재청이 진행한 조사에서는 대체로 수령이 오래되었음 직한 수목을 대상으로 하였으므로 평균적인 크기의 수목을 조사한 설악산보다는 수령이 다소 높게 측정되었을 것이다. 조사 결과, 각 숲에 생육하고 있는 대표 수목의 나이를 요약해 본다.

함양 상림은 1962년 천연기념물 제154호로 지정된 숲이다. 무려 통일신라 시대에 최치원 선생께서 조성했다고 전해온다. 이 숲은 이후 약 1,200년간 원형을 유지하고 있는 우리나라를 대표하는 수림대로 사람이 조성한 숲으로는 현재 남아 있는 숲 중 가장 오래되었다. 1,200년 전에 조성했으니 가장 오래된 나무의 나이는 1,200년 정도가 되어야 하는 것 아닌가 하겠지만, 숲은 지속적으로 세대를 이어가며 오래된 수목과 어린 수목이 함께 공존하므로 아무리 오래된 수목이라 하더라도 그리 되지 못한다. 총 8주의 노령목 수령 측정 결과는 이 특징을 명확히 보여준다. 가장 오래된 수목의 나이는 가슴높이 직경이 42cm인 개서어나무로 약 120년이었다. 다음으로는 가슴높이 직경이 38.5cm인 졸참나무가 118년이었으며 직경이 더 큰 48.5cm의 갈참나무는 73년에 불과했다. 우리나라 조성숲 중 가장 오래된 숲인 상림에서 조사한 8주의 수목 중 가장 나이가 많은 수목 3주의 평균 수령은 112년이었다.

천연기념물 제235호로 1971년 지정된 광양 읍수와 이팝나무는 약 600년 전, 조선 명종 때 군사목적으로 조성된 식재림으로 조성시기가 명확하다. 이 지역에서는 총 3주의 수령을 측정하였는데, 수령확인이 어려운 1주를 제외하고 느티나무와 벚나무 각 1주씩, 2주의 평균수령은 134년으로 함양 상림에 비해 다소 많았다.

비교적 최근 지정된 천연기념물 제445호 하동 송림은 약 300년 전인 조선 영조 때 식재된 수림대로 현재 국내 제일의 노송숲으로 알려져 있다. 가슴높이 직경이 큰 수목을 대상으로 총 9주의 수령을 확인하였는데 가장 오래된 수목은 154년으로 확인되었으며 상위 3주의 평균수령은 127년이었다.

포항 북송리 북천수는 천연기념물 제468호로 지정된 수림대로 조선 철종 때 바람막이용으로 조성된 숲이다. 총 7주를 조사하여 오래된 순으로 3주의 수령을 평균한 결과는 72년이었다. 천연기념물 제469호인 예천 금당실 송림에서 조사한 13주 중 오래된 3주의 평균수령은 113년이었다. 약 500년 전 조선 선조 때 조성된 숲인 안동 하회마을의 만송정숲은 상위 3주의 평균수령이 104년이었다.

영양 주사골 시무나무와 비술나무숲은 약 400년 전 조성된 숲으

주요 천연기념물(수림대) 노거수 수령조사 결과(연령순 상위 3주)

지 역	수 종	흉고직경(cm)	수 령	비 고
함양 상림	개서어나무	42	120	총 8주 조사
	굴참나무	38.5	118	
	개서어나무	30	97	
	평균	**36.8**	**112**	
광양 읍수와 이팝나무	느티나무	64	150	총 3주 조사
	벚나무	45	117	
	평균	54.5	134	
하동 송림	소나무	137.5	154	총 9주 조사
	소나무	75.0	119	
	소나무	61.0	109	
	평균	**91.2**	**127**	
포항 북송리 북천수	소나무	42.0	74	총 7주 조사
	소나무	33.0	71	
	소나무	38.0	71	
	평균	**37.7**	**72**	
예천 금당실 송림	소나무	40.0	117	총 13주 조사
	소나무	50.0	114	
	소나무	40.0	109	
	평균	**43.3**	**113**	
안동 만송정숲	소나무	35	108	총 6주 조사
	소나무	36	104	
	소나무	32.5	99	
	평균	**34.5**	**104**	
영양 주사골	비술나무	54.5	123	총 6주 조사
	산팽나무	36.5	78	
	시무나무	42.0	61	
	평균	**44.3**	**87**	
영덕 도천리	말채나무	44.5	164	총 6주 조사
	팽나무	58.5	147	
	팽나무	51.5	147	
	평균	**51.5**	**153**	

(문화재청, 2010)

로 오래된 순서로 상위 3주의 평균연령은 87년이었다. 영덕 도천리 도천숲은 약 400년 전 마을이 생길 당시 조성한 숲으로 풍수지리에 의해 마을을 보호할 목적으로 조성된 숲이다. 상위 3주의 평균은 조사된 지역 중 가장 오래된 153년이었다.

우리나라에서 대표적으로 보호되고 있는 노거수림대인 천연기념물 수림대 8개 지역에 생육하고 있는 수목의 나이를 확인한 결과 일반적인 생각과는 달리 그리 오래되지 않은 것을 알 수 있었다. 조사 수목 중 지역별로 상위 3주의 수령을 평균한 결과 적게는 72년에서 많게는 153년 사이였다. 조사한 모든 수목 중 가장 오래된 수목은 영천 도천리숲의 말채나무로 수령 164년이었다.

설악산 케이블카 예정지에서 채취한 샘플의 수령은 가장 오래된 것이 226년으로 우리나라를 대표하는 천연기념물 수림대 그 어느 곳에 있는 나무보다 나이가 많았다. 상위 3주의 평균 수령은 다른 지역과 비교하였을 때 두 배 정도 많은, 월등히 높은 수령을 보이는 지역으로 확인되었다.

천연기념물 중 수림대지역은 대체로 나무가 오래 살기에 적합한 토질을 확보하고, 양분이 충분한 지역에 주로 재난을 막거나 기타 다른 목적에 의해 조성된 숲이다. 이러한 지역은 환경이 매우 열악한 고산대 산림지역에 비해 안정적으로 수목이 활착하고 자랄 수 있는 환경이지만, 그럼에도 불구하고 수령은 숲의 조성역사와는 확연히 차이가 있음을 확인하였다. 대체적으로 가장 오래된 수목들이라 해도 100년을 조금 넘는 수준이었는데, 이들 수림대가 일제강점기 때 훼손되었다는 보고는 없으며 오히려 그 당시에도 중요한 숲으로 잘 보전되고 있었다는 기록으로 보아 인위적 훼손에 의한 결과로 보기는 어렵다. 만약 일제강점기 전후로 훼손되었다면 시기상 이 숲들이 천연기념물로 지정되는 것은 현실적으로 불가능했을 것이다. 설악산 케이블카 예정지의 숲이 얼마나 대단한 지역인지 여실히 드러나는 비교자료이다.

설악산 케이블카 조성예정지는 자연적으로 형성된 숲이다. 앞서 비교한 천연기념물 숲이 사람에 의해 조성된 곳임을 감안하여 국내 다른 오래된 산림지역 숲도 비교해보자. 우리나라 자연산림에서의 나무들이 어느 정도 오래되었는지, 대표적으로 알려진 숲에 대한 수령측정 자료를 확인해봤다.

천연림으로 산림지역 내부에 형성된 노거수림대로 알려진 지역은 대부분 저지대 계곡부나 오래된 전통사찰의 진입부에 형성된 숲이다. 사찰숲의 경우 사찰의 역사와 함께 지속적으로 잘 보호되어온 것이 노거수림대로 유지된 이유일 것이다.

그런데 우리나라에서 가장 널리 알려진 대표적 노거수림대라 할 수 있는 오대산 월정사 전나무숲을 대상으로 총 70주의 수령을 분석한 결과는 기대를 한참 벗어난다. 가장 오래된 수목이 135년이었다. 계룡산 갑사의 노거수 숲도 유명한 지역인데 이곳에서 조사한 가장 오래된 수목의 나이는 96년이었다. 다만 갑사 일대 조사에서는 샘플을 추출하는 장비의 측정길이 한계로 더 큰 나무를 조사하지 못했기 때문으로 상대적으로 수령이 적게 나왔을 수 있다는 점을 고려해야 한다고 기술하고 있다. 나머지 내장산, 월출산, 계룡산 등은 우리나라의 자연을 대표하는 국립공원이며 이 지역 중에서도 식생이 우수한 지역을 조사했음에도 불구하고 평균수령은 높지 않다는 것을 알 수 있었다.

우리나라 주요 보호지역 내 천연 노거림의 수령조사 결과(연령순 상위 3주)

지 역	수 종	흉고직경(cm)	수 령	비 고
내장산 금선계곡 및 원적계곡	들메나무	22	86	총 11주 조사 (배기욱 등, 2011)
	고로쇠나무	36.5	79	
	느티나무	30	71	
	평균	**29.5**	**79**	
내장산 내장산지구	굴참나무	-	64	총 9주 조사 (배지윤 등, 2013)
	단풍나무	-	54	
	느티나무	-	53	
	평균	**-**	**57**	
월출산 금생골	소나무	35.5	47	총 4주 조사 (최송현, 강현미, 2006)
	굴참나무	33	33	
	상수리나무	38	27	
	평균	**35.4**	**36**	
월출산 도갑사계곡	소나무	20.5	50	총 6주 조사 (최송현 등, 2006)
	소나무	29	45	
	소나무	24.5	43	
	평균	**24.7**	**46**	
월출산 목동지역	소나무	36	33	총 7주 조사 (최송현 등, 2006)
	굴참나무	20	31	
	굴참나무	30	29	
	평균	**28.7**	**31**	
계룡산 동학사- 남매탑구간	굴참나무	31	65	총 14주 조사 (최송현, 조현서, 2006)
	굴참나무	39	62	
	서어나무	28	60	
	평균	**32.7**	**62**	
계룡산 갑사 노거수군집	느티나무	39	96	총 4주 조사 (이경재 등, 2001) ※일부 대경목의 경우 생장추의 길이상 추출하지 못함)
	소나무	47.5	92	
	팥배나무	37	86	
	평균	**41.2**	**91**	
오대산 전나무숲	전나무	11~82	41~135	총 8종 70주 분석 (이경재 등, 2008)

이상으로 우리나라에서 가장 우수하다고 알려진 중요 수림대에 생육하고 있는 수목의 나이측정 결과를 종합해봤다. 설악산 케이블카 조성예정지 내에 그리 크지 않은 수목의 수령이 200년을 넘는 것에 비해 다른 지역은 환경적으로 훨씬 안정적인 공간임에도 불구하고 수령이 높지 않은 것을 확인하였다. 특히 조성림에 비해 자연산림에 남아 있는 수목의 나이가 더 적은 것을 알 수 있었다. 숲의 나무 나이로 보면 설악산 케이블카 조성예정지가 우리나라에서 얼마나 중요한 공간인지를 확인할 수 있다. 열악한 자연환경 속에서도 엄격히 보호되는 국내 대표적인 보호지역에 비해 월등히 높은 수령의 나무들이 즐비하게 있는 그야말로 국내에서는 볼 수 없는 극상림이다. 이곳이 왜 1965년에도 "우리나라에서 몇 안 되는 보호해야 하는 숲"이었는지 그 이유가 확연히 드러나는 결과다. 그런데도 막상 케이블카를 만들려 하면서 별로 훌륭하지 않은 숲이라는 논리를 펴니 할 말이 없다.

이 숲이 훼손되는 것을 본다면 자연생태계를 연구하는 한 사람으로서 인내하기 어려운 고통이 될 것 같다. 하긴 수백 년을 살아온 주목이 즐비했던 덕유산 무주리조트는 당시 환경영향평가에서 숲에 있는 나무의 평균나이가 20년이 채 되지 않는 숲이라고 국내 최고 대학의 교수들이 평가했었다. 그것도 딱 리조트 예정부지 내부만. 그때나 지금이나 개발 앞에서 자연을 바라보는 왜곡의 눈은 변하지 않았다.

2부

내일을 위한 고민

3

이제는 바꿔야 할 것들

달을 가리키면 달을 보지 않고 손가락만 보는 우리 사회를 이해하기는 어렵다. 전 세계에서 대학교육을 가장 많이 받는 국민으로 엄청난 교육열은 모두가 인정하는데, 왜 본질을 보려 하지 않는지. 우리 사회는 상생과는 거리가 먼, 극단의 대립만을 만들어가고 그 정점에는 늘 막대한 자본이 군림하고 있다. 사익과 공익이 대립하면 열에 아홉은 자본을 뒤에 업은 사익이 이긴다.

우리가 이렇게 개발중심주의, 돈 중심주의를 추구하는 동안 이 부분만큼은 비약적 성과를 거뒀다. 전 세계 경제 순위를 수능등급으로 치자면 1등급 수준까지 끌어올린 것이다. 얼마나 기업 친화적인지를 판단하는 지표인 기업환경순위는 더 높아 2014년부터 지금까지 전 세계 4위와 5위를 오간다. 더 이상 올라갈 곳이 보이지 않는다. 이렇게 전 세계적으로 가장 돈을 많이 버는 국가 중 하나인데도 불구하고 대다수 국민은 늘 돈이 부족하다고 한다.

반면 2020년 우리나라 국민의 '행복' 순위는 61위였고, '삶에 대한 자유'의 정도는 자유민주주의국가라 부르기에도 민망한 140위에 불과했다. 153개국을 대상으로 한 결과이니 삶의 자유는 공산국가에 비해서도 결코 좋다고 할 수 없다. 이 몇 가지 숫자를 조합하면 이렇게 정의할 수 있다. '특정 소수가 차지할 거대 부를 위해 절대다수 개인의 삶의 자유와 행복을 억압하는 국가'다. 나라라는 것이 절대다수 국민의 '행복' 추구보다 극소수의 '부'를 몰아주기 위한 장치로 전락했다.

몇 년 전까지는 우리 아이들을, 어린 학생들을 보면서 정말 이들이 한세상을 잘 살다가 죽을 수 있을까 하는 걱정을 했었다. 한데 지금은 이 걱정이 사치라는 생각까지 든다. 이제는 나 또한 제대로 살다가 명을 다하고 죽을 것 같지 않다는 불안이 엄습해온다. 쓸데없는 걱정이라 생각할 수도 있겠지만, 그만큼 절박해졌다는 얘기가 된다.

미래세대를 위한다는 거창한 구호가 아니라, 이제는 우리 노년을 위해 잘난 품위나 교양을 내려놓고 무언가 작은 것이라도 실천해야만 할 때다.

일제의 잔재, 국립공원

국가공원(National Park) 제도를 처음으로 시작한 미국이 이 제도를 만든 이유는 단순하다. 너무나 훌륭한 원시자연을 파괴해서는 안 된다는 것이며 후대의 사람들도 최소한 국토의 몇몇 곳은 지금과 같은 수준의 자연을 볼 권리가 있다는 논리다. 미국은 이 제도를 자신들이 만든 최고의 아이디어라 하고 있다.

안타깝지만 이 제도를 도입한 우리나라에는 이런 원칙이 없다. 선진국 중 유독 우리나라에서만큼은 국립공원이 보호해야 하는 지역이 아닌, 개발하면 돈을 많이 벌 수 있는 지역으로 인식된다. 아직도 사람들이 얼마나 많이 찾는지가 관리의 우수성을 평가하는 지표가 되는 이상한 구조를 고수한다. 제도를 처음 시작한 미국은 방문객을 줄이고자 입장료를 우리 돈 8만 원까지 올리려는 시도를 하는데, 답답하기만 하다.

단지 35년이라는, 우리나라 역사를 비춰볼 때 너무나 짧은 기간 동안 일제가 심어놓은 온갖 만행은 해방 이후 점령 기간 두 배의 세월을 훌쩍 넘긴 지금까지도 곳곳에 너무나 많이 남아 있다. 남아 있는 수준이 아니라 아직도 이 사회의 주류로 보일 만큼 심각하다. 2019년 일본의 경제 도발 강행으로 촉발된 국민의 자발적 불매운동과 함께 폭발한 반일정서는 일제강점기 잔재들까지 모두 떨칠 것 같은 기세였지만 아직도 우리 사회 깊숙이 자리하면서 모르는 사이 녹아들어 있는 이 잔재들은 널려 있다.

대한민국 자연의 아름다움을 대표하는 '국립공원(國立公園)'은 마치 우리가 만든 용어인 것처럼 자연스럽다. 이 이름도 청산해야 할 일제 잔재인데, 해방 후 지금까지 아무도 이 문제에 대해 이의를 제기한 이는 없었다. 물론 국립공원지정 50주년을 맞아 전반적인 제도 개편과 함께 이름을 국가공원으로 바꾸어야 한다는 주장은 있었으나 왜 공원 명을 바꾸어야 하는지는 주장하는 쪽에서조차 얘기하지 못했다. 설득이 쉽지 않았던 것은 당연하다.

미국에서 시작된 'National Park' 제도가 우리나라에 소개된 것은 미국으로부터가 아니다. 일제강점기 당시 일본이 이 제도를 자국에 먼저 도입한 후 자신들이 통치하는 다른 나라에도(물론 당시에는 모두 자기들 영토로 간주했지만) 추가로 지정하고자 소개하였다. 일본인 학자 다무라 쓰요시(田村剛) 등이 'National Park'를 일본에 도입하면서 '국립공원'이라는 이름을 사용한 후 식민지인 대만으로 확대했고, 이후 금강산까지 일본 국립공원으로 지정하려 했다. 이것이 우리나라에서 최초로 국립공원이란 용어를 사용하게 된 배경이었다. 당시 일본이 자국의 국립공원으로 지정하려 했던 곳은 금강산이다. 다행인지 금강산이 일본 국립공원으로 지정되지는 않았으나, 해방 후 별 고민 없이 일본이 만든 용어 그대로 국립공원이라 사용했다. 그리고 지금까지 50년 넘게 이어지고 있다. 영어를 단순 한자식 표기로 번역한 것이라 큰 의미를 두지 않았던 것이 반세기 넘게 이어진 것인데, 이제는 다시 생각해봐야만 할 때이다.

'국립공원'을 하루빨리 '국가공원'으로 바꿔야 하는 몇 가지 중요한 이유를 들어본다.

첫째, 용어 자체의 의미다. 국립공원은 '국가가 세운, 만든 공원'이다. 자연을 국가가 만들지 않았으니 그 용어 자체의 의미부터 문제가 된다. 문화재를 예로 들면 쉽게 이해할 수 있다. 문화재 보관을 위한 건물을 국가에서 만들면 국립박물관이 된다. 그러나 국보나 보물 등 나라에서 보전가치가 높아 문화재로 지정하고 국립박물관에 전시하는 물건은 '국립문화재'가 아닌 '국가문화재'라 칭한다. 국가의 보물이지, 국가가 만든 보물은 아니라는 의미이다. 국립이란 단어는 국립공원을 빼고는 모두 '세금으로 만든 것'에만 사용하니 이 자체만으로도 국립공원이란 용어가 심하게 잘못 사용된 것임을 알 수 있다.

두 단어가 크게 다르지 않으니 오랫동안 써왔던 만큼 그냥 쓰던 대로 쓰자 할 수도 있다. 그런데 이 두 단어를 받아들이는 국민의 인식 차이는 너무나 크다. 둘째 이유이다. '국가'라는 명칭 부여는 단지 국가가 그 가치를 인정한다는 의미일 뿐이다. 소유의 영역은 중립적이다. 문화재로 치자면 국가가 가치를 인정한 것일 뿐 의무적으로 일반에 공개하라거나 국립박물관에 옮겨야 한다고 강제하지 않는다. 국가 소유면 국립박물관에, 개인 소유면 개인 집에 보관해도 된다. 그런데 '국립'이라는 이름이 붙는 순간 국민이 주인이라는 의미로 묘하게 돌변한다. 세금으로 만든 것이라는 인식이 잠재적으로 들어 있기에 그렇다. 그래서 국립공원이라 칭하는 순간 사유지에 대한, 개인 재산에 대한 권한이 슬그머니 사라진다. 더 쉬운 예를 들어보면 나라를 대표하는 운동선수의 칭호다. 운동선수는 단순히 국가를 대표하는 사람이니 국립대표가 아닌 국가대표가 된다.

국가는 사유지에 선을 긋고 철조망을 둘러 이곳에 들어오는 사람들에게 자신들의 운영비 보전을 위한 명목으로 입장료를 받아왔다. 2007년부터는 주인도 아니면서 마치 주인인 양, 선심을 쓰는 것처럼 무료로 전환했다. 국립공원 내 땅을 소유하고 있는 토지주는 우리나라에서 가장 아름다운 땅을 소유하고 있는데, 정작 이익은커녕 손해만 봐왔다. 국가가 어떤 집안에 대대로 내려온 가보를 국보라는 이름으로 등록해놓고 국립박물관에 강제 전시토록 해서 주인의 의사는 관계없이 돈을 받거나 받지 않거나 하는 행위와 다르지 않다. 당신의 가보가 국가문화재로 지정된 것이 자랑이니 그것만으로도 감지덕지해라? 부동산에 광분하는 우리나라에서 좀 이상하지 않은가. 바꿔야 하는 너무나 중대한 이유이다. 비록 이름이 바뀐다 해도 소유자는 여전히 소유권을 행사하지는 못하겠지만 최소한 이곳을 이용하는 사람들이 남의 땅을 공짜로 밟고 있다는 감사한 마음 정도는 전달받을 수 있지 않을까 한다.

그렇다면 일본은 왜 국립공원이라는 용어를 사용했을까? 간단하다. 당시 일본은 세상의 모든 것을 창조한 '현인신' 즉, '천황'이 다스리는 국가였다. 온 우주는 신이 창조한 것 아닌가? 당연히 모든 국토를 '천황'이 만든 것이니 그들의 국가관으로는 '국립'이라는 단어가 옳다. 국립공원은 '신이 다스리는 국가'인 일제의 자연관을 고스란히 드러내는 용어다. 국가공원으로 바꿔야 할 가장 중요한 이유다. 국민감정이 우리나라보다 일본에 훨씬 우호적이고 일제강점기 때 이미 자신들의 국토에 국립공원을 지정해서 그 용어가 사용됐던 대만도 지금은 국가공원이라 칭한다. 일본 이외 한자권 국가에서 국립공원이라 쓰는 나라는 우리나라밖에 없다.

기후위기 시대, 공익을 위한 자연보전 노력은 훨씬 강화되어야만 한다. 다만 국가가 보호한다고 해서 사유재산을 강제로, 무상으로 이용할 권리가 모든 국민에게 주어지는 것은 아니다. 일제 잔재 용어인 국립공원을 국가공원으로 바꾸고 헌법에 따라 국민이건 국가건 공익적 가치제공 대가를 지불해야만 할 것이다. 그리고 국립공원을 이용하는 우리는 무명의 토지주가 무상으로 들어갈 수 있도록 한 것에 대해 감사하게 생각해야만 하며, 남의 소유지를 무상으로 사용하는 만큼 소중히 아껴야 할 것이다. 많이 찾는 것보다 가급적 덜 방문하는 것도 좋다. 그러기 위해 보다 쉽게 가게 만드는 케이블카나 산악열차는 최소한 국립공원에만큼은 건설되어서는 안 된다.

1%를 위한 성장

코로나 팬데믹으로 대다수 국민의 시름은 깊어간다. 그런데 불안한 시기는 늘 누군가에게 기회가 된다. 특히 거대자본에는 더 없이 훌륭한 독식의 시대가 펼쳐진다. 정부는 돈을 풀고 그 돈을 고스란히 끌어모을 수 있기 때문이다. 서민은 생명이 위태로울 정도로 어렵지만, 자본에 의해 움직이는 부동산시장과 주식시장, 심지어 명품시장까지 활개를 치지 않나. 그래도 정부는 개인이 아닌, 자본에 돈을 푼다.

재난지원금을 받으면 부동산 갑부에 임대료를 주기 바쁘다. 부동산에서는 주로 두 가지 영업이 일어난다. 하나는 임대인이 하는 영업이고 다른 하나는 임차인이 하는 영업이다. 국가가 두 가지 영업이 일어나는 장소의 영업을 금지했는데 당연히 두 영업이 모두 금지되어야 하지 않나? 왜 이 당연함이 지켜지지 않을까? 단순히 생각하자. 가진 자와 못 가진 자의 차이다. 그래서 위기가 올수록 가진 자들은 더욱 많은 것을 가질 수 있게 된다.

국가적 위기라는 2020년, 감히 넘볼 수 없었던 국가들인 G7 국가의 반열에 올라 경제 규모 세계 10위로 도약했다. 선진국의 징표라는 국민소득 3만 달러 시대는 이미 2018년에 열렸다. 3인 가족이면 연간 1억 원 넘게 번다는 얘기다. 문재인정부가 내세운 '소득주도성장'이 완벽하게 이루어진 것 아닌가? 그런데도 이 호재가 남의 나라 일인 양 조용하기만 하고, 경제 무능을 하염없이 탓한다. 오히려 수구세력은 국가위기라 선동하며 극복을 위해 기업이 부를 더 축적하도록, 부동산 규제 등은 더 풀어 자본의 효율을 더욱 높여야 한다고 주장한다. 고 김용균 씨, 고 황유미 씨는 이들의 기억에 없다. 최저임금은 낮춰야만 하고 사람의 생명을 돈 몇 푼으로 바라보는 저열한 기업의 노동환경개선 속도는 늦춰야만 하며, 오염물질을 내보내지 말라는 것도 철폐할 규제라 주장한다.

사회적 약자를 위한 최소한의 정책까지도 가진 자들을 위해 알뜰하게 모두 제거하니 완벽하게 불평등한 사회가 되어가는데도, 프랑스와 같은 폭동은 일어나지 않는다. 폭동 또한 어느 정도 부의 배분이 일어나는 사회에서나 가능할 텐데, 우리는 완전한 불평등사회로 굳어진 건 아닌가 하는 생각도 든다. 프랑스처럼 고소득자와 재벌기업에 유리한 정부정책에 분노를 표출하지도 못하는, 완벽하게 "왜곡된 민주주의 국가"로 전락해 버렸다. 민주공화국이 아닌 금권공화국이 고착화된 지 오래다.

폭염과 한파의 고통은 기업의 이익을 위해 감내해야만 한단다. 누군가를 죽게 만드는 새벽배송 주문은 제발 하지 말자. 나의 작은 편리를 위해 또 다른 이웃을 죽음으로 내모는 사회를 정당하거나 공정한 사회라고 할 수는 없지 않나? 국민소득 3만 달러 국가의 국민이 일하다 얼어 죽게 만드는 사회가 제대로 된 사회인가? 이웃이 죽어나가도 꼭 새벽에 물건을 받아야 할까?

나와 가족의 건강을 위해 좋지 않은 식재료를 선택하지 않겠다는 권리 또한 기업의 이익을 위해 몰라야만 한단다. 유전자조작원료가 들어간 상품에 조작원료를 사용했다고 표기해 달라 하니 안 되고, 더 나아가 조작원료를 넣지 않았다는 표기도 하면 안 된다고 한다. 공정경쟁 위반이란다.

기업이 지금보다 돈을 더 잘 벌어야 국민이 잘산다는 새빨간 거짓말을 입에 달고 산다. 우리나라에서 최고 부자인 대기업이 세계적 위기에 허리띠를 졸라매야 한다 하고 공익을 위한 규제는 타파해야 한단다. 급기야 국민의 이익이라고는 찾아볼 수 없는 토건사업에 수십조 원을 쏟아부었다. 기업만 배 불린 '4대강사업'은 '생태하천사업'으로 둔갑하여 더 빠른 속도로 하천을 유린하고 모든 산에 케이블카와 산악열차를, 모든 지자체에 공항을 건설할 기세다. 이 과정에서 공익을 위한 장치는 무용지물이 된다. 특별법까지 만들어서 말이다.

잠 안 자고 뼈 빠지게 일하는 능력이 있는데, 왜 최저임금을 더 못 받게 일할 시간을 줄이냐며, 마치 고양이가 쥐 생각해 주는 양하고 있다. 양심이 있으면 계산 좀 해봐라. 최저임금으로 일해서 버는 돈이 얼마나 되는지를 말이다. 몸이 부서져라, 일해서 쥐는 임금과 과도한 노동으로 인해 지출하는 비용을 말이다. 정작 이런 얘기를 하는 사람들은 자기들 퇴근해야 한다고, 퇴근 몇 시간 전에는 중요한 정부 브리핑도 하지 말라는 얘기를 낯 부끄럼 없이 한다. 자기네가 일하는 시간을 최저임금으로 간단히 대입해보길 바란다. 단순히 시험을 잘 봤다는 것 외에는 모두 같은 사람임을 아는 건지 모르겠다.

세상은 점점 복잡해진다. 개인 능력으로는 이해할 수 없는 일들이

다반사이고 소위 전문가라고 하는 사람들은 알아듣지 못할 말들로 무언가를 설명하려 하지만 정작 중요한 달을 가리키지 않기에, 머릿속이 더 복잡해진다. 마치 내가 복잡한 세상을 이해하지 못해서, 무능해서 못 사는 것처럼 개인을 패배자로 낙인찍는다.

경제는 더욱 그렇다. 그냥 단순하게 생각해보자. 한국은 자원이 없어 수출로 먹고사는 나라라고 한다. 그럼 수출이 잘되면 모두가 잘사는 것이 기본 이치다. 2018년 우리나라 수출액은 역사상 최초로 6,000억 달러를 돌파했고 경상수지 흑자는 무려 84개월 동안이나 지속되었다. 전 세계가 최악의 상황을 겪은 2020년 코로나 팬데믹 속에서도 우리나라 수출은 전 세계 최고 수준을 유지했다. 선진국의 모임이라고 하는 OECD 국가 중에서도 최고인 1, 2위를 다투는 그런 나라이다. 그리고 2008년까지 많아야 200억 달러 수준이었던 연간 흑자 규모는 2009년을 시작으로 가파르게 상승하여 2013년부터는 매년 700억 달러 이상을 기록하고 있다. 그런데 국가 전체적으로 상상하기 어려운 돈을 벌어들이는 동안에도 정부는 저축을 한 것이 아니라 오히려 채무를 늘렸다. 우리나라 국가부채는 2013년 500조 원이 채 안 되던 빚이 2018년에는 700조 원을 돌파했다. 2013년부터 2018년까지만 따지면 무역 흑자는 5,000억 달러를 넘었고 빚은 200조 원이 넘게 증가했다. 코로나 팬데믹으로 정부 빚은 그간의 증가 수준을 훨씬 뛰어넘은, 우리나라 경제인구 구조상 다시는 갚지 못할 정도로 빚을 늘리고 있지만 서민들이 잘산다는 얘기는 들어본 적이 없다.

어찌 되었건 우리나라로 들어와 사회에 쌓인 돈이다. 하늘로 사라지지도 땅으로 꺼지지도 않았다. 여러 애국자 나리들께서 더 이상 나라곳간을 풀면 나라 자체가 위험해진다고 할 정도로 우리 사회에 돈을 풀었다. 이 많은 돈은 어디로 갔을까? 이전보다 훨씬 많은 사람들이 힘들어하는 이유는 간단하지 않나.

결국 부자에게 돈을 더 쓸어 담아 준 꼴이 되었다. 이 슬픈 와중에도 주체하기 힘든 정도로 돈이 몰려들고 있는 부동산시장과 주식시장을 보면 답은 뻔하다.

1인당 국민소득이 3만 달러를 넘고, 정부가 돈을 뿌렸는데도 정작 대다수 국민의 삶은 나아지기는커녕 더욱 피폐해지고 빚만 늘어간다. 대기업의 재산은 주체할 수 없이 늘었는데 일자리는 줄고 실업자가 늘어난다. 파이가 커지는데 절대다수 국민에 돌아오는 양은 더 작아졌다. 이런 상황에서 소위 주류라고 하는 사람들은 기업이나 자본을 위한 투자를 늘려야 하고 자본의 규제를 없애야 한다고 주장한다. 최저임금을 올리면, 안전하게 일할 환경을 만들면, 오염물질을 덜 배출하게 하면, 기업이 힘들고 돈이 정체되고 수출경쟁력이 떨어져 위기가 온다는 논리는 말이 안 된다. 좀 솔직해지면 안 될까? 규제 완화 정책은 극소수의 기득권을 위한 정책이라고 말이다. 오죽하면 무노동의 건물주가 최고 선망의 직업이 되었겠는가? 지금도 불로소득을 위한 부동산가격이 천장을 모르는 듯 오르고 있다.

단언하지만 낙수효과는 없다. 이제 경제성장으로, 기업이 잘살게 되면 우리를 잘살게 할 것이라는 환상에서 벗어날 때가 되었다. 기업의, 자본의 효율성 강화라는 명목으로 시행된 각종 규제 완화로 서민은 더욱 어려워졌다는 것을 인식해야만 할 때이다. 지금 주장하는 효율성 강화는 쉬운 해고와 낮은 임금체계로 노동을 착취하거나 환경파괴 행위를 용인하는 것에 지나지 않는다. 이렇게 강화된 효용은 자본의 이익을 극대화하지만 정작 국민의 삶과 국토는 유린된다.

미국의 리먼사태 이후 경제 부양에 쏟아부은 돈의 90%는 정작 위기를 초래한 1%의 부자에게 돌아갔다. 우리 사회도 다르지 않다. 경제활성화라는 명목으로 예비타당성조사도 없이 퍼붓는 토건비용은 부자들의 배만 불릴 뿐이다. '소득주도성장'이라는 언어모순에서 벗어나, 정말로 국민을 위한다면 '나눔주도성장'이 되어야 한다.

복잡하게 얽힌 사회에서 우리나라 정부는 복지를 위해 기업에 돈을 준다. 관리하기가 편하다는 이유 하나 때문이다. 복지를 위한 정책도 자본을 배불리니 답이 없다. 가장 중요한 사회 선순환 구조를 위해서는 기본소득과 높은 최저임금을 실현해야만 한다. 그래야 국민의 한 사람으로 최소한 함께 존중받을 수 있는 구조가 만들어질 수 있다. 국 · 영 · 수 시험에 익숙한 획일화된 위장 엘리트보다 가난하지만 꿈을 찾을 수 있는 진정한 사회의 엘리트가 많아질 수 있다.

핵발전 단가 '숨겨진 비용'

핵발전소와 관련한 문제는 끊이지 않는다. 이렇게 우리 사회를 좀먹는 갈등의 요인이지만 정작 그 폐쇄성으로 인해 알려지는 사실은 거의 없다. 단지 가격과 안전성에 대한 문제로만 치부된다. 단 몇백 원이건 내가 내야 하는 전기세가 올라간다 하면 많은 국민이 왜 값싼 전기를 쓰지 못하게 막느냐며 환경단체를 몰아붙인다. 직접 내 소득과 관련 없어 보이는 안전성은 나라가 보증하는 것이니 안전할 것이라 막연히 믿는다. 정부신뢰도가 참 낮으면서도 이익 부분으로 가면 이상하게 판단기준을 흐린다.

그런데 핵발전에 대한 참 이상한 내용이 유독 우리나라에서만 기정사실처럼 인정된다. 저렴하다는 것, 그리고 안전하다는 것이다. 우리나라 핵 기술력이 미국에 비해 상상할 수 없을 정도로 월등할까? 미국이나 그 어떤 나라도 갖지 못한 획기적인 핵발전기술을 지니고 있는 것일까? 우리나라 핵공학을 이끌고 있는 학자 대부분이 미국에서 공부한 것으로 보아서는 그렇지 않은 것 같다. 그런데 왜 우리나라에서 생산하는 핵발전 단가는 미국에 비해, 다른 나라에 비해 이해할 수 없는 수준으로 저렴할까? 몇 년 전 미국 한 대학에 머물며 들었던 '미국의 핵공학 관련 학과는 한국과 중국 학생이 없으면 벌써 문 닫았다'는 말은 무엇을 의미할까?

미국 태양광기업인 퍼스트솔라는 이미 2013년에 미국 내 신규 핵발전소 전기판매 단가의 23% 수준으로 전기공급 계약을 체결했다. 미국 정부는 이미 2016년 에너지 전망보고서에서 가격경쟁력이 없는, 너무 비싼 핵발전 예상가격(미래에 기술이 발전할 것을 예상한)을 계산조차 하지 않았다. 2020년 보고서를 보면 신재생에너지 미래 단가가 예상치보다 훨씬 느리게 가격이 내려간다 해도 핵발전을 증대할 이유가 없다. 핵발전의 위험을 고려해 사람이 살지 않는 광활한 대지를, 그 어느 곳보다 값싸게 확보할 수 있는 미국에서조차 경쟁력이 없는 발전임이 이미 기정사실화된 지 오래다.

가격경쟁력이 없다는 것은 이미 핵발전업계도 인정하고 있다. 2019년 세계핵산업동향보고서(World Nuclear Industry Status Report 2019)는 다양한 발전비용 단가를 밝혔는데, 태양광발전은 MWh(메가와트시)당 36~44달러이며 육상 풍력은 MWh당 29~56달러라고 밝혔다. 반면 핵발전 비용은 112~189달러라고 했다. 철저하게 사회적 이익과 손해를 따지는 미국이 왜 신재생에너지 중심으로 판을 새롭게 짜는지 이해할 수 있는 부분이다. 한데, 왜 우리는 핵발전이 싸다는 왜곡된 정보만을 굳게 믿고 있을까?

태양광 기술은 더욱 발전하여 예상치보다 훨씬 빠르게 낮아지고 있다. 미국 내 기업이 공급하는 태양광 에너지 단가는 2017년 1분기에 2016년 대비 최대 30%까지 낮추는 혁신을 보였고 이러한 발전단가의 감소는 지속적으로 이어지고 있다. 기업이 손해 보고 팔리는 없지 않은가? 이러한 흐름과는 달리 핵발전은 지속적으로 숨겨진 비용들이 추가되면서 단가가 상승하고 있다. 위 보고서에 따르면 지난 10년간 풍력발전 단가는 무려 69%나 감소한 반면 핵발전 비용은 23%나 증가했다고 한다.

현재 우리나라 핵발전 단가에서 간과하고 있는 것이 있다. 발전소 해체 비용과 발생할 수 있는 사고에 따른 처리비용이 가히 상상 이상이라는 점이다. 미국이 계산한 핵발전소 1기의 해체 비용은 이미 영국 모든 국민이 사용하는 모든 전기에너지를 위한 태양광발전 설비 건설비용을 초과한다고 한다. 사고에 대비한 보험조차 들 수 없는 가장 더러운 에너지가 왜 우리나라에서만큼은 이렇게 옹호되는지 알다가도 모를 일이다. 우리나라의 핵발전소 해체 비용은 향후 누가 지불할까? 이익을 본 사람들이 지불할 리 만무하다. '이익은 내가 손해는 남이', 이런 삶의 원칙은 비단 재벌만이, 제한된 정보로 투기를 할 수 있는 일부 공직자만이 가진 생각은 아닌 듯싶다. 왜곡된 계산으로 진 빚을 우리 아들딸에 전가해서는 안 되지 않나.

노벨경제학상 수상자 조지 스티글러가 1971년에 제시한 '규제포획 이론'이 있다. 공공의 이익을 대변해야 하는 정부가 규제를 받는 집단에 오히려 포획당해 특정 집단의 이익을 위한 규제를 만드는 것이다. 쉽게 말해 기업이나 특정 집단이 로비를 통해 공익에 반하는 규제나 정책을 만들어내는 것, 불특정 다수의 손해를 유도하고 이익은 특정 기업 또는 집단에 돌아가도록 만드는 구조를 법으로 정리하는 것이다. 몇 년간 논란의 중심에 있었던 단말기유통구조개선법을 생각하면 쉽다. 공익을 위해 비싸게 팔지 못하게 하면 되는 간단한 방법을 버리고 각종 복잡한 관계들을 설정하면서 싸게 팔지 못하게 법을 만들었다. 복잡하게 접근했기에 다양한 이견은 있을 수 있겠으나, 이 법이 공익에 크게 기여하지 못한 것은 법 시행 이후 이동통신사 영업이익이 대폭 증가한 것과는 반대로 국민 개개인의 통신요금에는 변화가 없거나 더 늘어난 결과로 증명된다. 법을 지킨다고 해서 그것이 정의롭다거나 하는 따위의 등식은 성립하지 않는 것이 자본주의임을 명심해야 한다.

기업과 특정 집단의 이익을 위해 공익을 외면하는 상황은 유난히 환경 분야에서 많이 나타난다. 정확하게 계산하거나 증명할 수 없다는 이유로 공익이 무시되기 때문이다. 불특정 다수가 자신의 손해를 인식하고 공익을 위한 로비나 소송을 진행하는 것은 현실적으로 불가능에 가깝다. 그러나 이들의 이익을 한 곳에서 흡수하는 특정 기업은 막대한 로비자금을 쉽게 들일 수 있기 때문에 이미 공정해야 할 바닥은 심하게 기울어져 있다. 손해를 보는 불특정 다수에게 제공되는 정보 또한 대부분 이들의 관리 아래에 놓여 있는 것이 일반적이다. 누군가의 오염물질 배출로 인해 주변 사람이 죽음에 이르렀더라도 현대과학으로 인과관계를 밝히기는 어렵다. 가습기 살균제가 그렇고 석면 지붕이 그렇다. 핵발전소 주변의 방사능 유출 또한 그러하다. 몇몇 유명대학 학자들을 연구라는 이름으로 매수할 수 있는 구조도 커다란 몫을 한다. 학교에서는 그 연구가 어떤 결과를 초래하는지를 묻지도 따지지도 않으며, 오로지 연구비를 많이 확보한 교수는 유능한 교수가 된다. 핵발전을 옹호하는 쪽의 연구비는 넘쳐나지만 문제를 밝히려는 연구는 할 수 없는 구조다. 돈이 어딘가로 집중되기 때문이다.

청정한 지리산자락 한마을에서 주민들이 집단으로 암에 걸려 사망

해도 인근에 건설된 아스콘공장이 원인이라는 증명은 쉬운 일이 아닐뿐더러 설사 관계가 어느 정도 인정된다 하더라도 이들의 죽음이나 고통을 보상받거나 오염유발자의 처벌은 요원하다. 십수 명의 생명가치가 공장 주인이 얻는 이익과 비교될 수 있을까?

핵발전으로 인한 위험요인은 위의 사례와 비견될 수준의 피해가 아니라 재앙 그 자체이다. 특정 집단을 위해 국민이 누려야 할 저렴하고 깨끗한 에너지 공급원을 방해해서는 안 된다. 우리나라의 친환경 기술력은 핵발전을 유지해야만 할 만큼 후진적이지 않다.

정원과 공원, 그리고 세금

우울한 글들이 길어진다. 조금은 밝은 곳으로 눈을 돌려 아름다운 '정원'과 편안히 쉴 수 있는 '공원'으로 가보자. 어느 순간부터 '정원'이, 많은 국민의 관심을 받고 있는데 유독 아파트를 선호하는 독특한 주거문화에서는 조금은 의아한 현상이다. 사회구조적 우울함이 증폭하니 조금이라도 잊을 수 있는 공간으로 가보고자 하는 욕구가 아닐까 한다.

정원에 대한 선호가 증가하는 현재 추세대로라면 향후 주거공간의 선호도 변화로 이어지지 않을까 하는 상상도 해본다. 망상이었다. 지금도 아파트와 신도시로 상징되는 부동산 불패신화와 대도시에 집중된 국가정책이라는 벽에 가로막혀 변화는 요원해 보인다. 사회가 부동산에 관한 시선을 돌리려 하지 않지만, 얼마 전까지의 회의보다는 매우 긍정적인 상황으로 도래한 것으로 보인다. 아이러니지만 시민의 문화적 자각 때문이 아닌, 코로나 팬데믹으로 불거진 도시 밀집사회의 불안과 함께 전혀 반대의 결인 LH사태가 맞물리며 변화를 이끌 것으로 보인다.

능동이 아니라 피동으로 변화된다는 것은 안타깝지만, 그래도 변화가 올 것이라는 기대는 크다. 코로나블루 시대인 지금 정원을 가꾸고 즐길 수 있는, '마당 있는 집'에 살고 있는 사람이라면 사회적 거리 두기에 따른 피로감은 상대적으로 매우 적을 것이다. 지금이야말로 콘크리트 박스의 고평가 아파트가 아닌 도시에서 벗어난 작게나마 마당이나 자신의 정원이 있는 집이 새롭게 부각될 수 있는 시기다.

세계에서 가장 비싼 집들이 들어찬 뉴욕 맨해튼의 아파트 가격은 하락하는 반면, 전원 지역 지가가 상승하는 현상은 이미 현실이 되었다. 물론 우리나라에서는 아직까지 부동산투기꾼들이 선호하지 않아 이러한 변화는 두드러지지 않는다. 단독주택은 갭투기가 가능하지 않기 때문이다. 조만간 아파트단지의 투기 매력이 사라진다면 재화로서의 부동산이 아닌, 안식처로서 집을 생각하는 인식의 변화는 뚜렷하게 증가할 것이다. 물론 이 예측은 불공정한 부동산투기 철퇴와 주거문화 변화가 필요하다 생각하는 경제관념 없는 한 개인의 희망사항일지도 모르겠다. 어찌 되었건 지금은 많은 시민이 더 이상 회색도시가 아닌 녹색공간을, 특히 양질의 녹지를 원하는 사회로 변했음은 확실하다.

아파트 중심의 주거문화는 분명 오랜 시간 동안 자연과 함께 살아온 인간이라는 존재에게는 오래 지속되기 어려운 문화로 판단된다. 고밀 아파트단지 주거문화가 정착된 지 불과 한 세대 정도밖에 지나지 않은 지금, 아름답게 꾸며진 공원의 요구가 급증하는 데에서 명확하게 확인할 수 있다. 아직까지 고밀도시에 집중된 문화서비스와 아파트의 편리함을 포기할 수 있는 용기가 없기에 지금은 남이 가꾼 아름다운 공간을 잠시 방문하는 것에서 만족감을 느끼는 과도기라 볼 수 있다.

정원의 사전적 정의는 '집에 딸린 뜰'을 의미하는 것이니, 공공의 영역에서 방문객을 위해 조성하는 식물이나 자연이 있는 공간은 분명 정원은 아니다. 정원을 공공의 영역으로 확장한 것이 공원인데, 공원은 당연히 애정을 가진 개인이 자신의 집을 가꾸는 정도의 비용과 정성을 들일 수 없었다. 세금으로 만들기 때문이다. 그런데 최근 초라하게만 조성되던 공공영역인 공원에 정부와 지자체가 경쟁적으로, 점점 많은 비용을 투입하면서 공원 대신 정원이라는 이름을 사용하기 시작했다. 방문객들은 단지 이름만으로도 자신만의 공간이라는 느낌을 조금이나마 더 받을 수 있게 된 것이다. 그리고 소중하게 가꾼 아름다운 화초를 볼 수 있다는 기대감도 가질 수 있다. 뭐라 이름 불리건 그 이름이 핵심은 아닐 것이다. 중요한 것은 지금 만들어지고 있는 정원은 시민들의 만족도가 높다는 것이다. 그리고 그 만족도 유지를 위해 기존 공원보다 훨씬 많은 세금이 투입된다는 것이다.

비용을 과하게 투입한 녹지공간을 만들고 정원이라 이름 짓건, 저비용으로 서비스되는 녹지를 만들어 공원이라 이름 짓건, 장기화하는 사회적 거리 두기로 인해 내 집과 가까운 공공 오픈스페이스 요구는 증가할 것이 분명하다. 조금이나마 편하게 안정을 취할 수 있는 곳이 오픈스페이스이기 때문이다.

이 시점에서 분명 고민해야 할 것은 비용효율성과 지속 가능성이다. 개인의 정원과는 달리 분명 공공이 조성하는 녹지공간은 세금을 투입해야만 하는 구조이다. 안타깝게도 우리나라 도시개발은 좁은 땅을 최대한 활용하고자 그나마 도시민 생활복지를 위해 최소한으로 확보해야 한다고 계획한 공원녹지조차 거의 조성하지 않은 채, 도심 고밀화를 방치해왔다. 도심에서 걸어서 즐길 오픈스페이스가 턱없이 부족한 이유이다.

이렇게 심각하게 부족한 오픈스페이스 확보를 위한 꼼수로 도시의 완충 역할을 해야 할 하천범람원을 공원으로 조성하는 것을 당연시해왔다. 한강 고수부지를 포함해 대도시를 흐르는 하천둔치는 강이 흐르는 하천이 아니라 콘크리트로 뒤덮인 공원으로 인식되고 있다. 이용조차 없는 시골 하천도 이렇게 만들고 있다.

과거 하천 둔치가 소극적으로 이용되었던 반면, 지금은 적극적인 시설의 도입과 정원을 방불케 하는 과도한 원예식물을 심는다. 심지어는 하천 둔치에 아예 정원이라는 이름을 붙여 집약적인 조성과 관리를 하는 곳이 급격히 늘고 있다. 하천을 표시하는 경계인 제방은 매우 높게 쌓여 있다. 그리고 조성과 관리를 위한 비용이 집중되는 둔치공원은 제방 한참 아래에 만들어진다. 하천에 물이 흐르는 게 재난이 된, 이상한 사회가 된 것이다.

둔치를 이용하여 많은 비용을 들여 완성된 그럴싸한 이름의 공원과 정원은 처음에는 인기가 높기 마련이다. 그런데 이 둔치에는 한 해에도 몇 번씩 물이 찰 수도 있다. 몇 년에 한 번씩은 큰비에 애써 가꿔놓은 식물들이 초토화된다. 한참이나 높이 쌓아 올린 제방은 짧게는 50년, 길게는 100년에 한 번 정도는 물이 찰 수 있는 높이이니 당연한 현상이다. 숲이 우거지면서 둔치까지 물이 차는 경우는 확연히 줄어들었지만, 그럼에도 하천에 물이 흐를 때마다 복구를 위한 세금이 고스란히 투입되어야만 한다. 지속 가능성이나 친환경과는 아예 담을 쌓는 것이다. 좋아해야 할까?

과거 극소수 지배층이 수많은 하인들의 노동력을 착취하여 권력과 부의 과시용으로 만들었던 정원과 드넓은 사냥터가 시민의 품으로 돌아오면서 '공원'이 되었다. 이후 시민을 위한 열린 공간은 꾸준히 확대되었다. 이들 공간은 최소한의 관리비용으로 운영할 수 있도록 형태를 바꾸어 나갔다. 최근 많은 예산을 들여 공원 일부 또는 전체를 화려하게 꾸미는 공간이 늘어나고 있지만 대부분 높은 관리비를 감당하지 못해 얼마 못 가 관리비용을 줄이기 위해 바뀌는 것도 같은 이치이다.

미국이 시행하고 있는 '친환경 개발 인증제도(SITES)'에서는 범람원에는 그 어떤 환경친화적 기법을 총동원한다고 해도 절대 친환경 인증을 받을 수 없는 반환경적인 행위로 보고 있다. 범람원은 물이 차는 것이 자연스러운 이치이니, 이미 그 시도 자체가 반환경적이라는 얘기다.

공원과 정원은 소유와 소비 관점에서 명확히 구분된다. 가족의 휴식을 위한 사적 공간이 정원이며, 이 사적인 공간이 공공 목적이 되면 공원이 된다. 공적 비용으로 정원의 형태를 만드는 것은 '많은 비용을 들인 좋은 공원'을 만든다는 것이다. 이름을 공원이 아닌 정원이라 쓴다고 해서 그 의미나 조성방법이 변하지는 않는다. 기본적으로 개인의 취향을 중시하는 정원은 높은 유지관리 비용을 기꺼이 전제하기에, 과거에도 현재도 공리주의적 접근이 아닌 오로지 소유자 개인의 취향에 맞게 만들어진다. 그러기에 정부부처와 지자체의 소모적 '정원' 경쟁은 매우 우려스럽다.

보편적 가치를 위해 세금으로 관리하는 공간에 유지관리 비용이 과도하게 투입된다는 것은 지속성을 담보하기는 어렵다는 말과 같

하천 안에 건물과 각종 시설을 설치한 국가정원. 하천에 물이 흘러 시설이 훼손되면 홍수피해일까?

다. 박물관을 지어 전시할 물건이 없어 개관하지 못하는 나라에서 공적 공간에 대한 유지관리 비용이 지속될 수 있느냐 없느냐의 확률을 생각하는 것은 그리 어려운 문제는 아닌 듯싶다. 물론 다양한 형태의 정원 전시를 통해 주거환경 변화를 위한 정보와 감흥을 주는 이벤트 공간도 당연히 필요하다. 그러나 집 주변에 편안하게 휴식할 공간조차 제공하지 못하는 지금 이벤트에 집중한다는 것은 말 그대로 전시행정이 아닐 수 없다. 지금은 고밀 주거지 주변에 어린이공원이나 근린공원과 같은 잠깐의 휴식을 위한 공간의 충분한 확보와 질적 개선이 우선되어야만 하는 시기이다.

순천만 정원이 서울의 올림픽공원이나 월드컵공원, 부산의 시민공원과 무엇이 다른가? 아파트 이름을 캐슬로, 파크로 바꾸는 것은 기업이 돈을 벌기 위한 수단이지 아파트라는 본질이 바뀌는 것이 아니다. 공원을 국가정원이라 이름 붙인다고 해서 정원이 되는 것은 아니다. 공원을 정원이라 부르는 것은 정부부처가 세금을 취하기 위한 수단인가 아니면 과거 정원이 그러했던 것처럼 현대판 권력자가 되려는 것인가? 하인 대신 시민의 돈으로.

따오기에 덮친 생태적 덫

일제강점기인 1925년 만들어진 노래 〈따오기〉. 일제강점기 암울한 시절에도 우리 주변에 따오기는 많았던 것 같다. 이랬던 따오기가 불과 반세기 만인 1979년 비무장지대에서의 관찰이 우리나라 야생 따오기 기록의 마지막이다. 한 번도 보지 못했고 그 울음소리도 들어보지 못하고 자랐지만 따오기가 어떻게 우는지는 국민 모두가 안다. 안타까운 시대를 살고 있는 것 아닌가? 시험문제에 따오기가 왜 그리 슬피 울었는지를 물으면 정말 잘 맞추는데, 정작 따오기가 어떻게 생겼는지도 모르니 말이다.

습지, 늪은 지구상에서 단일 생태계 유형 중 영양물질이 가장 풍부한 곳이다. 당연히 다양한 동식물들이 모이게 되고 생산성과 생물종다양성이 높아진다. 이곳을 논으로 만들면 상대적으로 힘들이지 않고 풍부한 수확을 올릴 수 있다. 대략 한 말의 볍씨를 심어 벼 네 가마를 수확할 수 있는 면적인 '마지기'는 약 150~300평까지 지역마다 다른데, 한 마지기가 150평으로 가장 작은 동네는, 오랜 세월 동안 하천이 범람하면서 진흙을 퇴적시킨 큰 강의 하구 늪지대를 낀 지역이다. 땅에 양분이 풍부하면 벼를 촘촘히 심어도 잘 자라기 때문이다.

배고프고 가난하던 시절 한 톨의 쌀이라도 더 수확하기 위해 늪지를 메워 논경작지로 만드는 일은 국가와 개인 모두 절대적으로 해결해야 할 우선 과제였다. 범람을 거듭하며 수만 년의 에너지가 응축된 늪지에 제방을 쌓아 풍부한 수확을 올려 배고픔을 탈출한 경험은 당시를 산 어르신들이라면 온몸에 각인되어 있을 것이다. 토건장비들이 여의치 않을 때 새마을운동이라는 이름으로, 말 그대로 순수 노동으로 제방을 쌓아 왔던 어르신들의 헌신으로 그 많던 범람원 늪지대는 빠르게 사라졌다. 어르신들에게 늪지대란, 훌륭한 논이 되어야 할 잠재적 농토가 버려진 안타까운 곳이다. 인간이 이용하기 이전, 범람원일 때부터 이곳에 터를 잡은 수많은 새와 동물은 곡식을 훔쳐 가는 유해조수로 퇴치해야만 하는 천적일 뿐이다. 당시에는 따오기도 그런 흔한 새들 중 하나이지 않았을까 한다.

늪지를 그대로 둔다는 것은 배고픔을 기억하는 새마을운동 세대들에게는 도저히 용납할 수 없는 반경제적 행위이다. 이미 쌀이 넘쳐나 논에 다른 작물을 재배하면 지원금을 주고, 심지어 논농사를 짓지 않고 방치만 해도 돈을 주는 현실에도 불구하고 따오기가 뭐가 중요한데 그런 데다 돈을 쓰냐고 할 사람들이 아직까지 많다. 늪지대를 없애기 위해 막대한 세금을 들여 제방을 쌓는 사업을 옹호하는 이유도 여기 있다. 이렇게 늪지대를 없애는 사업은 4대강사업을 통해 분명 득보다 실이 훨씬 크다는 것을 확인했는데도 여전히 멈추지 않고 모든 지천으로 확장하고 있다. 늪지대는 비가 많이 올 경우 강물을 천천히 흐르게 하는 범람원 역할을 한다. 급격히 불어난 하천물을 조금 늦게 하류로 내려보내 홍수피해를 막는 역할이다. 인위적으로 건설하는 댐과 같은 작동원리다. 다른 점은 후자는 엄청난 세금을 써야만 한다는 것이며 효과도 적다는 것이다. 댐과 똑같은 역할을 하는데, 댐 건설은 찬성하고 범람원 유지는 반대하니 이 어찌 생각해야 될까?

빠르게 흐르던 물이 쓸고 내려온 양분을 이곳 범람원에 퇴적시킨다. 생산량이 많은 토지는 적은 노력으로 풍부한 먹이를 사냥할 수 있으니 동물 입장에서도 훌륭한 서식처가 된다. 이들이 안정적으로 살던 늪지를 사람이 차지했으니 당연히 야생동물은 급감할 수밖에 없다. 특히 늪지가 주된 서식지인 동물들은 더 이상 갈 곳이 없기에 더욱 민감하게 반응했다. 새마을운동이 활발해질 즈음 한반도에서 사라진, 일제강점기의 아픔이 담긴 처량한 목소리의 주인공 '따오기'도 사람과의 경쟁에서 도태된 종 중 하나이다.

따오기는 과거 논과 늪지대를 온통 차지했지만 새마을운동과 함께 노랫말에나 그 흔적을 남기고 고스란히 사라졌다. 습지의 급감과 농약의 과다사용이 복합적으로 작용했으리라 판단된다. 이렇게 사라진 따오기를 10년 동안이나 복원하여 40마리를 우포늪 사육장에서 야생으로 날린 것이 2019년 5월이다. 따오기 서식처인 늪지를 꾸준히 확장하겠다는 창녕군의 의지와 함께 말이다. 야생에서 마지막으로 발견된 지 40년이 넘은 국내 멸종종의 복원이니, 창녕군의 노력에 깊이 감사하며 아이들이 잘 적응하길 바랐다. 그런데 이 노력에 찬물을 끼얹는 이율배반적 늪지 훼손을 다른 이도 아닌, 10년간 따오기를 증식 · 방사한 경남 창녕군이 진행했다는 것에는 할 말이 떠오르지 않는다.

따오기가 새장에서 나오면 곧바로 찾을 것이라 예상한, 우포늪에서 불과 10km 남짓 떨어진 대봉늪 한가운데를 막고, 자연습지를 훼손하는 제방공사가 따오기 방사와 동시에 진행되었다. 제방공사를 위해서는 어김없이 엉터리 환경영향평가서가 제출되었다. 창녕군이 작성했고 낙동강유역환경청이 검토를 진행했는데 정부가 주관하는 공사에는 늘 나타나는 이상한 보고서 작성행태가 여기서도 그대로 드러났다. 축구장 22개 크기의, 나라에서 인정한 몇 안 되는 1등급 습지의 조사결과는 실로 대단한, 어이없는 수준을 가뿐히 넘어선다. 모든 자연환경 조사를 단 3시간 만에 마친 후 환경적 가치가 없다고 결론 냈다. 그리고 공사를 강행했다.

예상대로 방사한 따오기 중 한 마리는 공사로 인해 훼손돼가는 열악한 여건에도 대봉늪을 찾았다. 하지만 그리 오래 머물지는 못한 모양이다. 공사가 계속되니 도저히 자리 잡을 수 없었으리라. 공사 초기까지도 많은 다양한 멸종위기종의 서식 흔적이 관찰되었지만, 점점 줄어드는 것이 확연히 감지되고 있다. 물론 환경영향평가 당시 조사가 제대로 진행되어 이들 멸종위기종들이 발견되었다고 표시한들 그리 중요한 것은 아니다. 발 달린 동물은 그 어떤 개발에도 위험성은 미미하다는 논리를 정부가 받아들이기 때문이다. 발이 달렸기에 다른 곳에 가서 잘 산다는 환경영향평가는 대체 왜 세금을 들여 하는지 알 수 없다. 거짓으로 포장한 늪지대 훼손공사를 멈춰야 했지만 막무가내 지방정부의 토건행위는 누구도 막을 수 없었다. 이제 늪지대를 단절하는 거대한 콘크리트 구조물이 이들의 서식처를 절단 낸 상태가 되었다.

홍수와 재난을 막기 위해 이미 70년대부터 하천 제방을 제거해 온

독일과는 반대로 지금도 전국 지천의 제방은 높아져만 가고 홍수를 막는, 따오기의 서식처인 늪지대는 사라지고 있다. 새장 밖으로 나온 따오기를 맞이하는 곳이 자유라는 이름으로 포장된 죽음의 함정이 아니길 바랐지만 이미 이곳을 찾은 따오기는 자취를 감춘 지 오래다. 이 아이가 어떻게 되었는지는 굳이 알고 싶지 않다. 너무나 뻔한 결말이기 때문이다.

전문용어로는 생태적 덫(ecological trap)이라 한다. 수많은 시간과 비용을 들여 멸종위기종을 복원한 후 이들이 살 수 없는 서식환경으로 내몰아 버리는 이런 행위들을 어떻게 바라봐야 할는지. 종을 복원하는 일보다 이들이 살 수 있는 환경을 만드는 것이 더 중요하다.

반달가슴곰과 설악산

설악산국립공원 중 탐방객이 가장 많이 방문하는 곳은 설악케이블카와 신흥사, 비선대, 천불동계곡이 연결되는 설악동이다. 설악동에 들어서서 사람들이 가장 먼저 사진을 찍는 곳은, 설악산국립공원을 대표하는 상징적인 반달가슴곰 동상이 있는 소공원 앞이다. 설악산을 방문했던 이들은 이 조형물을 기억할 것이다. 그리고 대부분 설악산을 대표하는 생물종이 반달가슴곰이라 여기고 반달가슴곰이 현재도 설악산 어디엔가 우리와 함께 살고 있을 것이라는 아름다운 기억을 머릿속에 남긴다.

깃대종(flagship species)은 해당 지역의 생태계를 대표하는 상징적인 생물종을 말한다. 당연히 설악산국립공원의 깃대종은 반달가슴곰이리라. 보호지역을 공부해온 나 자신도 상당히 오랫동안 설악산의 깃대종을 반달가슴곰으로 인식하고 있었다.

깃대종의 역할은 바로 환경보전인식을 자연스럽게 사람들의 마음속에 담게끔 하는 것이다. 국립공원 깃대종은 환경부가 멸종위기 야생동식물의 증식과 복원을 위한 종합계획을 수립한 이후 선정을 시

설악산국립공원 설악동 입구 소공원의 반달가슴곰 동상. 반달가슴곰은 지리산의 상징동물인데, 정작 설악산국립공원의 상징동물인 산양은 보이지 않는다.

작했다. 2007년 시민의 눈높이에 맞는 보전운동을 위해 19개 국립공원에 37종을 선정하여 공식화하였다. 당시 선정된 설악산국립공원 깃대종은 반달가슴곰이 아닌 또 다른 멸종위기야생생물 I급인 산양이다. 아마도 깃대종 선정이 보다 이른 시점에 진행되었다면 반달가슴곰이 설악산의 상징이 되었을지도 모른다. 설악산에서 1983년 이후 20년 이상 발견 기록이 없었던 것도 원인이었겠으나 더 중요한 이유는 깃대종을 선정하기 바로 직전인 2004년부터 전 국민의 관심 대상이 되었던 반달가슴곰 복원프로젝트가 지리산국립공원에서 진행된 연유다. 엄청난 언론효과로 인해 짧은 시간 동안 지리산의 상징으로 알려진 반달가슴곰은 지리산국립공원의 깃대종이 되었고 설악산은 아쉽게도 이를 활용할 수가 없었다.

해방 이후 설악산 반달가슴곰에 대해 언급한 공식기록은 아마도

1965년 설악산 일대를 천연보호구역으로 지정하면서 작성한 자료가 처음이 아닌가 한다. 당시 자료에는 설악산에서 "곰, 산양 및 사향노루 등 희귀종은 종족 유지에 필요한 개체군을 유지할 수 없어 근친교잡에 머물고 있다"고 기록되어 있다. 설악산에 몇몇 개체가 살아 있지만 조만간 멸종될 것임을 적시한 것이다. 이후 1983년 사냥총에 맞은 반달가슴곰이 끝내 숨진 일이 발생했고, 1986년에는 한 방송사 촬영팀에 의해 반달가슴곰이 촬영되었다. 이 기록이 설악산의 마지막 반달가슴곰 기록이다. 현재 환경부와 국립공원공단의 자료에 따르면 살고 있을 것 같기도 하고 아닌 것 같기도 한 모호한 말들을 하고 있다. '발견된 것은 없으나 있을 것도 같다'가 아마도 대외적인 멘트인 듯하다. 또 하나, 개발의 명분이 필요하면 '멸종된 것 같다'이고, 보전의 명분이 필요하면 '있을 것 같다'의 뉘앙스를 풍긴다. 대부분의 국민은 그래도 '설악산 어딘가에 잘살고 있을 것이다'라고 믿고 있다.

2015년, 도로로 단절된 추풍령에 생물이동통로를 조성할 당시 환경부 관계자는 이런 말을 했다. 단절된 백두대간 생태축 복원계획을 추진함으로써 "지리산의 반달가슴곰이 월악산이나 설악산까지 가는 데 큰 물리적 장벽은 없어지는 셈"이라고 말이다. 그리고 지금은 완전히 이율배반적으로 설악산의 야생생물 서식 핵심지역으로 지정된(천연보호구역*, 국립공원 자연보존지구**, 백두대간보호지역

---

* 천연기념물 중 넓은 권역에 구역으로 지정한 기념물이다. 지금까지 11곳을 지정하였고, 설악산 천연보호구역은 1965년 11월 5일 천연기념물 171호로 두 번째 지정된 천연보호구역이다.

** 자연공원 내에서도 '특별히 보호할 필요가 있는 지역'이 자연보존지구이다.

핵심구역*, IUCN 보호지역 카테고리 Ⅰ**, UNESCO 생물권보전지역***) 한가운데 약 20,000m^{2}의 면적에 케이블카 정류장을 짓겠다는 계획을 수립했다. 이동하라고 통로를 근사하게 만들어주었는데, 이동하면 살 수가 없도록 말이다. 현재 추진되고 있는 설악산 오색케이블카는 반달가슴곰의 잠재적 서식 가능성이나 복원, 먼 훗날 지리산에서 이동하는 개체에 대한 고려는 전혀 없다. 지금도 살지 않는 지역인데 케이블카로 인한 잠재서식처 훼손이 어떠하냐는 논리이다. 만약 우연히 지리산의 곰이 추풍령 생태축을 통해 설악산으로 이동한다면 우리는 지금 그 동물이 고통 속에 죽어갈 생태적 함정(Ecological Trap)을 만들고 있는 중임을 인지해야만 한다. 12년 전 〈강원도민일보〉의 사설 일부를 옮겨본다. 안타깝게 지금은 이런 기조를 찾아볼 수 없다.

"자연을 함부로 교란시킨 인간의 죄를 뉘우치기 위해서라도, 그리고 헝클어진 자연생태계를 회복시켜 반달곰이 제자리에 돌아오게 하기 위해서라도 당연히 '설악산은 반달곰'이어야 한다. ……도민의 정서 속에서 동면 중인 반달곰을 빼앗아 간다면 이런 무뢰, 무식의 소치가 어디 있겠는가?"

---

* 백두대간보호지역 내에서도 '특별히 보호하려는 지역'을 핵심구역으로 구분한다.

** 세계자연보전연맹(IUCN)은 보호지역 유형을 6(+1)개 카테고리로 구분하는데, 이 구분법은 세계표준으로 인정된다. 이 중 카테고리 Ⅰ은 Ⅰa(엄정자연보전지)와 Ⅰb(원시야생지역)로 세분되는데 설악산은 Ⅰa로 등록되어 있다. 이곳의 이용은 엄격히 제한되는데 주로 과학적인 연구와 모니터링을 위한 이용만이 권장된다.

*** 전 세계적으로 보전가치가 뛰어난 생태계를 대상으로 국제연합 교육과학문화기구(UNESCO)가 지정하는 곳으로 설악산은 우리나라 최초로 1982년에 지정되었다.

환경부와 국토교통부가 합심하여 생태축 연결 · 복원을 위한 노력으로 추풍령을 가로지르는 도로 · 철도 위에 생물이동통로를 설치해 야생동물이 백두대간을 원활하게 이동하도록 생태통로를 조성했다. 지리산 반달곰과 월악산 · 설악산의 산양이 만날 수 있을까.

백두대간 중심 지역인 추풍령은 현재 3개의 도로(경부고속도로, 국도 4호선, 군도 27호선)와 경부선 철도로 인해 단절돼 있어 로드킬이 자주 발생하는 지역이다. 이 사업을 추진하면서 한 환경부 관계자는 "추풍령 생태축이 복원되면 백두대간을 단절하고 있던 왕복 4차선 이상의 큰 도로에 모두 생태축이 연결된다"며 "지리산의 반달가슴곰이 월악산이나 설악산까지 가는 데 큰 물리적 장벽은 없어지는 셈"이라고 말했다. 즉, 전 국토에 멸종위기 야생동물이 제약을 받지 않고 서로 이동하기 위해 엄청난 세금을 투입한 것이다. 우리나라의 핵심생태축인 백두대간을 생태적으로 연결하는 사업은 꾸준히 진행되고 있으며 지금은 왕복 2차선 도로까지도 생태적 연결을 진행하고 있다.

의도대로 반달가슴곰이 이동하면 기뻐할까? 그렇지 않음은 이미 증명되었다. 정부 의도대로 지리산을 벗어나 수도산으로 이동한 반달가슴곰에 기뻐하기는커녕 화들짝 놀라 다시 잡아다 놓았으니 말이다. 210억 원이 투입된 추풍령 생태축 복원사업의 진정한 목적은 무엇이었을까?

국토 훼손과 부동산

2021년 봄, 온 국민을 분노로 들끓게 한 사건인 LH 직원들의 부동산투기는 전혀 새로운 것이 아니다. 그간 우리나라의 고질적 병폐가 우연히 관심의 대상이 된 것뿐이다. 이미 알 만한 사람들은 다 아는 수십 년 전부터 정형화된 투기 패턴이었다. 아마도 온 국민의 공분에도 변화는 크지 않을 것이다. 기득권이 너무나 쉽게 돈을 벌 수 있는 구조를 깰 리 만무하기 때문이다.

국토의 유린행위는 세금을 통한 공익적 개발이 특정인에게 사익으로 돌아가는 구조 때문에 인구가 줄어들기 시작한 상황에서도 그 속도를 늦추지 않고 더욱 가속화된다. 어느 순간 한꺼번에 터질 폭탄을 돌리는 중인데 이제 그 시간이 정말로 아주 조금 남았다.

해방 이후 가장 손쉽게 돈을 벌 수 있었던 부분은 바로 부동산이다. 권력을 쥔 자가 세금을 이용해 마음대로 개발 장소를 결정함으로써 해당 지역과 인근의 부동산가격은 치솟게 된다. 혹여 적정한 다른 장소로 결정되더라도 주변 땅을 미리 사 놓으면 된다. 이런 막개발이 지금까지 계속되는 이유는 소위 고급정보만 있으면 아무런 일도 하지 않고 떼돈을 벌 수 있는 구조 때문이다.

신도시 개발이나 고속도로, 지하철의 건설은 국민의 세금으로 진행되는데 정작 이득을 보는 이는 따로 있으니 토건이야말로 국가가 특정인을 위한 수익사업 수단으로 이용되는 표본이라 할 수 있다. 극단적 이익이 소수에 몰리는 것이라 전체적으로는 이익보다 손실이 훨씬 큰데도 로또를 기대하는 국민은 언제나 환호한다. 혹여 내가 당첨될 수도 있으니 말이다. 국토의 환경파괴가 너무나 빠르게 진행된 가장 큰 이유이다. 그래서 이 부동산에 대한 불공정이 해소되지 않는 이상 지속가능한 국토개발은 있을 수 없다.

원초적 로또 당첨을 미끼로 내걸어야 하는 현행 소선거구제도하에서 가장 강력한 힘을 발휘하는 공약 소재는 단연 부동산 이슈이다. 2021년 아주 작은 보궐선거에서도 이 개발광풍 공약은 멈추지 않았다. 인물선거가 아니라 아예 부동산선거이지 않았나? 모든 국민의 세금을 투입하는 사업에 특정인이 이익을 가져가는 이 투기행위가 투자라는 이름으로 포장되는 한 국토유린은 멈추지 않을 것이다.

역사 속에서 2020년은 모두가 '코로나'라는 단어를 생각하겠지만 '부동산'에 의한 불로소득이 정점에 이른 해로도 기록될 것이다. 그리고 또 하나, 우리나라 인구가 줄어들기 시작한 원년으로 기억될 것이다. 사족을 단다. 인구가 줄어드는 마당에 왜 부동산이 폭등했을까? 답은 뻔하다. 그럴 필요도 없겠지만 혹시 모르겠다면 잠깐 멈추고 생각해보길 바란다.

2020년 국회의원 선거에서 부동산 개발광풍은 코로나19와 막말, 비례정당, 검찰개혁 등 더 강력한 정치사회이슈에 후순위로 밀려났지만, 빠지지 않는 단골 메뉴였다. 정당과 관계없이 온갖 지역구 개발공약이 난무했다. 지역구 국회의원 출마자는 하나같이 국회의원이 어떤 자리인지를 망각한 채로, 국토균형발전에 사용해야만 하는 국가예산을 자기지역으로 돌릴 적임자라 강력히 주장했다. 자신의 지역구에는 소위 님비(NIMBY) 시설을 절대로 들어오지 못하게 막겠다며 자신을 뽑아달라고 한다. 그러면 이런 시설은 대체 어디에 설치하나? 국회의원 선거가 국가의 고른 발전을 실현할 입법권자를 선택하는 장이 아닌, 특정지역 부동산 가치상승을 이끌 능력자를 뽑는 선거로 변질된 것이다. 이렇게 헌법에서 규정하는, 국민 전체의 이익을 위해 활동해야만 하는 의무를 출발 이전부터 절대로 하지 않겠다고 주장하는 데도 주권자는 전혀 비판하지 않는다. 연말이면 뒷구멍 쪽지예산으로 지역구를 챙기는 의원이나 정당에 눈살을 찌푸리는 척하지만, 막상 내 동네 국회의원이 이런 사람이라면 평가는 180도 달라진다. 헌법이 정한 임무와는 관계없이 유능한 의원이나 정당이 된다.

우리나라 주택보급률은 인구가 정점인 지금도 104%를 넘는다. 서울을 제외한 모든 지자체에 집이 남아돈다. 1가구 1주택이면 무려 84만 채가 남는다. 실제 빈집이 140만 채가 넘는 게 현실이다. 집이 부족한 게 아니라는 말이다. 부자에게 돈을 몰아주기 위해 움직이다 보니 집이 남아돌아도 늘 부족하게 되는 구조를 만들었기 때문이다. 급기야 정권 말기에 접어들면서 뜬금없이 신도시와 공항 등, 얼마 남지도 않은 자연지역 파괴행위를 밀어붙이고 있다.

지속 가능한 국가를 위해서는 서울 블랙홀 개발이 아닌 효율적 분산이 과제가 된 지 오래지만 그 지겨운 '핀셋'을 앞세워 제대로 된 정책은 만들지 않는다. 흙탕물을 핀셋으로 잡겠다고 하는 꼴이다. 토건국가가 아닌, 모두가 잘사는 나라를 위해 진행했던 가장 훌륭했던 시도는 참여정부가 단행한 행정수도와 공공기관 지방 이전이다. 제대로만 되었다면 역사상 그 어떤 정책보다 훌륭한 역할을 했을 것이라 단언한다. 다만 그 후속작업이 엉터리라 의도와는 달리 폭망했지만 말이다.

이 정책의 핵심은 수도권 사람들을 지방으로 분산시키는 것이었다. 복잡한 서울과 수도권에는 더 이상의 개발광풍을 멈추고 여유로운 녹지와 오픈스페이스를 유지하여 삶의 질을 끌어올리고, 지방의 생활 편리성을 높이자는 의도였다. 그러나 의도와는 달리 수도권 토건사업은 더욱 심각해졌다. 균형발전이라는 애초의 기대와는 달리 집과 일터가 분리돼, 소위 여유가 있다고 하는 사람들에게 1가구 다주택을 필수로 만들어주었다. 이사를 가서 살라고 했더니 다주택자가 된 것이다. 그리고 정책에 역행한 다주택자의 이동편의 제공을 위해 국토는 더욱 파괴되었다. 고속도로와 고속열차를 더 만들고 있다. 옮긴 의미가 완전히 사라지고 부작용만 심각해졌다. 직장 이전으로 인해 가족이 어쩔 수 없이 떨어져 사는 다주택자가 된, 말 그대로 어쩔 수 없는 선택이었는데 부동산가격 폭등으로 월급과는 비교도 되지 않는 엄청난 부를 얻은 것이다. 투기에 관심도 없던 사람들까지 끌어들인 꼴이다.

뭐가 잘못된 탓일까? 큰 자석과 작은 자석을 근거리에 놓아두면 작은 자석이 큰 자석으로 옮겨 붙는다. 더 쉽게, 대형마트와 동네슈퍼 사이의 거리가 가까워지면 동네슈퍼가 망한다. 마찬가지다. 두 지역이 시간적으로 가까워지면 한 지역으로 세력이 집중된다. 당연히 큰 도시로 집중될 확률이 높다. 이렇게 지역은 망해간다.

교육과 복지, 문화인프라는 생활 속에서 늘 필요로 한다. 곁에서 넘쳐도, 선택지가 아무리 많아도 나한테 꼭 맞는 곳을 찾기는 어렵고 늘 부족하게 느껴진다. 서울, 특히 강남에서 살아본 사람이라면 누구나 지방과의 격차를 느낄 수 있다. 서울, 강남을 떠날 수 없다는 인식은 이들에게 깊이 깔려 있다. 세종시가 만들어진 2012년 이후 온갖 부동산규제대책에도 6년 만에 다주택자가 무려 34%나 증가한 이유이다. 이들의 불편함을 해소해준다는 이유로 서울을 빠르게 연결하는 교통편을 만들어주기 급급했다. 이렇게 다주택자를 만들어주는 동안 아무렇지 않게 국토환경파괴가 가속화되었다. 다주택자가 많아졌으니 주택을 아무리 지어도 나아지지 않는다.

헌법에 따라 국가는 제한된 국토와 자원을 보호하며, 균형발전을 위해 노력해야만 한다. 그리고 국회의원은 지역구가 아닌 국가 이익을 우선할 의무가 있다. 그런데 이러면 극소수 기득권의 불로소득 획득 기회가 줄어든다. 그러니 1가구 1주택을 기본원칙으로 하는 방안을 반헌법적으로 몰아가고, 공산주의적 발상으로 몰아가는 사람들은 정작 자신들이 표를 달라며 고개 숙이던 국민이 기본적으로 살 집조차 없어 쫓기는 상황은 눈감는다. 가난하면 죽으라는 것이 과연 헌법의 가치를 수호하는 것이고 민주주의적 발상인지 이들에 되물어야만 한다. 1주택은 기본권으로서 세금은 아무리 고가라도 최대한 적게, 2주택부터는 다른 국민 삶의 기본권에 위협을 가하는 행위이면서 모두가 누릴 환경가치를 훼손하는 행위로서 가격이 아무리 올라도 이익을 볼 수 없게 만드는 것이, 국민이 주권을 가진 나라의 기본이다.

고속도로 톨게이트가 들어와, 신도시가 만들어져 발생한 이익은 모두 회수해야만 한다. 반대로 쓰레기매립지나 핵발전소가 들어와 발생한 손해는 모두 배상해야만 한다. 모두가 세금으로 국민이 필요하기에 만든 것이지 않나? 어쩔 수 없이 2주택을 소유했다면 손해를 보는 게 맞다. 이게 토지공개념이고 국토를 훼손하는 반환경적 투기 행위를 근절할 수 있는 길이다.

홍수는 재앙인가?

청개구리는 어머니의 마지막 유언을 받들어 강가에 무덤을 만든 후, 비가 올 때마다 깊은 시름에 잠긴다. 2020년 여름, 창밖의 폭풍우와 청개구리 소리는 코로나블루와 중첩되어 그 어느 때보다 슬프게 들렸다.

아무런 노력도 하지 않은 것 같은데, 벌써부터 우리 사회에서 진부한 말이 된 '기후재앙'은 계절마다 어김없이 찾아온다. 2020년 1월 강원도에 내린 큰비와는 반대로 2021년을 맞으며 최강의 한파를 경험했다. 도저히 종잡을 수 없다. 2020년 여름의 기후재앙은 지난 몇 년간 온갖 기록을 갈아치우던 폭염재앙과는 완전히 다르게 물폭탄으로 우리를 찾아왔다. 사상 최장의 장마와 강력한 태풍이 몰아쳤고 큰 피해를 가져온 것은 사실이다. 하지만 2020년 내린 비의 양은 과거 집중호우 관련 기록과는 꽤나 거리가 있다.

1970년 이후 우리나라에서 기록된, 단 하루 동안 내린 가장 큰비는 2002년 강릉에서 기록된 870mm다. 하루 만에 사람 키의 절반 정도 되는 물이 도시 전체에 쏟아졌다고 하니 믿기지 않는 수치이다.

이보다는 적지만 큰비는 종종 있어왔다. 지금까지 500mm 이상 내린 큰비는 5번 기록되었다. 모두 2002년 이전 기록이다. 400mm가 넘는 비는 총 18번이었고 2011년이 가장 최근이다. 50년 동안 18번이니 어림잡아 3년에 한 번꼴로 발생한 턱이다. 그리고 최근 10년 동안은 큰비가 단 한 차례도 없었다. 이러한 상황인데도 폭우가 가져올 재난에 대한 시민들의 공포지수는 그 어느 때보다 높았다. 서울시 미세먼지가 20년 전보다 40% 가까이 줄었는데도 마치 새롭게 탄생한 재앙인 양 몰아가는 것처럼 이성적이지는 않다.

사상 최장 장마를 기록한 2020년, 섬진강과 낙동강에서 발생한 홍수 피해는 기록이 보여주듯, 감당할 수 없는 폭우 탓으로 돌리기 어렵다. 즉 자연재해가 아니라는 것이다. 한 곳은 제방을 모래로 쌓아 빠르게 흐르는 물의 힘을 전혀 막아내지 못해 둑이 터져버렸다. 고사성어에나 등장하는 사상누각보다 더 심각한 모래제방이라니. 댐은 폭우가 내리기 전 수위를 낮추어 좁아진 강에 한꺼번에 빗물이 내려가는 것을 막는 역할을 한다. 그런데 폭우가 예상되는 상황에서 오히려 댐의 수위를 높였던 비상식적 수위 조절이 있었다. 물의 높이에 맞게 고르게 조성해야만 하는 제방의 조성 이유를 망각한, 제방의 특정 지점을 주변 제방선보다 낮게 조성한 곳도 있었다. 상식적으로 이해하기 어려운 일련의 사업들이 원인일 뿐이었다.

공당의 대표는 4대강사업을 하지 않아 섬진강에 홍수피해가 발생했다는 논란만을 부추긴, 비과학적인 말을 재난지역에서 스스럼없이 한다. 그리고 언론은 이런 선동이 우리 사회에 어떤 이익이 된다고, 아무 비판 없이 그대로 옮긴다. 소위 엘리트라 자부하는 기자집단을 보면 앞으로 기후재난과 관련한 가짜정보에 얼마나 많은 사회비용이 들지, 암울하기만 할 뿐이다.

하천을 그 어떠한 폭우에서도 완벽히 관리할 수 있다는 토건 맹신이 오만임을 확인한 2020년, 환경부는 부랴부랴 '근본 대책'을 내놓겠다고 발표했다. 내용은 홍수 예측 정확도를 높이는 데 집중되어 있다. 근본 대책 마련은 근본 원인의 진단이 우선인데, 근본 원인과는 먼 대책으로 보인다.

기실 자연이라는 것은 복잡해 보이지만 이해를 하면 이것보다 쉬운 분야도 없다. 이것 역시 복잡한 학문적 성격을 띠는 문제가 아니다. 간단하게 정리해보자. 홍수 피해는 아래 세 가지 상황이 동시 발생할 때 나타난다. 첫째는 많은 비가 한꺼번에 내려야 하고, 둘째는 이렇게 내린 비가 동시에 한곳으로 모여야만 한다. 그리고 마지막, 이곳에 피해를 입을 만한 시설이 있어야 한다.

세 가지 상황 중 첫째는 해결할 수 없는 하늘의 일이니 접어두자. 둘째와 셋째는 정책만 바꾸면 어렵지 않게 해결할 수 있는 문제다. 비는 하천에만 오지 않는다. 하천과 습지에 직접 내리는 비는 우리나라에서 이들이 차지하는 면적인 0.7%에 불과하다. 나머지 99.3%의 비는 토지를 다르게 이용하는 지역에 내리게 된다. 이곳에 내린 비가 한꺼번에 하천으로 모이는 구조를 만들면 0.7%로 감당이 어려운 것은 당연하다. 안타깝게 지금까지는 모든 빗물이 되도록 빠르게 하천으로 흐르도록 만들어왔다. 내린 비가 빨리 빠져나가야 홍수가 나지 않는다는 논리였다. 심지어 완충 역할을 해야 할 산림까지도 말이다. 언뜻 생각하면 그럴싸하다. 집 앞마당의 물이 빨리 빠져야 홍수가 안 나는 것 아닌가? 그러나 실제로는 하늘에서 내린 비가 특정 지역에서는 빠르게 빠져나가고 이렇게 빠져나간 비는 필연적으로 어디에선

독일 라인강. 과거 제방의 문제를 인식하고 홍수 예방과 하천 생태계 회복을 위해 제방을 걷어내어 하천물이 범람원 습지로 유입되게 만들었다.

독일 라인강. 제방을 걷어낸 후 물이 유입되는 곳은 자연스럽게 습지가 복원되었다.

가 모이게 되며, 그 어딘가에 병목이 생기면 그곳에서 거대한 피해를 발생시킨다. 이런 이유로 지금은 빗물이 최대한 내린 곳에서 늦게 빠져나가도록 유도하고 있다. 아무리 많은 비가 오더라도 조금씩 흘러 내려가게 만드는 것이 홍수피해를 예방하는 데 훨씬 좋은 대안이 된 지 오래다.

한데, 여기에는 큰 단점이 있다. 안타깝지만 이런 방식은 대규모 토건사업을 필요로 하지 않는다. 한 회사에 거대 세금을 넘겨줄 수 있는 방법이 막히는 것이다. 자본에 포획된 정부에서 세금을 덜 쓰는 방법은 선택할 수 없는 금기다. 정곡을 찌른 한 대선후보의 말, '나라에 돈이 없는 것이 아니라 도둑놈이 많다.'

홍수를 예방할 근본 대책은 그간 좁히기에 열중했던 범람원을 역으로 확대하면 된다. 그리고 빗물이 하천으로 한꺼번에 모이지 않도록 99.3%를 활용하는 다양한 방법을 취하면 된다. 0.7%에서 해결하려 한 무모함에서 벗어나 국토 전체를 활용하면 되는 것이다. 안타깝게도 우리나라는 홍수대책으로 오로지 하천을 좁히고 제방을 높이는, 비정상적 물그릇 만들기에만 전념해왔다. 잘못 정착된 지방자치제에서 지방직 출마자가 토호세력과 손잡고 당선을 꾀하기 가장 쉬운 방법이기도 하다. 주민들이야 자신의 돈을 들이지 않고 내 집 앞에 무언가 공사가 진행되니 좋은 줄로 알고 표를 준다. 깨어 있어야 할 이유이고, 아주 짧게라도 기본 이치를 생각해야 할 이유로 충분하다.

홍수 예방을 위해서는 다른 선진국들이 오래전부터 진행해왔던 하천관리 패러다임의 전환이 절실하다. 제방을 없애 하천을 넓히고, 국토의 대부분을 차지하는 산림과 시가지, 경작지를 이용할 정책의 전환이 필요한 시점이다. 그리고 가장 중요하게는 홍수, 산사태, 해일이 발생할 지역의 개발 자체를 하지 않는 게 청개구리가 되지 않는 길이다.

그린 없는 그린뉴딜

'그린뉴딜'의 적절한 우리말은 '녹색성장'이다. 도대체 녹색성장이 무엇인지 정의를 좀 알려달라고 하는 요구에 정부가 설명만 몇 년을 해도 이해할 수 없는, 뜬구름 잡는 답변으로 일관하던 시절이 있었다. 이제 좋아지나 했더니, 그 무개념의 단어를 영어로 바꿔놓고 마치 혁신이 일어날 것처럼 포장하고 있다. '녹색' 포장지가 '그린'으로 바뀌면 혁신이 되는 이 아이러니의 세상을 살기 위해서는 차라리 알려 하지 않는, '명약'의 처방이 필요해 보인다. 그러나 중독성이 강한 스마트폰으로 무장한 정보홍수 시대에 이 약을 스스로에게 주입하기란 보통사람의 의지로는 불가능해 보인다.

그간 경험해보지 못했던 시간을 보낸 코로나 팬데믹 기간에도 개인적으로 나름의 긍정적 성과는 있었다. 애써 잊고 지내던 사회적 문제들과, 이로 인해 발생하는 변화와 관련한 생각을 꼬리에 꼬리를 물며 수면 위로 올려볼 수 있었다. 감사하게도 이 책도 그 결과 중 하나이다.

이제는 '언택트 사회'를 기정사실로 받아들이고 있다. 하지만 이 생소한 경험의 갑작스러운 시작은 먼 미래의 일일 것만 같았던 우리 사회 많은 변화들을 당장 일어나도 이상하지 않을, 눈앞에 닥친 현실로 인정하는 데 주저하지 않도록 만드는 계기도 되었다. 그리고 지금 이 변화의 소용돌이 속에서 우리는 과연 무엇을 하고 있었고 무엇을 준비했는가에 대한 반성과 고민이 떠나지 않는다. 이런 시간을 가질 수 있었다는 데에서 스스로 작은 위안을 해본다.

10년이면 강산이 변한다는 옛말이 있다. 지금은 1년, 아니 불과 몇 개월 만에라도 세상이 개벽하는 한 치 앞을 내다보기 어려운 시대를 살고 있다. 이런 '예측불가' 시대에도 머지않은 미래에 우리나라가 맞이할 몇 가지들은 매우 명백해 보인다. 이 중 가장 심각하게 받아들여야만 하는 것은 다름 아닌 '폭염재난'으로 대표되는 '기후위기'일 것이다. 산업혁명 이후 나타난 가파른 지구 온도 상승은 당시의 평균기온을 기준하여 넘지 말아야 할 마지노선이라 여겼던 1℃의 상승을 이미 훌쩍 넘겨버렸다. 지구 온도 상승분이 1℃를 넘은 2016년, 그 전해에는 이산화탄소 농도가 지구 역사에 없었던 400ppm 시대를 맞이했다. 앞으로 1.5℃의 상승을 어떻게든 막아보고자 세계가 연대하고 있는 상황에서 한반도는 이미 2℃ 가까이 온도가 상승해, 흔하게 볼 수 있는 지구 평균온도 상승 그래프와는 경사도 면에서 차원이 다른 그래프를 그려가고 있는 실정이다. 우리나라 온도 상승이 더 무서운 것은 다른 나라들은 1900년대 중반부터 온도가 가파르게 오른 데 반해 우리나라는 1980년대까지 지구 온도 상승과 유사한 상승폭을 보이다가 90년대 들어 짧은 시간 동안 갑자기 오른 케이스라는 것이다. 지구 평균과 우리나라 온도 상승 그래프를 비교해보면 앞으로 우리나라 온도가 얼마나 더 빠르게 올라갈지 두려워지기까지 한

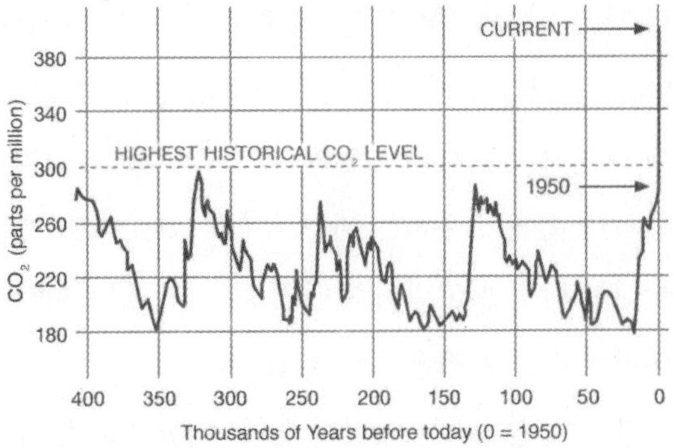

4,000년 이전부터 현재까지 지구 대기의 이산화탄소 농도변화. 약 4,000년 동안 지구 이산화탄소량은 최대 300ppm이었으나, 1950년 이후 급격히 증가하여 2015년 400ppm을 넘어섰다. 과학자들은 이산화탄소 농도 400ppm을 기후변화를 감당할 수 있는 한계점으로 보았다.
(자료: 미항공우주국 NASA, http://climate.nasa.gov/vital-signs/carbon-dioxide/)

다. 그럼에도 다른 나라들에 비해 기후위기에 대한 인식은 심각히 낮은 수준에 머물러 있다.

또 하나 우리를 암울하게 만드는 사실은 이제 대한민국 인구가 급격히 줄어드는 인구절벽에 놓여 있다는 것이다. 온도 상승 그래프와 정확히 반비례하는, 매년 최저기록을 경신하고 있는 출산율로 인해 우리나라 인구분포도는 2020년 말에 이미 변곡점을 지났다. 2021년부터는 인구가 줄어들고, 불과 몇 년 후인 2026년부터 65세 이상 노인 인구가 20% 이상으로 늘어나 초고령사회에 진입하게 된다. 정부가 90년대 안일하게 진행한 대학의 확대는 이제 심각한 사회문제로 대두되고 있다. 수많은 대학을 노인대학으로 바꿔야 할 처지다. 지금 대규모 신도시 건설과 GTX, 고속도로는 불과 10년 정도만 지나면 세금 먹는 하마로 변한다. 대학이 지금 그런 것처럼 말이다. 한치 앞도 보지 못하는 결정들이 어떻게 미래를 위한 그린뉴딜인가?

여기에 더해 이미 기정사실로 받아들이고 있는 '언택트사회'가 고착화할 것으로 보인다.

그린뉴딜을 발표하려 했다면 이 몇 가지 예측 가능한 명백한 미래 상황을 주시하고 최대한 이 상황들을 늦추고 안정적으로 적응할 수 있는 방향이 제시되었어야만 했다. 이 몇 가지 확실한 미래상황이 가리키는 핵심은 이제 더 이상 물질만능의 성장주의가 아닌, 안정적 축소에 초점을 맞추어 우리 사회가 변화해야만 조금이나마 덜 충격적인 미래를 맞이할 수 있다는 사실이다.

그린뉴딜을 위한 과제는 미래의 인구절벽에 따라 밑그림이 그려지고, 궁극적으로 에너지 절약을 위한 혁신을 내세워야 했다. 폭염재난시대를 대비하기 위해 에너지의 절대적 사용량을 어떻게, 어디까지 줄일 것인가에 초점을 맞춰야 했지만, 목표가 없는 전환사업들로만 채워졌다. 세 가지 경제전환 모델인 그린리모델링과 그린에너지전환, 친환경 모빌리티사업은 어느 정도 용인 가능한 각론 수준의 사업들로는 보인다. 다만 궁극적 목표가 없는 각각의 사업은 그것을 밀어붙이는 지금도 여전히 난잡해 보일 뿐이다. 그린뉴딜이 발표된 이후에 추진하는 환경정책에 그리 기대를 걸지 못하는 이유이다.

가장 많은 예산이 투입되는 친환경 모빌리티사업은 기대가 낮은 것에서 벗어나 심각하다. 디지털 뉴딜의 방향설정과 함께 그려지는 미래사회는 분명 우리 사회의 이동 자체가 급격히 줄어드는 '디지털 근대' 사회로의 돌입을 그리고 있다. 편안하고 안전한 집 자체가 휴식공간이자 일터가 되는, 100년 전 도시계획가들이 꿈꾸었던 가장 이상적인 도시구조인 '직주근접'의 시대를 넘어 '직주동일'의 시대가 미래 시대인 것이다. 그런데 미래 모빌리티의 핵심사업이 폭염재난의 기폭제인 화석에너지와 핵발전의 유지를 전제하고 있으니 도무지 이해되지 않는다.

화석에너지가 아니면 핵발전으로 연명할 수밖에 없는 수소자동차가 왜 아직까지 미래산업으로 포장되고 있는지는 이해하기 어렵다. 일부는 녹색으로 가기 전에 회색을 거쳐야 한다고 하지만 그것이 어떻게 혁신인가를 자문해 보길 바란다. 회색이면 그나마 낫겠지만 이건 퇴보하는 수준의 시꺼먼 흑색이다. 전기에너지로 물을 분해해서 다시 전기에너지를 얻겠다는 이런 약장수 같은 말을 믿다니. 일자리는커녕 설치비 이자도 감당 못 하는 충전소를 위해 수십조 원을 투입한다는 데 어떻게 박수를 보낼 수 있겠는가? 미래 먹거리가 된다면 왜 민간이 사업을 하지 않겠는가 생각해보면 벌써 답이 나온다.

2020년 그린뉴딜 발표는 순전히 혁신에서 밀린 한 대기업의 연명을 위해 세금을 투입하겠다는 쇼케이스로밖에는 비치지 못했다. 언론은 2020년 우리나라의 수소차 생산대수와 판매대수가 세계 1위라고 자랑하는 기사를 쏟아냈다. 그리고 1등을 했으니 이제 충전소를 세금으로 늘려달라고 주장하고 있다. 한숨 고르고, 왜 세계 1위일까를 곰곰이 따져보자. 투자할 이유가 없기 때문이다. 다른 나라는 이계륵 같은 존재를 위해 막대한 자금을 쏟아부을 필요를 느끼지 않는다. 즉 우리나라가 세계 1위를 하는 이유는 아무도 안 만들기 때문이다. 또 하나, 수소차에 관심 있는 국가는 모두 핵발전이 중심인 국가들이다. 핵발전을 통해 만들어지는 전기를 조금이나마 저장해둘 필요가 있기에 그렇다. 비록 효율성은 극도로 떨어지지만 그냥 버리는 것보다야 나으니 말이다.

수소차에 관해 답할 수 없는 문제는 너무나 많은데, 이상하게 논란이 되지 않는다. 자본의 힘은 역시나 위대하다. 10년이 지나 이 내용이 잘못되지 않았음을 확인한들 뭔 소용이 있을까?

수소경제와 에너지 민주주의

기후위기로부터 지구를 살리기 위한 노력을 정부와 기업이 외면하는 사이 그 피해의 중심에서 살아갈 10대들이 움직이기 시작했다. 2019년 9월 '유엔 기후행동 정상회의'의 툰베리 연설은 환경운동의 시대적 흐름이 바뀌는 역사의 한 장면이었다. 그가 변화를 외칠 즈음, 우리나라에서도 에너지 전환을 위한 움직임이 있었다. 미세먼지와 폭염으로 못 살겠다는 원성이 한계에 달한 2018년 말, 친환경을 명목으로 '수소사회'로의 전환이 갑자기 급부상했고 정부가 '통 크게' 화답하고 있다. 국민 세금으로 생색을 내고 있는데, 뭐가 뭔지 모르지만 친환경이며 세계를 선도할 미래 먹거리라 정부와 언론이 합을 맞추니 많은 국민은 그러려니 한다. 신재생에너지 확대에 그토록 반대하던 언론이 신재생에너지가 버려질 만큼 남아돌아야만 작동될 수 있는 수소경제에는 왜 이렇게 우호적인지 이상하지 않나? 결론부터 말하지만 친환경과는 관련이 없기 때문이다.

친환경을 앞세운 수소자동차 밀어붙이기가 국회 내 수소충전소 설치로 브레이크 없는 급가속 채비를 마련했다. 수소에너지가 '궁극의 친환경'이라는 이 허황한 구호가 어느 정도 설득력이 있는가는 굳이 따지지 않는다. 이 그린뉴딜로 포장한 위장환경주의(Greenwashing)의 핵심은 지금까지 환경오염을 대가로 막대한 이익을 얻어왔던 에너지회사와 자동차회사가 사양길로 접어들려 하니, 정부가 나서서 국민들 돈으로 돕겠다는 것으로 요약된다.

왜 수소인가는 잠시 접어두고, 수소사회를 수면으로 끌어올린 과정을 보자. 수소가 대한민국 미래 먹거리라는 주장의 선봉에 선 곳은 국내 독점적 지위의 자동차회사인데, 친환경 이미지는 그리 크지 않다. 전 세계 주류 친환경 자동차인 전기차 시장점유율은 2%에 불과한 반면 이 회사 디젤차들의 실주행 대기오염물질 발생량은 메이저 회사 중 최고 수준이다. 폭스바겐의 클린디젤 사기가 만천하에 드러난 것이 2014년이니 이 회사 또한 이미 오래전에 디젤차의 심각한 오염물질 배출 문제를 알았을 것이다. 그러나 국민에게 등 떠밀린 정부가 뒤늦게 '클린디젤' 정책을 폐기할 때까지 디젤자동차 판매에 열을 올린 것은 주목할 필요가 있다. 디젤의 오염문제에 침묵한 채 돈을 벌어왔던 기업이 정부의 클린디젤 정책 폐기와 동시에 청정에너지로의 획기적 전환을 외치는 상황이 공감 가지 않는다. 설마이겠지만 타이밍이 참 절묘하다.

다시 돌아가서, 왜 수소일까? 답은 간단하다. 2차 산업혁명 이후 지금까지 에너지만큼 독점적인 산업은 찾아보기 어렵다. 그런데 최근 완벽하지는 않지만 이 독점을 무너뜨릴 에너지가 확산되고 있다. 바로 태양과 바람 등을 통해 전기를 생산해내는 구조다. 독점에서 벗어나 소규모 분산시스템의 구축이 가능한데, 심지어 집에서도 생산할 수 있다. 나무를 모아 불을 때던 시대가 저물면서 사라진, 독립적이며 민주적인 에너지 생산에 가장 근접한 방식이다. 반대로 중앙집중식 생산방식에 더해 복잡하고 어려운 통제기술을 요하는 수소 생산은 막대한 투자비용이 따른다. 하지만 선점하면 소수 기업이 독점 구조를 더욱 강화할 수 있다.

위 주장에 반발하여 흥분할 수도 있겠지만 한 발짝 물러서서 보길 바란다. 국내 기업이 전 세계를 주름잡을 독점 선도기업으로 떠오르고, 미래 전 세계 수소경제의 핵심에 우뚝 서 있을 상상을 하며 국민을 현혹하지만 그렇게 될 리 없다는 것을 이미 세계는 잘 알고 있다. 수소는 단지 틈새시장일 뿐이기 때문이다. 특히, 수소경제를 얘기하며 가장 먼저 세금을 퍼붓는 수소자동차는 더욱 그렇다. 혹여 남이 만들면 몇 대 들여와 쓸 것을 고민하는 정도에 지나지 않는다.

수소자동차는 집과 직장, 길거리 어디에나 있는 장벽 없는 전기가 아니라 불안에 떨며 충전소를 찾아야 하는 에너지자본에의 '노예화'를 정부가 나서서 국민들의 세금으로 만들어주는 꼴이다. 이미 자율주행전기차가 세계 표준으로 되어가고 있지 않나? 또한 전기차시장을 주도하는 테슬라가 자신들의 돈으로 스스로 전 세계에 촘촘히 충전소를 건설하는 것과 비교하면 뭔가 잘못되었다는 것을 알 수 있다. 전기차 충전소는 무인충전이 가능하지만, 수소차 충전소는 그렇지도 않다.

정작 문제는 다른 데 있다. 이들의 주장과는 달리 '수소'는 깨끗한 에너지가 전혀 아니라는 것이다. 물론 수소 자체는 청정한 에너지원이지만 생산과정에서 발생하는 오염물질은 인류의 미래를 암울하게 한다. 지금의 화석에너지원보다 더 암울하다. 지금 전 세계를 뒤흔드는 기후위기의 원인이 과도한 화석에너지 사용이라는 것은 이제는 모두가 다 아는 사실이다. 안타깝지만 이 수소에너지는 화석에너지에서 나온다. 이 얘기를 하지 않는 것은 정말 비겁한 회피다.

화석에너지 생산은 최근 셰일가스와 셰일오일의 포집(프레킹)으로 급격히 전환되고 있다. 이 과정에서 이산화탄소보다 최대 80배나 강한 온난화 물질인 메탄이 대기 중으로 대량 유출된다. 이미 수소를 만들기 전 원료생산 과정에서 훨씬 많은 기후온난화 오염물질이 대기 중으로 노출되는 것이다. 이렇게 생산된 화석에너지로 수소를 만들고(메탄가스 개질), 이 수소를 특수 제작된 트럭으로 옮겨 도심에서 안전이 담보되지 않는 충전소에 저장한 후 또다시 각종 고가의 장치를 통해 전기를 생산하고, 그 전기로 자동차를 움직이는 구조가 과연 깨끗할까? 효율적일까?

정부가 제시한 수소충전소 구축전략에 따르면 대기오염 개선에 미약하게나마 효과가 있는 부생수소 기반 충전소는 거의 없다. 거의 모두는 화석에너지에서 수소를 추출하는 방식으로 공급하려 하고 있다. 깨끗한 수소는 없는 것이다. 정부의 에너지 전환정책은 탈원전과 탈화석에너지가 기반인데 수소는 화석에너지 정책과 핵발전 정책의 유지에 불과하다. 수소사회를 대한민국을 구할 미래과학이라 포장하는 이들이 일반인의 기본적 상식에 비춘 몇 가지 물음에 어떤 답을 할 수 있을지 참으로 궁금할 따름이다.

물을 분해해 수소를 얻는다는 따위의 얘기는 OECD 회원국 중 재생에너지 생산비율이 꼴찌인 나라에서 주장할 말은 아니지 싶다. 이런 말을 하고 싶다면 수소차 투자에 앞서 재생에너지 생산을 획기적으로 늘리는 작업을 해야 한다. 그래도 이 재생에너지를 효율이 높은 다른 곳에(전기차는 전기로 차를 움직이는 방식은 동일하나, 몇 가지 과정을 덜 거치기 때문에 효율이 최소 두 배나 된다) 쓰는 게 낫다. 수소가 자동차의 주 연료인 석유보다 최소한이나마 친환경이려면 물의 전기분해까지는 아닐지라도, 다른 산업에서 발생하는 부산물 수소를 사용해야만 한다. 이 부생수소도 석유산업에서 만들어지니 소위 말하는 친환경이 아닐뿐더러 지금과 같은 화석에너지인 것은 변함없지만 말이다.

수소사회로의 전환을 시급히 추진해야 한다는 이들은 부생수소를 마치 버려지는 에너지인 것처럼 말한다. 여기서 누구도 말하지 않은 의문이 하나 생긴다. 한전에 따르면 우리나라에서 전기를 가장 많이 사용하는 산업이 석유화학산업이다. 그 석유화학산업 공정 중에 수소가 만들어진다면, 그리고 그걸 이용해 친환경으로 전기를 만들 수 있다면, 의문이 생기지 않나? 왜 굳이 전기가 필요한 그곳에서 즉시 전환해 사용하지 않고 온갖 복잡한 기계장치를 만들고, 또 다른 과도한 화석에너지와 운송장비를 개발하고, 가뜩이나 비싼 도심에 안전하지도 않은 저장장치를 마련해두고 또 다시 자동차에 옮겨 전기를 만들어 써야 할까? 숨이 찬다.

수소가 지속적으로 만들어지는 그 자리에서 바로 발전을 한다면 온갖 복잡한, 에너지 허비 과정을 생략할 수 있을뿐더러 2040년에야 실현된다고 하는 규모의 경제를 당장 실현할 수 있을 텐데 말이다. 실로 엄청난 이익을 포기하고 왜 굳이 힘들게 특수트럭으로 옮겨와, 다시 작은 자동차에서 전기로 전환해서 써야만 한단

말인가?

다음으로는 충전소 설치의 확산 가능성이다. 고압가스를 다루는 수소충전소의 안전성은 차치하고라도, 충전소 한 곳을 만드는데 설비비만 약 30억 원 정도가 든다고 한다. 현재 서울 시내 평균 땅값을 고려하면 충전소 한 곳을 만들려면 최소 100억 원이 든다. 이렇게 만든 충전소에서 하루 약 250㎏의 수소를 충전할 수 있다. 고장도 잦아 멈춰 있는 날이 더 많다. 국가 로드맵에 따르면 2030년에는 수소 1㎏당 가격을 4000원으로 낮춘다고 한다. 1일 매출은 완판 시 100만 원이다. 서울 대로변 노른자위 땅에서 하는 장사가 시골 편의점 매출액에도 미치지 못한다. 수소를 무료로 준다고 해도 개인이 자신의 재산을 투자해서 충전소를 운영하는 행위는 불가능하다. 과연 이런 영업장이 전국에 확대 가능하다고 생각하는가?

이제 세금으로 운영보조금을 지급해줄 차례이다. 충전소도 세금으로, 운영도 세금으로, 영업장의 이익도 세금으로 메워줄 수밖에 없는 구조가 혁신이란다. 세금을 빼먹는 혁신이다. 이 모든 과정이 과도기라 주장하지만, 미래에도 현실성이 없음은 누가 봐도 안다. 그러니 아무도 안 하려는 것이다.

세계 1위 기술력을 통한 미래 먹거리? 미래수출산업? 우리나라야 눈먼 세금으로 조성비와 운영적자를 메운다고 하겠지만, 자동차가 가장 많이 팔리는 나라인 미국을 생각해보자. 미국이 한국 자동차산업을 위해 이익창출은커녕 최저임금 노동자 한 명도 고용할 수 없는 충전소를 세금으로 지어줄까? 그렇다고 우리나라가 국민 세금으로 미국에 충전소를 지어줄 수 있을까? 수소자동차가 주류가 될 수 없는 이유는 명백하다.

이런 간단한 의문들에 뭐 하나 긍정적인 답이 없다. 아무리 수소 관련 미래전망을 뒤지고 헤매도 답은 없다. 미래 기술이 혁신적으로 발달하면 알아서 다 해결된다는 허상 말고는 말이다.

수소자동차에 보조금을 주는 것은 독점적 화석에너지자본에 대한 종속을 연장해줄 또 다른 게이트를 만들 뿐이다. 그리고 이 보조금은 일반 시민이 타는 자동차 한 대 값을 훌쩍 넘는다. 비싼 차를 싸게 살 수 있으니 좋아해야 하나? 정부가 진정 국민을 위한다면 폭염재난의 기폭제가 될 수소사회 대신 친환경 전기충전소를 전국에 확산해야만 한다. 그리고 저렴하게 공급하면 보조금 없이도 국민이 스스로 전기차를 선택하는 셀프 혁신을 보일 것이다.

자본이 밀실에서 만들어내는 정부포획은 돌이킬 수 없는 재앙만을 만들 뿐이다. 친환경 전환 시점에서 국민의 건강이 아닌, 자본의 이익을 위한 정책으로의 전환은 미래라는 말을 지구에서 제거하는 지름길이다.

자신이 살아갈 미래를 위해 현재의 삶을 실천하는 16세의 거인, 툰베리의 연설과 같이 "당장에 닥친 지구온난화의 세계적 문제에는 관심 없이, 자신들의 배만 부르게 만드는 끝없는 경제성장만을 얘기하는" 우리의 상황이 부끄럽다. 친환경은 세계 1위 기술이 필요한 것이 아니다. 과학으로 포장한 허상을 생각하지 말고 이성적으로 생각해야 한다.

공상과학과 수소자동차

2018년 12월 갑자기 부상한 '수소경제'로 정부와 언론이 온통 허상의 미래에 대해 얘기하는데, 국민의 한 사람으로 앞이 캄캄했다. 어떻게든 다른 사람들을 이해시켜보고자 이리저리 전화도 하고 글도 써보고 하면서 안타까운 시간을 훌쩍 흘려보냈다. 시작되기 전에 멈출 수 있게 해보고자 일말의 기대로 움직여봤지만 절망만 느낀 시간이었다. 그리고 얼마 지나지 않은 2020년 말, 정부가 발표한 그린뉴딜의 2021년 예산 중 가장 많은 부분을 차지하는 것이 수소충전소가 되었다. 당시 그려졌던 미래가 자연스럽게 현실이 되었다. 생각보다도 훨씬 빠른 속도로.

앞서 구구절절 설명했듯이 수소충전소는 모두가 세금으로 운영될 것이 자명하다. 왜 '그린'이란 이름을 달았는지 알 수 없다. 수소충전소는 그린이 아니라 그냥 세금방전소라 부르면 될 것이다. 발표 당시와는 달리 실체가 조금씩 알려지면서 그린에 대한 문제가 논란이 되니 수소경제를 주장하는 쪽에서는 과도기적 '회색' 수소의 기간이 일정 정도 필요하다고 어물쩍 넘어가려 한다. 과연 그럴까? 이들이 얘기하는 과도기 동안 이미 세계는 혁신을 마치고도 남을 것이다. 전기차의 빠른 발전을 보면 답이 나온다. 전기차보다 훨씬 먼 거리를 갈 수 있다는 이점은 이미 다 사라졌다. 2021년 한번 충전에 800㎞를 넘게 주행하는 전기차가 판매에 돌입했기 때문이다. 충전시간도 장점이 되지 못할 정도로 전기차 충전속도가 빨라지고 있다. 벌써 수소차는 없는 충전소를 헤매야 하는 단점만이 도드라진다.

어릴 적 세계적 과학자가 되어 노벨상을 꼭 타겠다는 막연한 상상을 해본 사람이 많을 것이다. 나이가 들어 현실은 보통사람으로 살아가기에도 힘들다는 것을 알아가지만 그래도 과학자들이 얘기하는, 이해할 수 없는 어려운 첨단기술에는 마치 당장이라도 우리에게 대단한 선물을 안겨줄 것이라 기대하며 전폭적 지지를 아끼지 않는다. 물만 넣으면 움직이는 자동차도 우리를 현혹하는 흔한 미래과학 중 하나였는데, 그것이 지금 수소전기차라는 이름으로 다가와 환경문제와 에너지문제를 해결할 과학혁명이나 대한민국의 미래 먹거리로 둔갑하여 막대한 세금을 허비하도록 하고 있다. 과학으로 포장한 허상에 사회가 이렇게 조용한 것이 참으로 놀라운 미스터리다. 친환경으로 포장한 4대강이 그랬듯 이미 돌이 굴러갔으니 아마 끝장을 볼 때까지 멈추지는 않을 것이다. 물론 눈먼 세금으로 하는 일이니 이 일을 진행하는 관료가 나중에 문책을 당할 일도 없어 보인다. 관계자는 이 거대한 돌을 굴리기 전에 과연 어디까지 고민한 것일까? 수소과학이라는 허상이 가지는 친환경은 어디까지가 사실일까?

수소에너지의 친환경은 물(H_2O)에서 산소를 떼어내 얻은 수소를 다시 산소와 결합시키면서 전기를 생산할 때 현실이 된다. 그런데 뭔가 좀 이상하다. 수소가 결합할 때 전기를 만들 수 있다면 분리할 때는 전기를 소비해야 하지 않을까? 당연하다. 그런데 그토록 얻고자 하는 전기를 이용해 물을 분해하고(수전해) 또다시 역으로, 분해한 수소를 이용해 전기를 만들어 자동차를 움직인다? 지금까지의 굳건한 과학이론인 에너지 보존의 법칙을 깨고, 분리를 위한 전기보다 결합할 때 만들어지는 전기의 양이 더 많아지는 새로운 법칙이 생긴 걸까? 만약 그렇다면 수소차는 한 번 물을 넣어주면 다시는 연료주입을 하지 않아도 된다. 전기로 물을 분해하여 수소를 만들고, 역으로 수소가 산소와 결합하면서 만든 전기로 차도 움직이고, 남는 전기로 다시 물을 분해하는 과정을 무한 반복할 수 있기에 그렇다.

당연히 말이 안 된다. 그래서 수소를 생산하는 방식은 전기를 이용해 수소를 생산하는 친환경적인 수전해가 아니라 화석연료의 주성분인 메탄(CH_4)에서 탄소를 분리시켜 얻는다. 방법도 쉽고 수전해와는 비교할 수 없을 정도로 저렴하다. 이때 발생하는 이산화탄소도 문제지만 더 큰 문제는 메탄 생산과정에서 발생한다. 땅속에서 가스를 추출할 때 이산화탄소보다 80배나 강력한 온난화 물질인 메탄이 완전히 추출되지 않고 갈라진 틈새를 통해 대기로 확산되는 것이다. 이런 반환경적 방법을 쓰는데도 아직까지 매우 비싸다. 동일하게 세금을 낸다면 먼 미래에 규모의 경제가 이루어진다 가정해도 수소의 단가는 휘발유보다 싸지지 않으며 화석연료를 사용하는 것은 변하지 않는다.

막대한 온실가스 배출에 기여하면서도 다른 친환경에너지보다 저렴하지도 않은 데다, 비싸고 복잡한 기계장치를 추가해야만 하는 것이 수소차의 본질이다. 여기에 정부가 제조기업에 차량 한 대당 최대 4000만 원을 세금으로 안겨준다. 이 돈은 불확실한 미래가 아닌 현재의 기술로 만든 전기차 구매와 이 차가 평생 사용할 전기를 생산할 햇빛발전소를 지을 거금이다. 폭염 시대에 막대한 온실가스 배출을 동반하는 화석연료를 사용하는 값비싼 자동차를 지원하는 것이 옳을까, 같은 돈으로 친환경 전기를 생산하고 이 전기로 움직이는 자동차를 지원하는 것이 옳을까?

물론 일부 그럴싸한 논리는 있다. 전기의 생산과정에서 잉여전기가 발생할 수밖에 없고 이 잉여전기를 버릴 수 없으니 수소로 전환해두면 나중에 다시 쓸 수 있다는 것이다. 최근 에너지 저장장치(Energy Storage System)의 잦은 화재문제는 마치 수소사회의 필요성을 얘기하는 듯하지만 이것을 연동시키는 사람은 없다.

석탄화력발전이나 핵발전과 마찬가지로 태양광이나 풍력 등 신재생에너지 또한 원하는 시간에, 원하는 만큼 에너지를 확보하는 것이 아니다. 그렇기에 잉여에너지를 저장한 후 필요한 때에 에너지를 다시 쓸 수 있도록 하는 스마트그리드의 핵심이 ESS이다. 간단히 커다란 충전배터리라 보면 된다. 정부가 얘기하는 '그린수소'는 이 배터리 역할을 한다. 잉여 전기가 있을 때, 전기에너지로 물을 분해해 수소를 저장해두는 것이다. 당연히 두 번의 에너지 전환이 필요하니 허비되는 양은 쓰는 양에 비해 최소 두 배 많다. 그럼에도 버려지는 전기에너지를 조금이나마 저장할 수 있기에 틈새시장은 될 수 있는 것이다. 수소자동차를 도입하길 원하는 국가를 살펴보면 모두 핵발전이 어쩔 수 없이 장기간 유지될 수밖에 없거나, 신재생에너지의 비중이 매우 높은 곳으로 국한된다. 우리는 이 두 유형 중 어디에도 속하지 않는다. 신재생에너지 보급으로 잉여에너지가 많아지면 이것을 저장할 고민 대신에, 석탄화력발전소를 한시라도 빨리 줄여야만 하는 국가이기 때문에 그렇다. 아직도 석탄화력발전소를 짓는 선진국은 우리나라가 유일하다.

지금은 수소자동차를 포함한 수소경제에 세금을 지원해서는 안 된다. 신재생에너지의 보급과 석탄화력발전소를 빠르게 줄일 수 있는 방안에 몰두해도 모자라기 때문이다. 탈원전과 탈화석, 친환경을 앞세운 에너지정책은 과연 어디로 사라진 것일까? 역사는 되풀이된다. 공론화 없는 수소사회로의 급진적 방향전환은 마치 이명박정부의 4대강사업을 보는 듯하다. 당시 전문가들이 했던 말 중에 '보를 설치하면 수질이 좋아진다'는 이 허탈한 궤변이 현재 전문가들이 얘기하는 '수소는 궁극의 친환경에너지'라는 것과 무엇이 다를까? 보를 만드는 것은 일사천리로 진행되었지만 수많은 폐해에도 불구하고 없애기는 어렵다. 세금만 먹는 하마를 쳐다보고 있어야만 한다.

우리나라 최고의 수소에너지 두뇌집단이 고심해서 만든 국가대계를, 자신의 전공도 아닌 일개 환경학자가 얘기하는 것이 더 설득력이 있다고 해줄 사람은 많지 않을 것이다. 이 글을 읽는 사람 중에서도 비전공자의 무식한 주장이라 폄훼하며 생각해볼 가치조차 없다는 사람도 물론 있을 것이다. 그러나 비판에 앞서 수소에너지를 옹호하는 집단의 논리적 글들을 읽어보길 바란다. 그런 후에 이 글에서 제시했던 주장들을 한 걸음 물러나서 비교해보길 간절히 바란다.

4

미래는 환경이다

일제강점기 나라를 빼앗기면서부터 시작된 사회 불신은 지금도 계속되고 있다. 해방이 된 이후에도 권력을 쥔 자들은 그들만의 리그를 펼치고 있으며, 국민은 안중에 없다.

일제강점기를 지나 곧바로 전쟁, 독재정부를 겪으면서 우리가 얻은 가장 큰 삶의 교훈은 '정부는 가난한 자를 위해 일하지 않는다'는 것이다. 모든 수단과 방법을 가리지 않고서라도 내가 잘살아야만 제대로 살 수 있는 나라가 우리나라였다. 혼란의 시기를 지나며 기득권이 된 사람들은 계층의 피라미드가 공고히 유지될 수 있는 시스템을 만들고자 노력했다. 기득권 카르텔이 고착화되면서 겉으로는 안정되어 보이지만 소외계층의 문제는 나아지지 않는다. 고착화된 문제들이 서서히 드러나고는 있지만 기득권층이 오랫동안 만들어낸 견고한 사회구조를 바꾸기는 쉽지 않아 보인다. LH로 촉발되어 모든 기득권층으로 확장된 부동산 문제도 근본적인 대책 없이 흐지부지 사그라질 것이다.

다른 분야도 모두 마찬가지겠으나 환경문제는 정치, 경제 부문과 떨어질 수 없기에 부득이 정책적 비판이 따라야만 한다. 성장에 중점을 둔 정부 정책에 대한 문제를 끊임없이 제기할 수밖에 없는 이유이다. UN 산하 지속가능개발해법네트워크의 2020년 발표에 따르면 우리나라의 '내 삶을 선택할 자유'는 평가대상국 153개국 중 140위에 그쳤다. '행복'의 정도는 61위였다. 삶을 스스로 선택할 수 없는데 어떻게 자유민주주의 국가라 칭하는지 알 수 없는 대목이다. 우리가 얼마나 획일화된 정보에 매몰되어 있고, 획일화된 삶을 살고 있는지를 알 수 있다. 이런 측면에서 지금 우리는 언론이나 정부, 주변에서 얘기하는 것들에 대해 곧이곧대로 받아들이면 안 된다. 가공된 자료가 아닌, 보다 순수한 자료를 찾아보고, 그 자료의 의미까지도 객관적으로 살펴봐야만 한다. 피곤하지만 자유가 없는 사회에서 보다 자유로운 사고를 위해서는 당연히 어려움을 감내해야만 한다. 그게 싫다면 자유가 없는 삶에 안주하면 된다.

인류가 산업사회로 나아가면서 얻은 가장 큰 이익은 경제성장이다. 반대급부로 가장 크게 잃은 것은 환경문제다. 새가 좌우의 날개로 날 듯, 인류가 안정적으로 살아가기 위해서는 반드시 두 축은 공존해야 하지만, 선진국 중 유독 우리나라에서만큼은 한 축으로만 극단적으로 기울어진 상황을 벗어나지 못하고 있다. 과거 경제와 환경은 작용과 반작용의 문제였다. 상생이 어려운 구조에서 우리는 너무나 흔한, 화수분일 것만 같은 환경의 가치는 전혀 고려대상이 아니었다. 일찍이 문제의 심각성을 알아차린 국가들과는 달리 아직까지도 경제성장만이 살 길이라는 인식이 강하다. 이런 극단으로 기울어진 상황에서 반대편으로 균형을 맞추고자 환경문제 얘기를 꺼내면 소위 '반대를 위한 반대'를 하는 사람들로 매도된다.

'환경이 조금 더 나빠져도 죽지는 않는다'는 성장주의 주장을 '돈을 조금 더 벌어도 내 삶은 나아지지 않는다'는 말로 대체해보면 어떨까? 이미 삶의 질과 행복의 정도는 성장이 문제가 아니라 분배가 문제임을 수치로 확인했다. 성장의 열매만을 쓸어 담는 기득권층의 획일화 논리를 벗어날 때가 되었다.

조금 더 넓은 시각으로 균형을 맞출 때이다. 경제성장만이 우리를 잘살게 할 것이라는 환상에서 벗어나야만 한다. 그리고 반대로 환경가치의 향상이 우리를 잘살게 할 것이라는 변화된 생각을 실천할 때다.

환경에 대한 갑질을 멈출 시간

매년 반복되는 겨울철과 봄철 미세먼지 공포는 어김없이 온 국민을 분노케 만든다. 여름에는 어느 강에선가 발생하는 물고기의 떼죽음이나 녹조라떼가 한동안 미디어를 달군다. 장마를 시작으로 이상기후와 폭염, 때로는 폭우로 아우성이 들린다. 폭염이 발생하면 고양이 쥐 생각하듯 맘 놓고 에어컨도 못 켠다는 논리로 핵발전소 유지의 당위성이 홍보된다. 매년 겨울이면 조류인플루엔자(AI)에 감염된 것도 아니고, 감염될 가능성이 있다는 논리만으로 건강하게 살아 있는 닭과 오리를 땅속에 매장하는 만행을 저지른다. 효과가 입증되기는커녕 반대로 병해충을 확산시키는 행위를 공익 증진과 병충해 방제라는 명목으로 포장하여 행한다. 이 과정에서 숲속의 무수한 나무들이 잘려 자연이 애써 흡수한 탄소를 다시 방출시킨다. 쓰레기와 플라스틱 문제도 주기적으로 우리 사회를 한바탕 휩쓸고 지나간다.

어느덧 이런 놀랄 만한 이벤트가 일상이 되었다. 그리고 이 모든 주기적 상황들을 맞이해야만 하는 사람들은 자신이 단지 피해자일 뿐이라 생각한다. 언론이나 국민은 시원한 해결책을 제시하지 못하는 누군가에 독설을 날린다. 다른 나라 혹은 다른 누군가에게 책임을 떠넘겨 보려 하지만 마땅치 않다. 더욱 중요한 것은 이렇게 현실을 외면할수록 해결은 더 어려워진다는 것이다. 이렇게 1년을 주기로 반복되는 수많은 환경문제는 시간이 갈수록 그 강도를 높이며 위협으로 다가오지만, 문제 해결의 근본인 환경 인식 변화의 노력은 소위 개인의 자유와 권리를 억압하는 일로 치부된다. 특히 언론은 자유민주주의를 억압하는 사회주의적 발상으로 매도하기 급급하다.

1급 발암물질을 내뿜는 디젤엔진, 비록 환경적 문제가 많지만 생계를 위해 트럭을 운전해야만 하는 많은 사회적 약자를 위해 정부는 경유에 붙이는 세금을 적게 책정했다. 그러나 고급 수입승용차와 레저용 자동차를 보유한 사람들이, 과연 대기오염을 감내하면서까지 세금혜택을 주어야만 하는 사회적 약자일까? 디젤게이트를 촉발하고, 전 세계를 속인 회사의 재고 차량 할인판매를 고대하던 사람들은 과연 사회적 약자일까? OECD 국가 중 1인당 전기사용량 증가 정도가 독보적 1위인 국가에서 석탄화력발전소가 만들어내는 고위험 미세먼지 문제는 과연 누가 만든 문제일까?

세계 최고의 명품브랜드 소비국민이면서도 건강과 생명에 직결되는 농산물에 관해서는 무조건 저렴해야만 한다는 인식이 만들어낸 결과는 참담하다. 단위면적당 가장 많은 제초제와 살충제를 사용해 농산물을 생산하는 나라에서 과연 예전에 유행했던 '신토불이'를 가져다 붙일 수 있나? 여기에 더해 외국에서 수입한 GMO 사료와 항생제로 기른 육류가 대부분인 우리의 식탁에서 국산 농축산물의 소비를 권장할 수 있는가?

청정바다? 전 세계 바다 중 미세플라스틱 오염도가 1위인 바다가

청정바다? 굴 양식장 주변으로 하얀 스티로폼 부이 부스러기가 끝없이 펼쳐진 바다를 보면서도? 이 미세플라스틱의 90% 이상이 스티로폼에서 나온다. 오로지 값이 싸다는 이유로 굴 양식장을 포함해 각종 양식장에서 사용한다. 홍합은 폐타이어에서 키운다. 미세플라스틱과 각종 위험 물질을 먹은 어패류는 내장을 제거할 수도 없이 통째로 먹는다. 이렇게 먹는 플라스틱이 1주일에 신용카드 한 장 분량이다. 앞에서 열거한 것까지 감안하면, 우리나라 국민은 훨씬 더 많이 먹을 것이다.

그렇다고 수입산이 좋다는 말을 하려는 것은 아니다. 쌀보다 100배나 잔류허용기준치가 높은 글리포세이트로 길러낸 밀을 수입하면서도 안전하다고만 하는 이 정부의 비상식적 논리는 과연 남이 만든 문제일까? 하루에도 몇 차례 커피숍에서 1회용 플라스틱컵에 담긴 커피와 플라스틱 캡슐커피를 소비하고, 플라스틱병의 생수를 마시고, 심지어는 수돗물까지 1회용 플라스틱병에 담아 마시면서도 쓰레기 대란은 남이 만들어낸 일로 간주한다. 1인당 포장용 플라스틱 사용량 세계 2위의 국민들은 과연 쓰레기 대란의 피해자인가? 코로나19로 급격히 늘어난 쓰레기 문제의 뒷감당은 과연 누가 할지. 그래도 물건값이나 배달비는 싸야 한다고? 더 빨라야 한다고?

코로나19는 우리가 그간 당연하다고 생각했던 것들이 얼마나 소중하고 귀한 것이었는지를 깨닫는 계기를 마련해주었다. 주변 사람들과 만나 소소한 대화를 하는 것조차 사치가 된 지금 우리는 또 다른 잊고 있었던 당연한 것들을 생각해야만 한다. 코로나19 발생이 무자비한 환경 훼손에 기인한다는 것은 학계의 일반적 정설이다. 지구환경 남용에 대한 자정작용이 우리 스스로가 아니라, 자연의 반작용에 의해 반강제적으로 시작된 것으로 보인다.

사회구조의 변화를 받아들이는 것과 같이, 그간 우리가 당연하게 누릴 수 있을 것만 같았던 공공재인 환경에 대해서도 변화를 시도해야만 할 때이다. 개인의 소소한 편리와 이익을 위한 오염 유발 행위가 어느 순간 고스란히 나에게 돌아옴을 인식해야만 한다. 고농도 미세먼지로, 열대야로, GMO 농산물에 더해 플라스틱과 잔류농약이 함유된 음식물로, 악취 풍기는 하천으로, 쓰레기더미 도시로 말이다.

이제 '환경에 대한 갑질을 멈출 시간'이 다가왔다. 인간이라면 기본적으로 누려야만 하는 맑은 공기와 깨끗한 물, 쾌적한 주변 환경은 전적으로 남이 만들어주지 않는다. 오로지 나의 변화에서 시작된다. 쓰레기 대란을 겪은 후에라야 어렵사리 다시 시작된 쓰레기감축정책, 과도한 화석에너지로 인한 기후위기를 맞이하고 나서야 발표한 탄소저감정책이 예전처럼 흐지부지 사라지지 않고 더 큰 공익정책의 씨앗이 되도록 해야 할 것이다. 우리나라의 환경에 대한 인식과 정책이나 시민사회의 실천이 '자고 일어나니 달라졌다'라고 경험하는 일이 먼 미래가 아니어야만 한다.

사람이 먼저인 나라

아이들을 위한 세금을 아이들을 위해 쓰라는 당연한 요구에도 소수 기득권을 위해 묵살하는 사회, 안전하게 일할 수 있는 최소한의 작업환경 요구에 경쟁력이 떨어진다며 반대하는 사회, 부자가 세금을 조금 더 내고 가난한 사람의 소득을 높이면 국민이 못살게 된다고 반대하는 사회, 회계를 조작하고 그 조작한 증거를 인멸해 갑부에 더 많은 돈을 몰아주는 회사를 엄벌하면 나라가 망한다고 조작을 옹호하는 사회, 부동산 불로소득에 부여하는 세금을 높이는 게 폭탄이라고 하는 사회, 미세먼지와 화학물질 공포의 개선을 위해 규제를 강화하면 나라가 망한다고 반대하는 사회, 위장전입과 부동산투기, 탈세의 범법행위를 저지르지 않은 사람 중에는 나라를 이끌어갈 인재가 없는 사회, '착한'이란 말로 포장해서 최저임금조차 쥐여주지 않으려는 노동 착취를 미화하는 사회, 그래서 피해자만 억울한 사회. 변함없이 우리 사회에 사람은 보이지 않는다.

묻고 싶다. 대한민국은 사람이 안전해지면 망하는 나라인가? 세금이 본래 목적으로 쓰이면 망하는 나라인가? 부정한 회사를 엄벌하면 망하는 나라인가? 불로소득에 대한 세금을 높이면 망하는 나라인가? 집값이 수억 원 올랐다가 혹여나 몇천만 원 떨어지면 망하는 나라인가? 미세먼지가 줄어 좀 더 깨끗해지면 망하는 나라인가? 범법자가 아니고서는 인재가 없는 나라인가? 가난한 사람이 소득이 늘어나면 망하는 나라인가? 대기업의 부정부패와 재벌의 갑질이 사라지면 망하는 나라인가? 서울 집중이 분산되면 망하는 나라인가? 남녀노소가 평등해지면 망하는 나라인가?

이 수많은 질문에 동조할 사람은 없을 것이다. 보다 평등한, 정의로운 사회로 나아가길 바라는 국민이 대다수임에도 우리는 그러하지 못하다. 눈에 뻔히 보이는 파렴치한 행위를 일삼는 손들의 방해로 말이다. 지금 우리 사회는 유엔이 추구하는 환경적으로 건전한 '지속가능한 사회'가 아닌 '부와 권력의 세습만이 지속 가능한' 계급이 고착화된 사회로 변모해 있다.

부정한 정부를 시민의 손으로 몰아냈지만 그 이후로도 문제의 해결이라는 결과를 보기보다는 여전히 큰 과제에 부딪혀 나아가지 못하는 상황만이 연출되고 있다. 불평등이 고착화된 우리 사회의 구조적 변화 욕구가 그 어느 때보다 강한 시기를 보내면서도 소수 기득권 집단이 보여준 응집된 저항의 힘에 절대다수의 정당한 요구가 잠식당하는 무기력함에 국민들 역시 무기력해진다.

근래에 들어 환경적으로는 돌이킬 수 없는 기후변화의 공포를 온 국민이 체험하고 있다. 인간이 망각의 동물이라 살아갈 수 있다니 이 공포의 경험을 잊어야만 했을까? 벌써 많이들 잊었겠지만, 최근 몇 년 동안 우리나라는 여름 온도를 측정하기 시작한 이후, 더위와 관련한 각종 기록을 해마다 경신했다. 2018년에는 온열질환으로만 48명이 숨졌다. 이런 상황에서도 당장 청년의 목숨값으로 연명하는 저질 화석에너지를 포기하지 못하며, 미세먼지의 주범이라는 디젤의 가격을 오염자 부담원칙에 입각하여 정상화하지도 못한다. 오염물질을 더 많이 내뿜는 고가 외제차량을 선택한 사람에게 세금을 감면해주는 정책을 도대체 어떻게 바라봐야 할 것인가? 과거 선의의 정책을 악용하는 사람이 늘고 있는데도 말이다.

전문가의 압도적 무용론에도 4대강사업을 추진한 토건세력의 집요함과는 달리 온 국민의 절대적 지지를 받는 유치원 비리근절법조차도 통과시키지 못하는 모습은 보다 정의롭고 사람이 먼저인 사회로 전환을 추구하는 정부조차 돈과 언론의 권력을 앞세운 수구 금권세력에 밀리는 모양새로 비치기에 충분하다. 잠시 숨죽이던 이들은 조금씩 틈을 비집고 다시 과거로 회귀하려 총력을 다하는 상황이 지금 드리워진 그림자라 못내 아쉬움이 크다.

그 어떤 정책이라도 각자 처한 입장에 따라 득과 실이 있기 마련이다. 모든 사람이 만족할 수 있는 정책은 없다. 범죄와의 전쟁도 어떤 이에게는 삶의 기반을 송두리째 빼앗기는 상황이 되는 것 아닌가? 최근 몇 년간 많은 국민이 간절히 원한 것은 모든 부정부패와 사회문제를 없애고 모두가 잘사는 대한민국이 되는 마법은 아니었을 것이다. 그간 기득권이 누린 비정상적 혜택을 줄이고 사회적으로 소외된 약자들을 위한 민주국가 본연의 정책이 구조적으로 싹을 틔우는 '사람이 먼저'인 사회로의 작은 변화를 확인하는 것만으로도 충분히 감사하지 않았을까 한다.

비 온 뒤에 땅이 굳어진다. 이 말은 좋은 쪽으로도 작용하지만 반대의 방향에서도 작용한다. 오랫동안 고착화된 불평등을 타파하지 못한다면 특권층은 아마도 더욱 굳건한 구조적 방어막을 만들어낼 것이다. 지금 선택하는 행동이 나한테 얼마만큼의 이익으로 돌아오는가를 고민하지 말고, 사회적으로 얼마나 많은 이익이 돌아갈까를 생각하면 선택이 보다 현명해진다.

주택 및 토지공개념

도시를 더불어 살아가는 '공유'의 공간이 아닌 '돈'이 지배하는 공간으로 만든 그간의 부동산정책은 '건물주'가 이 시대 가장 선망받는 직업이라는 '웃픈' 현실을 만들었다. 부동산 규제가 하루를 멀다 하고 발표되지만 빠져나갈 틈새를 주니, 모두가 도시 자체를 투기장이라 생각하게 된다. 효과가 있을 리 없다.

2021년 서울 시내 전체 아파트 공급예정물량은 19,525채다. 2019년 근로소득자 연평균 급여 상위 0.1%에 포함되는 사람 수와 거의 같다. 이들의 연평균 급여액은 무려 7억 7천만 원이다. 근로소득자만의 숫자다. 서울시 아파트 공급량의 5배인, 상위 0.5%가 받는 연평균 급여는 3억 7천만 원가량이다. 마음만 먹으면 은행에서 돈을 빌리지 않고서도 전세를 끼면 아파트 한두 채는 쉽게 구매할 수 있는 여력이 되는 집단이다. 공급이 아무리 많아도 집이 부족하게 되는 이유로 충분하다.

부동산은 단순히 사유재산으로서 돈이 있다면 아무렇게나 해도 된다고 봐서는 안 된다. 좁은 국토에 많은 사람들이 모여 살다 보니 개발할 수 있는 공간은 한정되어 있다. 아니, 환경위기 시대를 사는 지금, 최소한의 개발이 절대적으로 필요한 시점이다. 자연에 가학적으로 가해지는 개발행위를 획기적으로 줄여 쾌적한 삶을 보장하는 생태계서비스가치의 훼손을 막아야만 하는 시대를 살고 있는 것이다.

이미 가구 대비 100%를 훌쩍 넘긴 주택보급률과 인구감소의 시작으로 미루어 볼 때 더 이상 도심의 그린벨트를 해제하지 않아도, 신도시를 조성하지 않아도 다주택소유만 억제하면 지금 수준에서 집값이 과도하게 오를 리 만무하다. 주택을 한 채만 소유한다면 가격이 내려도 살아야 하는 집이니 상관없지 않나. 혹여 집값이 오른들 극소수 집을 둘러싼 그들만의 리그가 될 것이다.

부동산의 가격 폭등은 소유자의 노력에 의한 결과가 아니다. 국민의 세금으로 해당 지역이 폭등하도록 만들어 준 성격이 강하다. 그런데 왜 온 국민이 십시일반으로 만들어준 이익을 극소수가 차지하는 것이 정당하다 말하는가?

님비(NIMBY, Not In My Back Yard)는 절대다수 국민에 비난받는 매우 부정적인 단어로 사용된다. 남들이 주장하는 님비는 비난하지만 우리 집 주변에 혹시라도 혐오시설이 들어올라 치면 마치 개인주의사회가 무엇이냐는 듯 그때만큼은 처음 보는 주민들이 서로 일치단결한다. 님비라는 단어로 그 지역주민에게 이기주의라며 매도하기 위해서는 우리 동네에 무엇 무엇을 유치해 달라는, 핌피(PIMFY, Please In My Front Yard)를 외치는 절대다수의 국민도 똑같은 이기주의로 비난해야만 한다. 님비시설이 들어오면 주변 주민에게 세금으로 보상한다. 핌피시설을 지으면 당연히 그 이익을 돌려받아야 마땅하다.

왜 다주택 소유를 금지해야만 하는지 도시구조 차원에서 이야기해 보자.

삶은 일과 수면, 여가의 세 가지가 균형을 이뤄야 한다. 사람도 휴식이 필요하듯 도시도 건물로 뒤덮이지 않은 여유 공간이 필요하다. 도시가 균형 잡힌 삶의 기반이 되려면 생산을 위한 공간뿐만 아니라 여유를 위한 오픈스페이스도 필요하다. 그리고 그 가치는 현실의 부동산 가격과는 달리 똑같이 소중하다. 그럼에도 유독 도시민의 복지를 위해 반드시 확보해야 한다고 계획한 공원녹지 조성은 다른 기반시설과는 달리 지지부진하다. 이유는 단연 안전위생과 휴식이라는 공공복지를 외면하는 부동산 '투기' 때문이다. 오로지 건물만이 부를 축적할 수 있기에 공공을 위한 공원부지는 방치돼왔고, 2020년 7월 1일부로 많은 도시공원예정지가 아무런 대안 없이 해제되었다. 미래세대를 볼 면목이 없다.

19세기 산업화는 좁은 공간에 많은 사람이 모여 일하는 현재의 도시구조를 만들어냈다. 새로운 노동환경으로의 전환은 높은 생산성이라는 혁신을 가져왔지만, 함께 폭증한 위생 문제와 전염병 증가는 도시가 오로지 생산효율만으로 평가될 공간이 아님을 확인하는 계기도 되었다. 이후 지친 노동자를 위한 여가공간 확보와 밀집노동으로 인한 위생 문제 해결이라는 두 마리 토끼를 잡을 대안으로 공원이 도입되었다. 세계에서 가장 비싼 땅인 뉴욕 맨해튼 한가운데에 무려 3.41km^2(약 103만 평) 넓이의 금싸라기 평지가 센트럴파크라는 이름의 공원으로 유지되는 이유다. 생산과 휴식이라는 균형의 도시역사는 오로지 착취만 있었던 일제강점기 때조차도 기본이었다. 우리나라 도시계획 근간인 조선시가지계획령에서도 공원은 중요한 기반

시설이었다. 밀집해 일할 수밖에 없는 노동자의 최소한의 휴식처인 공원부지가 역사상 최고의 공공복지 예산이 투입되는 지금 사라지는 것은 아이러니가 아닐 수 없다. 정부의 방기로 도시민에 꼭 필요한 복지공간이 조성되지 못한 채 투기 광풍에 편승할 채비를 마친, 도시공원일몰제 적용의 안타까움은 코로나 시대와 겹쳐져 배가되었다. 코로나19의 원인이 인간의 과도한 개발이라는 데에 이견이 없는 지금 우리의 선택이 미래세대에 어떻게 비칠지는 불 보듯 뻔하다.

불과 한 세기 동안 벌어진 인류의 환경파괴로 인해 발생한, 겪어보지 못한 새로운 시대를 살아가는 지금은 산업화로 새 시대가 열렸던 150년 전쯤의 상황과 묘하게 일치한다. 비대면과 거리 두기가 모든 생활의 기본으로 자리할 포스트 코로나 시대에는 급속성장기 성냥갑으로 대표되는 '투기'도시에서 벗어나, 거리 두기가 가능한 '공공'도시로 전환해야만 함이 당연한데도 부동산정책은 구시대적 발상을 벗어나지 못하고 있으니 얼마나 안타까운가. 진정 그린뉴딜이라면 이런 곳에 투자해야만 하는 것이 아닐까? 과거 공원이 전염병 확산 차단을 포함한 밀집도시 위생 문제 해결의 대안으로 탄생한 역사를 되짚어볼 필요가 있다.

많이 늦었지만 집과 토지를 '투기' 대상이 아닌 '공공'의 복지영역으로 옮겨놓을 때이다. 한정된 토지의 공적 영역 확대를 위한 적극적 토지공개념은 활발히 논의되어야만 한다. 투기 근절에 더해 거리 두기 도시를 위해 말이다.

비록 토지공개념이 헌법불합치 판결을 받았다고는 하나 오래전 일이다. 좁은 국토에서 공적으로 진행되는 개발에 따른 이익이나, 공익을 위해 발생하는 손해는 선택의 여지가 없는 것으로 모두가 분담해야만 한다. 분명 헌법이 명시하는 '공공복리를 위해 필요한 경우'이다. 이익은 환수해야 하고 손해는 배상해야 한다.

환경 칸막이

쓰레기 문제나 미세먼지 등 복잡한 환경문제에 대처하는 정부의 움직임은 다른 분야에 비해 유난히 굼뜬다. 엮인 실타래가 복잡하기에 최선을 위해서는 어쩔 수 없는 지체가 생길 수도 있으나, 대안 제시가 늦는 이유가 결코 최적을 위한 것이 아니기에 종종 문제 해결은 커녕 더 큰 문제들로 연결되곤 한다.

2017년 말 정부는 7%에 불과한 신재생에너지 발전 비율을 2030년까지 20%로 늘리겠다고 발표했다. 다른 나라들보다 뒤처진 발표인데도 이후 나타날 수 있는 문제들을 고심했다고 보기는 어려웠다. 정책 시행이 되레 국토의 환경 훼손을 가속화하는 달갑지 않은 방향으로 움직이고 있었기 때문이다.

자연에 흩어져 있는 친환경에너지를 모으기 위해서는 기존 화석연료 기반의 발전소와는 비교할 수 없는 넓은 토지가 필요한데, 사전에 가용 토지의 확보 방안을 고려하지 않아 환경적으로 훌륭한 가치를 지닌 토지까지 파괴하는 상황을 연출했다. 이 정책의 더 큰 문제는 반대급부로 발생할 수밖에 없는 환경 훼손 문제가 이미 오래전 공론화되었었다는 점이다. 예로 환경부에서는 풍력단지 조성을 위해 그간 개발이 불가능했던 산을 소유한 산주와 개발자본이 결탁해서 온전히 보전되던 산지 개발에 열을 올리는 일이 있었다. 태양광 발전을 위해 멀쩡한 산지 파괴도 현실화되어, 친환경이라고 발표한 정책의 실천이 오히려 환경파괴와 산림의 난개발을 부추긴 꼴이 되었다.

숲을 훼손하며 만드는 재생에너지는 절대 친환경이 아니다. 앞서 숲의 환경적 기능을 설명했는데, 그 기능들이 영구히 사라지게 되기 때문이다. 기회비용적 측면에서 수지타산이 맞지 않는 그런 사업이다. 그리고 환경 후진국가라는 것을 증명하듯 정부부처 간 케케묵은 불통이 이런 상황을 만드는 데에 불쏘시개 역할을 하고 있다.

친환경을 빌미로 얼마 남아 있지 않은 자연 지역의 훼손을 막고자, 2018년 봄 환경부 장관은 자연환경이 우수한 지역 내 친환경발전단지 조성을 원칙적으로 허가하지 않겠다고 하였다. 개발로 얻는 사익보다 보전으로 얻는 공익이 훨씬 크게 평가되는 지역들인데, 이를 판단하는 기준 중 하나가 생태자연도이다. 지금까지 허가된 풍력발전단지 중 절반 가까운 곳이 생태자연도 1등급의 우수한 산림에 위치하고 있다는 점을 감안할 때, 언뜻 보전가치가 높은 산림의 파괴를 막는 방안으로 보이지만 착시에 불과하다. 생태자연도라는 것 자체가 산림파괴를 막을 수 없기 때문이다.

생태자연도 판단기준을 살펴보면 매우 심각한 문제를 확인할 수 있다. 국가 토지의 생태적 자연성에 대한 평가만으로 개발의 가부를 결정한다는 현실을 등한시한 이런 탁상행정 사고방식이 문제가 되는 것이다. 생태자연도의 평가 기준에 따르면 '교란 이후 자연식생에 가까울 정도로 거의 회복된 산림식생' 이상을 1등급의 우수한 식생으로 보고 있는데, 그 기준은 말 그대로 판단하는 사람 마음이다. '가까울 정도로', '거의' 등을 누가 명확하게 판단할 수 있는가? 이런 기준을 가지고 판단된 생태자연도 1등급 지역은 겨우 국토면적의 7%에 불과하다.

문제의 본질을 좀 더 살펴보자. 생태자연도는 수능등급처럼 여러 개의 등급으로 구분되지 않는다. 국토의 64%를 차지하는 산림을 단지 두 개의 등급으로만 구분하기 때문에 이 기준대로 한다면 우리나라의 90%에 가까운 산림이 아직까지 제 기능을 못 하는 지역으로 평가된다. 전혀 변별력이 없다는 말이다. 환경부가 우리나라 산림을 바라보는 인식이 이러한데 다른 한쪽에서는 산림보전 성과가 전 세계에서 가장 훌륭하고, 대단한 것처럼 자랑하고 있으니 도대체 같은 국가의 정부라 볼 수 있겠는가? 필요하면 산림복원에 성공한 나라로 추켜세웠다가 또 필요하면 형편없는 산림으로 매도하고 있는 상황이다. 도대체 일관성이 없다.

산림 관리는 자연공원을 제외하면 거의 모두 산림청이 관할한다. 산림청은 목재 생산뿐만 아니라 환경적 기능 강화를 명분으로 전국 산림에 지속적으로 간벌 사업을 진행하고 있다. 급기야는 대부분 산이 늙어 제 역할을 못 한다는 해괴한 논리로 민둥산을 만들고 있다. 이 사업은 개인 소유 산림이든 자연성이 우수한 산림이든 가리지 않고 광범위하게 진행되는데, 숲의 공익적 기능 향상을 명분으로 내세워 막대한 세금을 쏟아붓는다. 그런데 정작 이 부처에서 공익기능 향상 명분으로 세금을 퍼부으면 다른 부처인 환경부는 나무를 자른 행위에 대해 인위적 교란이 발생했다고 판단하여 생태자연도를 떨어뜨린다. 즉, 환경부 기준으로 우수한 산림을 산림청이 바라보면 형편없는 숲으로, 막대한 세금을 투입해야만 하는 곳이 된다. 이렇게 산림청이 세금을 투입하여 개선사업을 진행하면 반대로 환경부는 개발을 용인할 만큼 가치가 떨어졌다고 판단하게 된다. 공익기능 강화를 명분으로 한 세금 투입이 오히려 산림의 영구훼손 빌미를 제공하여 공익 훼손을 촉진하는 것이다. 왜 이런 이율배반적 행위들이 같은 정부에서 일어나는지는 이해할 수 없다.

공익을 목적으로 사유지에 세금을 투입했다면 엄격하게 관리해야 하는 것이 정부의 의무이다. 그러나 숲의 건강과 공익 증진을 내세워 매년 수천억 원의 세금을 들이면서도 이 지역이 어디인지조차 파악하지 않는 것은 물론, 오히려 공익의 핵심이 되는 생태적 가치가 낮아져 개발을 용인하는 모순이 발생하고 있다. 이 문제 또한 오랫동안 제기되었는데도 고쳐지지 않는 부처 간 불통인데, 친환경을 빌미로 한 에너지전환정책이 급속도로 추진되면서 고스란히 수면 밖으로 드러나고 있다. 공익을 위한다는 사업이 국민의 돈으로 진행되었다면 최소한 다른 지역보다 강력한 보전정책을 펴는 것이 당연한 것 아닌가?

국토는 모든 국민의 것이지 관리를 위임받아 관리하고 있는 부서의 재산이 아님을 명심해야만 하지만 그렇지 않다. 세금을 눈먼 돈으로 인식하고 곶감 빼먹듯 매년 빼먹어야만 하는 무리들에 있어서는 더욱 그렇다. 산림은 개발할 수 없는 버려진 땅이 아니다. 기후위기 시대 2050 탄소중립을 위해 하루빨리 관리정책을 바꿔야만 하는 지역이다.

정부의 2050 탄소중립 추진전략에서 제시한 10대 과제 중 첫 번째 과제가 에너지전환 가속화이다. 이 과제의 이행이 배출된 탄소를 다시 흡수할 수 있는 유일한 수단인 산림을 파괴하는 행위의 가속화로 이어지지는 말아야 한다. 정부에서 얘기하는 융복합을 제발 정부정책을 통해 먼저 실천해야 한다. 그리고 산에 나무를 자르고 태양광 사업을 하려는 것은 좋은 일을 하는 것이 절대 아니라는 것을 알아야만 한다. 물론 나무를 자르고 심는 행위도 마찬가지이다. 절대 확대해야 하는 사업이 아니며 어쩔 수 없이 최소한으로 해야 하는 사업이다. 접근 자체가 틀렸으니 효과를 거둘 리 없다.

경유차 전성 시대와 유류세

미세먼지에 대해서는 앞에서 길게 얘기했다. 조금 더 반복해보자.

2014년 한 설문조사에서 미세먼지가 예전보다 나빠졌다고 응답한 국민이 80%를 넘었다. 수치로 나타나는 단순 팩트를, 설문조사를 통해 인식으로 바꾸는 상황을 굳이 만드는 이유를 이해하기 어렵지만 어찌 되었건 예전보다 나아졌다는 사실의 전달이 언론에서는 중요하지 않아 보인다. 그런 영향일까? 우리나라 도심의 미세먼지 농도가 예전보다 나아졌다는 변할 수 없는 사실은 아무도 믿지 않는다.

대다수가 믿지 않으니 구체적인 수치로 살펴보자. 1995년 서울의 평균 PM10 농도는 80μg/m^{3}에 근접했다. 다른 대도시들도 상황은 다르지 않았다. 이렇게 높던 미세먼지 농도는 2010년에 50μg/m^3 아래로 내려갔고 이후에도 이 수치를 유지했다. 불과 15년 만에 대기 중 미세먼지 농도를 40% 가까이 줄인 것이다. 미세한 것도 아니다. 과거보다 그 양이 절반 가까이 획기적으로 줄어들었음에도 불구하고 미세먼지가 줄었다는 사실을 얘기하면 비난받는 이상한 세상이 되었다. 대다수 시민은 단순 측정자료까지 믿지 않고 언론은 연일 미세먼지 공포를 조장하는 상황이 최근 몇 년간 연출되고 있다. 왜 그럴까? 딱히 공포마케팅을 통한 이익도 별로 없어 보이는 데 말이다. 코로나19를 끝끝내 우한폐렴으로 쓰는 일부 집단이 원하는 무언가와 같을 수도 있겠다 싶기도 하다.

세계보건기구(WHO)에 따르면 미세먼지와 밀접한 관계가 있는 질병은 폐질환과 심혈관질환이다. 대도시 미세먼지 농도가 40% 가까이 개선되었으니 관련 질환도 많이 줄었을 것이라는 예상은 당연하겠지만 결과는 반대로 나타나고 있다. 미세먼지와 관련이 높다는 허혈성심장질환은 미세먼지가 급격히 줄어든 동일 기간 유병률이 250%나 증가했고 폐렴 사망률은 무려 700%가 넘게 폭증했다. 폐암 환자 또한 두 배 이상 늘었다. 의학적 지식은 없지만 얼마나 황당한 결과인가? 국민이 생각하는 미세먼지 농도의 증감에 대한 판단은 이런 상황이 반영되지 않았을까 한다. 미세먼지가 줄었다는 사실을 받아들일 수 없는 사건들이 내 주위에서 일어나니 말이다. 주변에 호흡기, 심혈관질환자나 사망자가 몇 배나 증가했는데 어찌 믿을 수 있을까. 여기에 뉴스에서는 연일 미세먼지 공포를 조장하니 연관을 안 지으려야 안 지을 수가 없지 않나. 질병이나 사망과 관련한 기억은 더욱 강렬하게 다가올 수밖에 없다.

미세먼지에 의해 유병률이나 사망률이 늘어나는 관련 질병 자료만을 분석하면 정말로 엉뚱한 결과가 도출된다. 주변의 복잡한 관계를 모두 제거하고 미세먼지와 질병만을 바라보면 말이다. A와 B는 관계가 있다. 15년간 A와 B의 변화를 살펴보니 A가 40% 줄어드는 동안 B는 700%가 늘어났다. 단순 결론은 A가 줄어들수록 B는 늘어난다. 관련된 질병을 줄이려면 미세먼지를 대폭 늘려야 한다는 괴상한 결과를 얻게 된다. 그것도 아주 강력한 상관관계이니 아이러니다.

과학이란 이름을 빙자한 선동이나 통계의 왜곡이라고 웃어넘길 일이 아니다. 좀 돌려 생각해보면 이 자료가 의미하는 바는 매우 크다. 비록 미세먼지가 관련 질병에 부정적 영향을 미친다고는 하나, 미세먼지가 해당 질병에 영향을 주는 수준을 아주 가볍게 압도하고, 해당 질병을 유발하는, 다른 오염물질이 증가했다고밖에는 설명할 길이 없다. 정부나 언론은 미세먼지 문제를 얘기할 것이 아니라 이 숨겨진 물질의 증가와 원인을 얘기해야만 하는 것 아닌가?

이 압도적 질병 유발물질은 미국의 조사결과에서 찾을 수 있다. 대형차량 외 디젤차량이 극소수인 미국에서 디젤이 차지하는 미세먼지 발생량 기여도는 총량의 15% 정도이다. 반면 디젤이 내뿜는 미세먼지가 암의 조기 발병에 미치는 영향은 모든 대기오염물질 중 무려 80%에 이른다. 미세먼지가 문제가 아니라 어떤 미세먼지인가가 문제인 것이다.

우리나라로 돌아와 보자. 우리나라 디젤차는 2000년 360만 대에 불과하던 것이 1000만 대에 근접하여 폭발적으로 증가했고, 수도권에서 디젤차가 발생시키는 미세먼지량은 전체 오염원의 23%나 차지한다. 왜 미세먼지가 줄었는데 관련 질병이 이렇게 폭증했는지 이해가 아주 쉽게 되지 않나?

그렇다면 시민의 건강을 위해 지금 정부가 해야 할 일은 무엇일까? 두말할 것 없이 대기 중 발암물질 배출량의 80%를 훌쩍 넘게 차지하는 디젤엔진을 획기적으로 줄이는 것이다. 노후 경유차 폐차를 유도하는 정부정책과는 달리 시민들은 지금도 여전히 디젤차를 선호하고 있다. 최근 출시된 고가의 SUV는 휘발유 차량도 생산하지만 판매량의 약 80%가 디젤엔진이라니 말 다 했다. 이런 상황을 제대로 이해하기 위해서는 먼저 왜 사람들이 오염물질의 과다배출을 아는데도 불구하고 디젤차를 선호하는가를 물어야만 한다.

과거 경유차는 운송업이나 영세 자영업자, 농민들을 위한 트럭이 대부분이었다. 이런 상황이었으니 디젤은 서민을 위한 연료라는 이유로 세금을 낮게 책정하였는데 판매가격이 휘발유보다 10% 정도 저렴하다. 동일한 양의 기름을 구매할 때, 세금은 디젤이 휘발유보다 약 40% 정도 적다. 그런데 지금은 상황이 완전히 바뀌었다. 서민들이 타는 경차는 모두 휘발유 차인 반면, 디젤승용차는 대부분 비싸다. 자동차 시장은 가난한 사람들이 세금을 더 많이 내야만 하는 이상한 구조로 개편된 지 이미 오래다. 더 이상 디젤의 저가정책은 가난한 사람들의 생계안정을 위함이 아니다. 오히려 환경에 부담을 가중하는 고가의 대형 SUV나 수입승용차를 타는 사람들을 위한 것이 되었다. 이런 상황인데도 국민의 고충을 뒤로하고 경유세를 인상하기는 어려우니 참 난감하다? 이렇게 생각이라도 한다면 얼마나 좋을까.

역으로 생각하자. 소득주도성장의 상징인 최저임금 인상이 계획보다 많이 늦어지고 서민의 삶이 더욱 팍팍해져가고 있다. 코로나19로 인한 어려움은 당장 가난한 사람들을 사지로 내몰고 있지 않은가? 그리고 더 중요한 상황. 정부는 이를 재난으로 인식하여 긴급재난지원금 등 지원대책을 마련하고 있다. 어려움에 처한 국민을 위한 지원이 대기환경까지 획기적으로 개선할 수 있다면 더 좋은 정책 아니겠는가? 여기에 더해 대기오염으로 발생하는 각종 질병을 획기적으로 줄일 수 있다면? 고갈을 얘기하는 의료보험도 어느 정도는 안정화할 수 있다.

코로나19가 끝나지 않은 어려움에 처한 지금, 국민의 건강과 실질 소득 증대를 모두 꾀할 가장 확실한 방법은 휘발유세를 경유세와 같게 낮추는 것이다. 가뜩이나 어려운 국민이나 침체된 경제를 위해 가장 효과적인 정책이다. 휘발유를 남용한다고? 더 이상 움직일 여력도 없다.

조기폐차지원금? 수소차지원금? 걷어서 특정인에 주려 하지 말고 아예 걷지 않으면 그 과정에서 허비되는 시간과 행정 절차의 낭비도 막을 수 있다. 어쩔 수 없이 사라지는 행정비용이 모두 국민의 실질 소득 상승으로 이어지는 것 아닌가? 시대가 바뀌었다. 정책을 추진한 이유가 시간이 흘러 반대로 바뀌었다면 정책도 반대로 바뀌어야 한다. 의도와 달리 부자보다 가난한 사람들의 고혈을 일률적으로 뜯는, 환경오염을 가중하는, 시민 건강을 해치는 차량을 지원하는 유류세정책은 하루빨리 바뀌어야 한다. 애먼 부동산에 말고 이런 데 '핀셋'을 들이밀어야 한다.

깨어 있는 기업의 힘

2019년 〈포춘(Fortune)〉이 작성한 매출액 기준 세계 500대 기업 중 기후행동을 통해 2030년까지 탄소중립, 100% 재생에너지 사용, 과학기반감축 목표 중 하나라도 실현을 선언한 기업의 수가 전 세계 76개였다는 발표가 있었다. 세계를 선도하는 글로벌기업의 탄소중립 노력은 더 이상 눈치를 보며 선택하는 것이 아닌, 남들보다 앞선 행동을 통해 다른 곳까지의 변화를 이끌어내는 촉진 역할을 하고 있다. 단순히 매출액으로 비견되는 경제적 측면에서만 앞서 있는 것이 아니라 기후환경에서도 세계를 선도하는 기업들인 것이다. 이것만 봐도 왜 경제성장과 환경보전이 서로 반대되는 개념이 아닌지 알 수 있다.

우리나라 사람들이 늘 궁금해하는 것, 그럼 우리나라 기업은 이 중 몇 개나 포함되어 있나 하는 물음일 것이다. 우선 세계 100대 기업에는 하나가, 500대 기업에는 16개가 포함되어 있다. 우리네 언론은 이 안에 들어가는 기업 순위가 올라가지 않는다며 우리나라의 경쟁력이 뒤처지고 있다고 연신 보도한다. 덧붙여 100대 기업에 속하는 유일한 기업이 마치 국가의 자존심을 살려주는 것처럼 포장한다. 그런데 이미 세계의 눈높이에서 봤을 때, 미래를 선도하는 기업은 매출액이 많은 기업이 아니라 지구를 살리는 데 더 많은 노력을 기울이는 기업으로 변화하고 있다는 것을 알아야만 한다. 이 변화의 흐름을 만들어내지 못하고 있으니 우리나라 기업의 미래가 밝지 않다고, 변화해야 한다고 독촉하는 것이 언론이 꼬집어야 할, 보다 냉철한 분석이 아닐까 한다. 안타깝게도 이런 주장은 찾아볼 수 없다.

500대 기업에 속한 유럽 134개 기업의 42%가, 자본주의의 상징 미국도 세계 평균을 넘는 25%의 기업이 기후 행동을 선언했지만 정작 우리나라는 16개 기업 중 단 한 개 기업만이 포함되어 있어 비율로는 6%에 불과하다. 전 세계 평균의 4분의 1수준밖에 되지 않는 것이다. 포춘 선정 100대 기업 중 1위인 애플은 2020년 여름 자사제품 생산 및 공급과정에서 발생하는 탄소배출량을 2030년까지 0으로 만들겠다는 선언을 했다. 그리고 자사뿐만 아니라 71개 협력기업도 함께 하기로 하고 이 기업들을 공개했다. 또한 새롭게 애플과 협력하려는 업체는 2030년 내 탄소중립 달성목표를 반드시 소명해야 한다고도 했다. 더 이상 기존 화석에너지 기반 기업은 자신들과 함께 미래를 이끌 수 없다는 선언을 한 것이다. 눈앞의 이익보다 지구환경의 유지가 애플이라는 회사의 성장에 유리하다고 판단한 것이다. 애플의 선언으로 우리나라 대기업도 더 이상 탄소중립을 미루기는 어려운 상황에 처하지 않을까 한다. 기후위기 시대가 도래한 지금, 선제적으로 나아가지 않고 외부의 힘에 의해 어쩔 수 없이 움직인다면 그 기업들은 우리나라 국민을 제외하고는 그 누구에게도 세계를 선도하는 기업으로 인정받지 못할 것이다.

2016년으로 기억한다. 출장을 마치고 집에 돌아오는 늦은 저녁 한 환경단체 활동가에게 전화를 받았다. 환경보전활동 지원을 위한 프로젝트 신청서의 영작을 요청하는 전화였다. 출장으로 피곤하기도 했고 영어 실력도 썩 좋지 않았기에 사양하려 했으나, 시간은 촉박한데 급히 부탁할 사람이 마땅히 없다 하여 수락하면서 의례적으로 어디에 지원하는가를 물었다. 활동가는 '파타고니아'라고만 얘기하고 전화를 끊었다. 이때까지만 해도 당연히 작은 나라의 이름 정도로만 인식했었다. 늦은 밤 집에 도착해 신청서를 작성해 보내주었다. 작업을 하면서 '파타고니아'라는 곳은 도대체 어떤 나라이기에, 우리나라 정부도 외면하는 풀뿌리 환경보전활동에 계획서를 받고, 이것을 심사하면서까지 지원해주는지 궁금한 생각은 있었다. 하지만 굳이 찾아보는 데까지의 행동으로 이어지지는 못했다. 손가락 몇 번만 움직이면 되었던 것인데 말이다.

잊을 만큼 시간이 지난 즈음 그 활동가에게서 펀드를 받았다는 연락이 왔다. 그제야 이 나라는 어디에 있으며 왜 우리나라 환경단체에까지 지원을 해주냐고 물어볼 수 있었다. 돌아온 대답은 당황스럽게도 유명한 등산용품 회사라고. 시골에 사니 소비와 관련된 것들은 정말 뒤처지는구나 하는 생각과 세계지리 등등 다른 분야에의 무지가 드러난 것 같아 자조적 한탄이 스치는 상황이었다.

얼마간의 시간이 지나고 2019년, 미국 자연공원을 두루 답사하면서 이 브랜드의 높은 인기를 실감할 수 있었다. 물론 당시 이 기업 이름을 듣지 않았다면 눈에 띄지 않았을지도 모른다. 이렇게 알고 있었으니 눈에 계속 들어왔을 수도 있다.

다른 등산용품에 비해 빛바랜 듯 뭔가 하나가 빠진 느낌의 색상,

트렌디함과는 거리가 멀어 보이는 투박한 디자인, 무엇보다 높은 가격의 이 제품이 주는 매력은 무엇일까? 이 회사가 단순히 매출의 1%, 이익의 10%를 전 세계 풀뿌리 환경보전활동에 지원하는 것만으로는 설명이 부족하다. 회사 설립 이후 친환경을 위한 일관된 노력이 꾸준하게 축적된 역사의 결과로 보는 것이 타당할 것이다. 회사 매출의 대부분을 차지하는 제품이었음에도 환경적으로 건강하지 않아 생산을 포기했던 창업주의 의지와 지구환경 개선을 위한 각종 실험과 실천, 그리고 변화를 이끌어낸 것이 소비자의 마음을 움직인 것이리라.

보이면 사랑하게 된다고 했나? 이 회사의 빛바래 보이는 제품은 화학염색제를 사용하지 않는 것을 알리는 데 더없이 효과적이며, 패스트패션과는 거리를 둔 듯한 투박한 디자인은 단순함과 실용성을 위한 지속 가능 패션으로 비친다. 그리고 그 끝에서 자기네 옷을 사지 말고 수선해 입으라고 당당하게 광고를 하니 입는 사람이 남들과는 다른 가치관을 가지고 있다고 믿기에 충분해 보인다.

이익보다 환경보전이 우선인 기업운영의 확고한 신념과 실천으로 만들어낸, 그간의 기업 행보와는 전혀 다른 지속 가능이라는 '가치소비' 트렌드를 이끈 이 회사는, 자신의 회사뿐만 아니라 환경에 관심이 없던 다른 회사들의 변화까지 이끌어내고 있다. 급기야는 페트병을 재활용해 만드는 플리스 조끼를 친환경 기업에만 판매하겠다는, 소비자를 판매자가 선택하겠다는 으름장 선언까지 하고 말았다. '가치소비'로 눈을 돌린 많은 젊은 회사원들이 이 조끼를 업무용으로 원했기에 가능한 엄포였을 것이다. 기업이 손님을 가려 물건을 판매하는 마케팅 전략이 돈으로 점철된 계급이 아닌, 환경보전의 실천이라니 참 부러울 따름이다. 탄소중립을 함께해야만 한다는 애플의 선언도 이 회사에 비하면 전혀 두드러지지 않는다.

환경문제는 날로 심각해지지만 시민과 정부의 환경 가치 인식은 더욱 낮아지는 아이러니의 대한민국이다. 사회의 절대 약자를 위해 꼭 필요한 보전활동 자체가 사회적으로 소외된 약자가 됐다. 환경을 생각하고 물건을 오래 쓰는 사람이나 사회적 책임을 다하는 기업이 존중받는 사회가 되는, 환경가치 인식 변화는 어느 날 갑자기 이뤄지지 않는다. 이제는 찾아보기조차 어려운 학교의 환경교육과 시민들의 풀뿌리 환경활동에 대한 정부와 사회의 꾸준한 지원과 협력이 필요한 이유다. 대통령이 탄소중립을 선언하고, 꽤 오랜 시간이 지났다. 이제부터는 실질적이면서 효과적인 활동이 일어나길 기대해본다. 자신이 실천하기 어렵다면 가까운 환경보전활동을 하는 단체에 가입하여 소액의 후원을 실천해도 좋겠다. 이들 활동가의 움직임은 최소한 다수를 위한 움직임이기에, 그리고 나도 혜택을 받는 일인이기에 응원이 필요하다.

송편이 먹고 싶다

움직일 수 없기에 식물의 경쟁은 동물보다 훨씬 치열하다. 영역싸움에서 밀리면 다른 곳으로 이동할 수 있는 동물과 달리 경쟁이라는 것 자체가 생사를 좌우하기 때문이다. 물론 싸움을 하지 않고 지위를 다르게 선택하여 공존하는 관계도 있긴 하지만 식물의 삶 자체는 늘 생사기로에 놓인 전쟁임이 틀림없다. 앞서 오래된 숲을 차지하는 나무의 나이가 그리 많지 않은 것을 상기해보라.

일반적으로 어떤 연유에서건 숲이 훼손되면 특정 종이 집중적으로 출현한다. 밭에 작물을 심는 것과 같이, 수확까지 경쟁을 최소화할 수 있도록 일정한 간격을 두고 자랄 리 만무한 곳이 자연이다. 실로 엄청난 양의 개체가 마치 시루 속 콩나물처럼 빽빽하게 돋아나게 된다. 이렇게 돋아난 식물은 처음엔 함께 싹튼 동종 간 싸움에서 이기면 되지만 시간이 지나면서 다른 종의 침입을 막아내는 것과 동시에 동종 간 영역싸움, 즉 공격과 방어를 함께 하면서 어려운 삶을 살아가야만 한다.

다행히 식물은 자신이 살아갈 여건이 되지 않으면 씨앗 상태로 오

설악산국립공원. 폭우에 나지가 드러난 계곡변에 다른 나무가 들어오기 전 소나무가 빠르게 자리를 차지했다.

랫동안 생명을 유지할 수 있기에, 일부 종을 빼고 대부분은 특정지역에서 사라졌다고 해서 그리 걱정하지는 않아도 된다. 적절한 여건이 되면 싹을 틔워 다시 후대를 이어갈 수 있기 때문이다. 연꽃의 씨앗은 무려 1000년을 넘게 살아 있다 하니 그 사이에 한 번쯤 자라기 괜찮은 환경만 만들어지면 되는 것이다. 심지어 어떤 식물은 산불이 나야만 그 뜨거운 열기에 의해 씨앗을 흩뿌리기도 한다. 이들은 다른 식물과의 경쟁이 최소화되는 확실한 시간을 선택하는 방법으로 진화한 종이다. 이렇게 식물은 자신이 살아갈 시기를 조정할 능력을 스스로 갖추고 있다. 자연에서 숲이 황폐해지지 않는 이유이다.

훼손된 지역에 먼저 싹을 틔워 생장하는 식물들은 대개 다른 종과의 경쟁에서 밀리는 약한 식물들이다. 경쟁에 약하니 다른 종들보다 얼른 자라서 자신의 후대를 생산해내는 방향으로 진화한 것이다. 이들 종은 대부분 생명주기가 상대적으로 짧고 많은 씨앗을 만들어낸다. 그리고 자신이 자라는 동안 다른 종이 싹을 틔울 수 없도록 유도하여 경쟁 자체를 최대한 없애려 노력한다. 이들 선발주자의 방어를 뚫고 생장하는 후발주자는 생명주기가 상대적으로 길고 씨앗의 양은 적은 편이다. 먼저 자라는 식물이 방어를 중심으로 전략을 펼친다면 이들 나중에 자라는 식물은 공격에 더 적극적이라 보면 된다.

우리 국민이 가장 좋아하는 나무인 소나무는 먼저 싹 트고 자라는 식물의 대표 격이다. 방어에 충실하지만 공격에는 약한 운명을 타고났다. 다양한 연유로 산림 표토가 벗겨지고 유기물이 없는 척박한 흙이 드러나게 되면 소나무는 빠르게 자리를 차지하면서 동시에 다른 종들이 들어오지 못하게 막는데, 솔잎에 다량 함유된 항생물질이 이 역할을 한다. 물론 모든 소나무는 다른 종의 침입을 막는 데 함께 힘을 쏟지만 종내 경쟁도 녹록지 않다. 어릴 때 치열한 경쟁에서 일부가 살아남아 이제 어엿하게 제 모습을 찾아가는 10년 전후의 소나무 숲도 경쟁을 벗어나지 못한 상태다. 이 숲이 20년 정도의 젊은 숲이 되는 동안에도 살아남은 절반이 다시 죽게 된다. 그리고 50년 정도의 중년 숲으로 성장하면서 또다시 살아남은 개체의 절반이 죽는다. 그나마 이 숲이 50년 동안이나 소나무숲으로 유지될 경우에 그렇다는 거다. 안타깝게 우리나라 자연상태에서 이런 경우를 확인할 수 있는 숲은 거의 없다.

바닥에 떨군 솔잎은 해가 가면서 썩게 되고 방어능력이 서서히 사라지는데 이 틈을 타 다른 종이 싹을 틔운다. 이들은 크게 자란 소나무 사이에서 태풍이나 강추위를 견디게 보호받으며 빠르게 성장한다. 싹을 틔우기까지가 더디지 매우 빠르게 생장하는 것이다. 그리고 시간이 지나 더 이상 소나무의 보호가 필요 없이 자립할 수 있다고 판단하면 소나무를 공격한다. 소나무가 있으면 더 크게 자라는 데

경주국립공원 소나무군락지. 자연지역에서 소나무가 죽으면 그 뒤를 이을 나무들은 늘 대기하고 있다. 그리고 이 과정에서 탄소는 숲속에 계속 축적된다.

방해가 되기 때문에 방해요소를 제거하는 것이다. 말 그대로 배은망덕이 아닐 수 없다. 동물처럼 스스로는 공격할 수 없기에 자신에게는 해가 없으면서 소나무를 죽일 수 있는 곤충을 유인하는 방법을 주로 사용한다. 소나무를 죽이는 곤충이 곰팡이와 공생관계를 이루는 이유이다. 이렇게 숲은 성숙해간다. 눈에 보이는 아름다움에 비해 참 정 없는 것이 자연이다.

피톤치드. 식물이 병원균이나 곤충, 곰팡이에 저항하려 분비하는 물질이다. 핵심은 다른 식물이 싹을 틔우지 못하게 하는 방어기작에 있다. 숲속에 들어가면 이 물질이 우리 몸에 흡수되어 인체의 방어능력까지 키워준다. 우리 조상은 이 특성을 활용해 식품을 오래 저장하는 데 쓰기도 했다. 대표적인 음식이 송편이다. 솔잎을 떡시루에 깔고 그 위에 쌀떡을 올리고 다시 솔잎과 떡을 차곡차곡 쌓아 쪄낸 이 떡은 찌는 과정에서 자연스레 솔향이 배어 송편이라는 이름의 참맛을 내게 된다. 송편의 솔잎은 단순히 떡의 향을 위한 것이 아니라 솔잎의 강한 항균작용으로 쉬이 상하는 떡을 오래 보관하고, 이 항균물질을 체내로 받아들이기 위한 조상의 지혜다. 지금은 추석의 대표 음식으로 알려져 있지만 옛날 조상들은 정월대보름부터 봄까지 주로 먹던 떡이다. 질병에 가장 취약한 때가 계절이 바뀌는 봄과 가을이기에 이 시기에 집중적으로 세균을 이길 수 있는 항생물질을 섭취할 수 있었던, 정말로 훌륭한 지혜가 아닐까 한다.

그런데 이제 자연의 오묘한 과학과 맛이 어우러진 향긋한 송편을 맛보기 어렵다. 꽤 오래전부터 살충제를 산림에 뿌려왔기 때문이다. 산속 어느 소나무에 농약을 뿌렸거나 주입했는지 모르기에 아예 먹으려 하지 않는 게 속 편하다. 산림청이 안전하다고 사용하던 바이엘사의 네오니코티노이드 계열 농약은 유럽연합에서는 2020년 봄부터 아예 경작지에서조차 사용을 금지했다. 정부가 이 결정에 대해 무슨 말을 할지 모르겠지만 불행히도 멀쩡한 산에 농약을 뿌리는 일을 멈추지는 않을 것 같다. 왜 숲의 성숙을 막으면서 깨끗한 숲을 오염시키는지, 경쟁에서 도태된 나무의 무덤을 만들어야 하는지, 도저히 과학자로서는 받아들일 수 없는 앞뒤가 맞지 않는 논리다.

오랫동안 우리 주변에서 소나무가 잘 자라왔던 것은 솔숲의 마른 솔가지와 자연스레 죽은, 경쟁에서 도태된 소나무, 그리고 소나무를 공격할 낙엽활엽수가 채 크게 자라기 전에 남김없이 거두어 갔기 때문이라는 사실을 외면하지는 말길 바란다. 이제 우리는 소나무와 경쟁할 나무와 항생물질이 사라진 썩어가는 낙엽을 걷어 가지 않는다. 이 자리를 석유와 석탄, 가스가 대신했기 때문이다.

에너지 전환에 따른 멀쩡한 변화를 재앙으로 몰아가는 상황을 이제 멈출 때가 되었다. 30년이면 이미 오래 해보지 않았는가? 자연의 섭리인 숲의 성장을 더 이상 재선충이라는 재난프레임으로 가두어 전국을 농약숲으로, 보기 흉한 플라스틱 묘지로 만들지 말길 바란다. 그것도 세금으로. 내 집 주변에 세금이 이렇게 쓰인다면 당연히 반발해야 하는 것 아닌가?

올가을에는 농약 냄새 대신 뒷산의 솔잎으로, 그 이름에 걸맞은 향긋한 송편 하나를 안심하고 편안히 먹고 싶다.

기본소득과 기본공제

기후재난이란 것도 매년 반복되어 상투적이 되었지만, 그 세지는 강도에 언제나 걱정이다. 그리고 더 두려운 건 언제 끝날지 모르는 코로나19 사태가 각종 환경재난과 중첩될 앞으로의 상황이다. 여름철 폭염과 겨울철 한파 앞에서 에너지 빈곤층이 맞닥뜨리는 지금의 상황은 첩첩산중으로 비칠 것이다. 암담하게도 함께 추위와 더위를 이기던 동네 경로당이나 도서관 등의 공공시설은 코로나 시대에 문을 닫고 있다. 재난이 늘 그렇듯 코로나 팬데믹 또한 상대적으로 사회적 약자를 더욱 힘들게 만들고, 이들은 질병에 따른 재난과 함께 이중의 재난을 감내해야만 하는 시대를 마주한 것이다. 모두가 위급한 상황이니 가뜩이나 소외된 이들은 더욱 보이지 않는다.

과학기술의 발달로 지구 어디든 사람이 살 수 있게 된 지금, 역설적이게도 기술의 남용이 빚은 기후위기로 '사람이 살지 못하는 땅'을 만들고 있다. 온도가 너무 높아 체온 조절을 위한 땀조차 배출하지 못하는 곳이 늘어간다는 뉴스는 기후재난 시대의 걱정을 공포로 바꾸고 있다. 여기에 더해 매년 봄마다 누가 예측하는지도 모를 상투적

기사가 도배된다. '올해는 그 어느 해보다 더욱 뜨거운 여름이 될 것'이라는 예측 같지 않은 예측은 그래도 꽤 정확히 맞고 있다. 올여름도 사상 최고로 뜨거운 여름이 될 것이다. 아마 맞을 것이다.

지구 전체에 드리운 이 거대한 기후재난은 유독 우리나라에서는 먼 북극의 얘기로나 치부된다. 우리나라 온도가 지구 평균의 두 배, 해수면은 지구 평균보다 2.5배나 더 가파르게 뜨거워지고 있다는 사실은 이곳에서 살아가야만 하는 우리 국민에게는 매우 아픈 불편한 진실임에도 언제나 그랬듯 딴 나라 얘기로 치부된다. 한 줌 빙하 위에 위태롭게 서 있는 굶주린 북극곰 사진과 함께 기후위기를 경고하는 클리셰적 외침은 위기를 타개할 행동으로 이어지지 못한다. 막상 기후위기를 주장하는 사람들조차 석탄화력발전소의 퇴출을 얘기하지만 일반인들의 구체적 실천사항을 만들어내지 못하는 한계를 보인다.

코로나 팬데믹이 기후위기를 초래한 인간의 자업자득이라는 석학들의 주장 역시 기후위기 대응을 위한 변화를 이끌어내지 못하는 것은 동일하다. 반면 에너지 전환 주장이 마치 경제를 망칠 악마의 외침인 양 하는 기득권의 선동은 공고하다. 2020년 대통령의 2050 탄소중립 선언과 세계 최대기업 애플의 2030 탄소중립 선언이 아직까지는 사회와 기업에 큰 변화를 만들어내지는 못하는 듯싶다. 굼뜬 행동과는 달리 위기는 이미 재앙으로 변화되었고 그 재앙의 빈도를 더욱 높여가고 있다.

국민의 한 사람으로서 불행 중 다행이라 생각하는 것이 있다. 코로나 팬데믹 상황을 맞아 우리나라에선 정말 먼 미래 같았던 기본소득제도 논의의 불꽃이 제대로 지펴졌다는 것이다. 팬데믹 이전까지도 기본소득은 극히 일부의 사회주의적 발상이라는 비판의 시선도 사치인, 말 그대로 절대다수 국민의 관심 밖 사안이었다. 그런데, 2020년 말 한 여론조사단체의 설문에서 기적 같은 결과가 나타났다. 기본소득제를 도입하는 데 찬성한다는 의견이 무려 52%를 넘는 반전을 일으킨 것이다. 팬데믹 상황을 맞아 정부가 빠르게 전 국민 재난지원금을 교부하고, 이를 통해 기본소득의 가치와 필요성을 많은 국민이 인식했기에 이런 반전이 가능했던 것이리라.

코로나19로 급물살을 탄 기본소득제도는 IT 시대와 오버랩될 포스트 코로나 시대를 맞아 우리 사회 최대 화두로 떠오를 것이 분명해 보인다. 이미 이익공유제를 얘기하고 있지 않나? 과거에 이런 말을 꺼내면 모든 언론이 빨갱이라며 득달같이 일어날 그런 제도를 말이다. 그러나 안타깝게도 이런 제도의 실현과 안정화는 그리 빨리 오지는 않을 것이다. 그러니 그 전에 사회적 약자들이 당장 설상가상의 재난을 피할 수 있는 장치의 마련이 필요해 보인다. 그 방안 중 하나로 기본소득에 앞서 최소한의 삶을 보장할 전 국민 에너지 기본공제를 빠르게 고민해봐야 할 시간으로 보인다. 기본소득 이전 과도기적 보편 복지의 방법으로서, 추가비용도 들지 않게 설계해보는 것은 어떨까 한다. 모든 가구에 폭염과 한파를 견딜 수 있는 최소한의 전기와 물 등 공공재를 기본으로 제공하는 구간을 두는 방안이다. 저소득층뿐만 아니라 부자라도 절약을 실천한다면 비용 없이 전기와 물을 쓸 수 있도록 말이다. 필수사용량 공제로 발생하는 손실분은 에너지 과소비구간의 누진세 강화로 대체할 수 있으니 재정적자와는 관계없게 설계할 수도 있다.

물과 전기의 필수사용 공제는 에너지 빈곤층을 위한 최소한의 정부 정책임과 동시에 기후재난 시대를 타개할 에너지 절약의 실천 및 인식전환 계기를 마련해줄 것으로 믿는다. 당장 돈이 없는 소외된 국민들이 사는 집에 난방이나 식수를 끊는 것는 권력이 행하는 야만적 행위이다. 이런 상황은 모두가 나서서 막아야 하는 것 아닌가? 찾아서 어떻게 하기에는 너무나 힘든 일이다. 당연히 사각지대도 발생한다.

대한민국 국민으로서 최소한의 삶의 조건을 보장해주고, 사람이 사람답게 살도록 여건을 제공하는 것이 정부가 최우선으로 추진해야만 하는 일 아닌가? 모두를 위해 걷지 않는 것은 행정력 최소화와 효과 극대화를 위한 최선의 방안이다. 어렵지 않게 해결할 수 있는 과제다.

금수저와 청년기본소득

말로는 모두가 평등하다고 하지만 실상은 전혀 그렇지 않다는 것을 우리는 잘 알고 있다. 금수저로 대표되는 불평등은 의지로 해결할 수 없는 영역으로, 청년의 공분을 일으키는 가장 큰 요인임에 분명하다. 그런데 조금 삐딱하게 보자. 불평등의 분노는 이익집단에 속하지 못한다는 소외감이 크게 작용한다. 내가 만약 금수저라면? 남들이 접근할 수 없는 부동산 개발정보를 얻는다면? 당당히 '정의로운 삶'을 선택할까? 우리 사회에서 일어나는 일련의 사건들을 보면 기득권에 자정을 요하는 것이 얼마나 무모한 일인지를 확실히 알 수 있다. 근본적으로 불평등이 만들어지지 않으면서 환경적 지속가능성을 유지하기 위한 사회구조를 설계해야 하지만 그런 노력은 일어나지 않는다. 구조의 설계자가 기득권에, 정보독점의 위치에 있기 때문이다.

우리 사회 불평등의 문제를, 돈이나 권력같이 눈에 보이는 것에서 조금 틀어서 생각해보자. 우리나라에서 남들보다 암기를 조금 더 잘한다는 것에 대한 영역으로 말이다. 부모로부터 꽤 괜찮은 두뇌를 물려받은 사람들 말이다.

자신의 삶에 대한 스스로의 선택이 가능하지 않은 획일화 사회를 우리는 살고 있다. 이런 획일화 사회에서 청소년기에 해야 하는 것은 오로지 문제의 정답을 맞히는 일이다. 그런 능력 하나만 가지고 있으면 모범생이 되고 온갖 특혜가 주어진다. 전교 1등이라도 한다 하면 탄탄대로다. 소위 명문대에 진학하고, 출세가도를 달린다. 적성이나 생명에 대한 존중과 배려, 사회 정의, 이런 것들은 묻지도 따지지도 않고 의대나 법대에 진학한다.

물론 예전과 달리 요즘은 기득권층이 만든 그들만의 공고해진 시스템으로 인해 단순히 문제를 잘 맞히고, 암기를 잘한다고 해서 특혜를 받기는 조금 어려워졌다. 그래도 이 능력 하나만으로도 세상을 살아가기에는 정말 수월해진다. 반대로 문제 맞히기가 어설픈 학생은 획일화의 끝판왕인 학교라는 사회에서 그림자가 되어버린다. 정답 고르기로 줄 세우는 학교사회에서 '아픈 사람을 안아줄 수 있는 따뜻한 사람'이나, '사물을 다른 관점에서 바라볼 수 있는, 창의적이지만 엉뚱한 사람', '누군가의 일을 자신의 일처럼 살피고 도우며 행동하는 사람', '자연과 교감하며 수많은 생명을 아끼고 보살피는 사람' 등, 따뜻하고 아름다운 사회를 위해 필수적인 이런 능력의 소유자들은 자기 능력이 무엇인지도 모른 채 입시사회의 부적응자로 분류되어 인류를 위해 공헌할 기회를 잃게 된다.

이 단순한 점수 잘 받는 능력 차이로 인해 발생하는 차별을 불평등이라 생각하는 사람은 얼마나 될까? 지금 글을 읽는 사람들은 대부분 이러한 차별을 좋은 쪽으로 받아왔을 것이다. 그리고 주장하리라. 이건 모두가 같은 선상에서 출발한 것이지 않은가? 소위 '노오력'을 안한 스스로의 책임이라고 말이다.

같은 출발선에서 시작한 것이니 답 고르기 실력을 키우지 못한 스스로를 탓해야 한다고? 물어보자. 이 능력은 오롯이 '노오력'의 대가인가? 더 나아가 답을 잘 골라내면 '정의'로운 사람인가? '헌신'적인 사람인가? 답 고르기 능력자가 곧 정의롭고 헌신적인 사람이란 등식은 전혀 성립할 수 없다. 그럼에도 절대다수가 이것이 당연하다고 은연중에 생각한다. 반대에 속해 있지 않다는 이유와 그간 우리 사회가 만들어낸 고착화된 시스템으로 말이다.

답 맞히기 능력보다 타인에 대한 헌신이나 약자를 보듬을 수 있는 마음이 훨씬 우선순위에 놓여야 하는 직업이 의사이고, 법을 집행하는 판사, 검사이고, 나아가 공무원일 것이다. 그런데 이런 직업을 갖기 위해 청년들은 지금 어떤 '노오력'을 하고 있는가? 스펙 쌓기에 열중하는 것 외에 어떤 다른 것들을 하는가를 묻는 것이다. 이건 부모의 재력이나 권력보다 훨씬 본질적인 불평등의 영역이다. 답 맞히기의 불평등은 비록 부모에 의해 어느 정도 커버가 된다고는 하지만 타고난 두뇌 자체를 바꿀 수는 없는 노릇이니 평생을 안고 가야만 한다.

국립대와 사립대를 불문하고 대학 운영비의 대부분은 학생들이 내는 등록금이 아닌 대학과 관계없는 많은 국민들의 세금으로 충당된다. 대학등록금이 비싸지 않다는 말을 하려는 것이 결코 아니다. 초중고등학교와 마찬가지로 대학도 오로지 내 능력만으로 다니는 것이 아니라 우리 사회의 수많은 누군가로부터 도움을 받으면서 가르치고 배우는 곳이라는 말을 하려는 것이다. 소위 명문대에 진학했다고 해서, 그 대학을 나와 괜찮은 직장에 취직했다고 해서 남들을 무시해도 된다는 엘리트의식을 가져서는 안 된다는 말이다. 수많은 흙

수저들의 지원으로 지탱하는 곳이 소위 명문대이기 때문이다. 명문대를 다닌 사람일수록 사회로부터 더 많은 혜택을 받는 것은 확실한 사실이다. 심지어 대학을 다니지 못한 사람들의 도움까지도 말이다. 학교라는 존재가 신분 상승을 위한 발판이 아닌, 우리 사회가 좀 더 따뜻하게 나아가기 위한 공간이 되어야 하는 이유이다. 그렇지 않다면 대학에 세금을 지원하면 안 된다.

자유가 없는, 획일화된 사회에서 발생하는 상당히 많은 문제들이 단순 암기능력을 측정하는 줄 세우기에서 시작된다. 이 난제의 해결은 참으로 어렵다. 코로나19로 비대면수업이 일상화되면서 일각에서는 학업성취도에 대한 문제를 지적한다. 그리고 재력에 따른 불평등 가속화를 주장한다. 그러나 다르게 생각할 시대가 도래했다고 본다. 기본적 삶의 지식을 가르치고 자신과 주변을 사랑하는 사람으로 바꾸는 교육으로 말이다. 말은 쉽지만 어려운 문제다.

대학생에게 지원되는 세금만큼 고졸자에게 세금을 지원한다면 청년기본소득을 제도적으로 마련하는 것은 전혀 어렵지 않다. 대학교에 지원하는 돈의 대부분을 고등학교를 졸업하는 청년을 위해 일정 기간 동일한 기본소득으로 전환하면 된다. 누군가는 그 돈을 대학에 지불하여 지식을 얻을 것이고, 누군가는 자신의 꿈을 위해 사용할 것이다. 젊은 시절의 경험을 위해 세계를 여행하거나 적성을 찾아 다양한 실험도 할 것이다. 사람에 지원하면 굳이 대학에 가지 않더라도 자신의 능력을 발휘할 청년들이 훨씬 많아질 것이다. 학교 교육은 정상으로 돌아갈 것이고 낙오자라는 오명을 쓴 청년들은 줄어들 것이다. 오로지 암기능력을 측정해 불평등을 만드는 줄 세우기는 사라질 수 있다. 대학을 가지 않아도 청년들이 즐겁게 일할 수 있으니 사회는 훨씬 건강해질 것이다.

공부를 안 하니 사회가 발전이 없을 것이라고? 경제성장률이 하늘을 치솟던 시기, 불과 한 세대 전 대졸자 비율을 지금과 비교해보라.

어디서부터 시작해야 하나?

많은 사람이 건강식품을 찾는다. TV만 틀면 온갖 병을 다 고칠 수 있을 것 같은 건강보조식품 광고가 끊이질 않는다. 그런데 유행처럼 순식간에 사라지고 또 다른 보조식품이 그 자리를 대신한다. 마치 더 좋은 제품인 것처럼 홍보하지만 그전에 나온 게 자본시장에서 이미 돈이 되지 않기 때문에 다른 상품을 만들어낸 것이다. 또 다른 돈 되는 쪽으로 아이템을 바꾸었을 뿐이다. 우리는 꽤나 현명하다고 생각하지만 본능적으로 그리 현명하지는 않다. 새로운 주력상품으로 온갖 홍보를 하는 건강보조식품이건 지금은 인기가 사그라진 옛날 건강보조식품이건 선전하는 효능은 똑같다.

환경문제도 마찬가지다. 마치 유행처럼 이것저것 산만하게 '친환경', '그린', '미래' 등의 이름을 붙여 대안이라며 제시한다. 최근에는 갑작스럽게 '기후위기'가 최대 화두로 나타나고 있다. 물론 오래된 주제이고 본질적 문제이기에 아무리 얘기해도 지나치지 않은 것임에 틀림없다. 그러나 너무나 심각한 기후위기를 전면에 내세우면서도 제시하는 변화의 방향은 '석탄화력발전소 건설중단' 정도만이 눈에 들어올 뿐이다. 심각한 문제를 그냥 받아들이느냐와 나가서 행동해야 하느냐를 선택하라는 느낌이다.

지금 지구에서 인간이 모두 사라진다고 해도 지구의 온도 상승이 20년 이상 지속될 것이라 한다. 기후변화가 지구환경문제의 근본 원인이기는 하지만, 해결의 방법이 마땅치 않다. '그린뉴딜'을 통해 화석연료 사용을 최소화하고 지속 가능한 경제성장을 추구한다고 하는 데 과연 답이 될 수 있을까? 안타깝지만 그렇지 않다. 환경문제를 개인의 소비성향이나 부주의, 기업의 윤리문제와 같은 단편적 요인으로 바라봐서는 답이 없다. 지구환경의 개선이나 기후변화 완화를 위한 개인의 역할에 대해 행동강령과 같은 수많은 방법이 제시되고 있지만 효과가 없는 이유이다.

온실가스 배출을 줄이기 위해서는 이렇게 행동하라. 쓰레기를 줄이기 위해서는 저렇게 행동하라. 미세먼지를 줄이기 위해서는 또 다르게 행동하라 등등. 이해도 되고, 꽤 괜찮은 정보로 다가오지만 현실적인 대안이 되지 못한다. 이유는 사회구조적으로 모순의 시스템이 굳건히 작동하고 있기 때문이다. 그리고 이 굳건한 시스템은 좋은 시스템이 설 자리를 아예 주지 않는다. 나쁜 돈이 좋은 돈을 쫓아내는 것과 같다.

지금은 그렇지 않겠지만, 과거 군인은 휴식을 주면 안 되는 집단이었다. 도저히 할 일이 없으면 멀쩡한 땅을 삽으로 파고 다시 묻는 일을 시키던 그런 곳이었다. 멀쩡하게 다져진 땅을 파헤쳐 놓았으니 다음 날에는 또 돌을 고르고 다지고 하는 작업을 해야 한다. 이틀 동안 지휘자가 선택할 수 있는 장병을 위한 선택지는 휴식과 노동이었다. 무엇이 경제활동 측면에서 좋은 선택일까?

오랫동안 지내던 서울을 벗어나 따뜻한 시골 마을에 정착했다. 첫 겨울 어느 주말 상당히 많은 눈이 내렸다. 아파트에서라면 하지 않을 일이 생겼다. 아침 일찍부터 힘들게 마당과 길의 눈을 치우는데, 웬걸 동네 사람 아무도 눈을 치우지 않는다. 심지어 집에서 나오지도 않는다. 답은 불과 몇 시간 후에 내려졌다. 해가 비치니 그 많던 눈이 바로 녹아버렸다. 나는 열심히 일을 했고 동네 사람들은 쉬었다. 무엇이 경제활동 측면에서 좋은 선택일까?

조금 더 가보자. 내 소유의 산에 나무가 자란다. 나무가 자라면서 주변을 시원하게 하고 홍수를 막아주고, 심지어 기후위기의 주범이라는 온실가스를 흡수해서 저장해준다. 온갖 새들과 곤충들이 날아온다. 옆집 소유의 산에도 나무가 자란다. 다 필요 없으니 나무를 싹 베어내고 요즘 '그린뉴딜'로 뜨는 태양광발전소를 지었다. 꾸준한 수입을 가져다주고 나무를 팔아 목돈도 벌었다. 덕분에 아랫마을로는 토사가 밀려 내려가고 여름이 뜨거워져 주민의 고통은 심해졌다. 그간 저장되었던 온실가스는 한꺼번에 하늘로 날아갔다. 새들과 곤충은 모두 사라졌다. 무엇이 경제활동 측면에서 좋은 선택일까?

질문을 조금 돌려보자. 누가 돈을 벌었는가? 앞의 질문도 조금 틀어서 다시 해보자. 어떤 군인이 바람직한 군인인가? 어떤 주민이 현명한 주민인가?

대부분의 사람은 경제는 무한대로 성장해야 하고 경제가 살아야 국민이 산다는 말을 신봉하며 살아가고 있다. 이 프레임에서 벗어나지 못하면 아무런 해결책이 보이지 않는다. 코로나19로 어려운 경제를 살리기 위해 소비를 하라고 장려한다. 하지만 결국 소비는 인간이 살 수 없는 환경으로의 변화를 가속화하는 촉매제 역할을 할 뿐이다. 경제성장이 되면 잘 산다는 새빨간 거짓말을 머릿속에서 지워보자.

지금까지 내가 본, 환경의 본질을 가장 강력하게 꿰뚫으면서도 파급력을 보였던 마케팅은 파타고니아의 "DON'T BUY THIS JACKET" 캠페인이다. 수선해 줄 테니 사지 말라? 기업이 할 말은 아닌데 급성장한다. 내게 감동으로 다가온 캠페인을 실천하고자 이 회사 재킷은 물론 어떤 다른 회사의 재킷도 사지 않으려 노력하고 있다.

우리가 환경개선을 위해, 기후위기 타개를 위해 실천해야 할 유일한 한 가지가 있다. 그리고 그리 어렵지도 않다. 내 아이를 위해, 지구를 위해 '자린고비'가 되는 것이며 '아나바다(Reduce, Repair, Reuse and Recycle products to minimize the impact of their consumption on the planet)'를 실천하는 것이다. 그리고 조금 더 현명하게 소비하기 위해, 아주 잠깐, 짧게는 몇 초 정도의 고민을 들여 에너지 소비를 생각해서 선택하면 된다. 물건이 어떻게 만들어졌고 어디에서 왔을까 하는 생각이다. 안 쓰는 게 가장 좋지만 써야 한다면 적게 쓰고, 에너지가 적게 들어가는 물건이나 방법을 선택하면 된다.

"BETTER THAN NEW" 경제성장이 아니라 오래 쓰는 것을 자랑하는 사회로의 변화를 만들어가는 당당한, 내 삶을 스스로 선택하는 자유로운 사람이 되자.

더 하고 싶은 상생이야기

오색케이블카가 촉발한 갈등을 바라보며

너무나 아름다운 설악산에 쇠말뚝을 박는 행위를 볼 수 없어 시작한, 오색케이블카 건설사업 저지를 위한 시간이 길어지고 있다. 과연 대립과 한쪽의 승자만이 존재할 그런 주제인가에 대한 고민이 늘 끊이지 않는 상황에서 상생에 대해 좀 더 깊이 얘기해보고자 한다.

우리나라 교육열은 전 세계 최고다. 늘 1등이라는 숫자에 민감하다. 이런 탓인지 다른 사람보다 뛰어나다는 우월함을 내세우려 고가 사치품을 앞뒤 안 가리고 찾는다. 우리나라가 소비하는 고급 위스키의 양은 언제나 세계 1위다. 한 통계에 의하면 2006년 이후 한국의 명품시장이 해마다 12%씩 성장했다고 한다. 이 어려운 시기에도 명품브랜드가 가격을 올린다 하니 밤새 줄을 서서 기다리는 열의를 보인다. 우리나라 국민의 과시적 소비경향이 강하다는 의미로 봐도 무방하다.

모든 제품 중 최고를 찾고자 하는 마음, 남과 달라 보이고자 하는 욕구가 강하다는 의미로 해석할 수 있다. 그러나 어떤 명품브랜드라도 많은 사람이 소유하면 더 이상 명품으로 인식되지 않는다. 특별했던 상품이 대중에 널리 퍼지면 해당 상품을 먼저 사용했던 사람들은 보다 특별한 새로운 명품을 찾는다. 속칭 모 명품브랜드의 가방이 '3분 빽'으로 비하되기까지 하는 것이 우리 사회의 단면인 것을 감안할 때, 많은 사람은 제품의 질보다는 희소성에 훨씬 높은 가치를 두는 것으로 보인다. 남들이 소유하지 않은 것을 소유한다는 심리적 만족감이라 해야 할까?

명품은 무엇인가? 시대와 장소를 초월하여 많은 사람에게 아름다운 감동을 선물하며 쓰면 쓸수록 빛을 발하고 질리지 않는 것, 희귀한 것, 조상으로부터 물려받은 것, 값으로 환산할 수 없을 만큼 그 자체만으로 무한한 가치를 가진 것 등으로 정의되지만, 우리나라에서 명품은 단순히 값비싼 것으로 통용되는 것 같다. 명품이 지닌 금전적 가치 외에 의미적으로 무한한 가치는 제대로 보려 하지 않는다. 이에 명품의 광적 추종은 아주 이상하게도 자연환경에서만큼은 통용되지 않는다. 값으로 환산할 수 없는 무한한 가치를 없애는 것인데도 그것을 가치 있다고 말하고 있다. 아주 오래된 명품 벚나무들이 늘어선 한 마을에는 해마다 꽃피는 봄이 오면 가로수길에 사람들이 몰린다. 시골의 작은 도로가 인산인해가 되니 불편해져서 생각한 해결책은 길을 4차선으로 확장하는 것이었다. 벚나무를 보호하면서 친환경으로 도로를 낸단다. 하지만 뿌리를 다치고 생육환경을 빼앗긴 나무들은 얼마 지나지 않아 예전의 아름다움을 잃어버리거나 심지어 죽게 된다. 오래되고 아름다운, 좁은 벚나무길보다 4차선 도로가 훨씬 가치 있는 것으로 인식하는 것은 예전이나 지금이나 다르지 않다.

자연환경에도 명품 즉, 값으로 환산할 수 없는 무한한 가치를 가지고 희귀성이 있는 것이 있다. 몇 년 전 환경부에서 우리나라 100

대 자연경관을 선정할 때 단연 최고로 평가받던 곳이자 지역 안배에도 불구하고 100대 경관 중 가장 많이 이름을 올린 곳이 설악산국립공원이다. 이렇게 말한다면 설악산국립공원은 우리나라 자연경관 중 가히 명품이라 할 만하다. 일반적인 상품은 늘 다른 제품에 의해 대체될 가능성이 있으나 이는 신상이 나올 수도, 다른 것으로 대체할 수도 없다는 데에서 말 그대로 '명품'이다. 또 다른 그 어떤 것이 추월할 수도 없다. 인간에 의한 파괴만 없다면 말이다.

이런 명품 중 명품의 심장에 '쓰면 쓸수록 질리고 볼품없어지며', '그 자체로 주변 명품의 가치를 떨어뜨리고', '조상으로부터 물려받은 자원을 영구적으로 망가뜨리며', '그 자체로 자연의 무한가치를 벼랑으로 몰아내는' 쇳덩어리인 케이블카가, 아이러니하게도 우리나라 자연환경의 명품을 지켜야 할 의무로 탄생한 국립공원위원회를 통과해서 건설될 위기에 처했다. IUCN 보호지역 카테고리 V*로 지정되었던 곳을 환경부가 직접 주도하여 보전을 강화하겠다고 카테고리 Ⅱ**로 변경한 후 그 가치를 열렬히 홍보한 곳인데 말이다. 여기에 더해 2014년에는 세계 최고 수준으로 보호 관리가 철저히 이루어진다고 하여 전 세계 22개 보호지역과 함께 IUCN Green List***로 인증

---

* IUCN의 보호지역 카테고리 중 하나로 인간의 전통적 관리행위가 포함되는 중요한 경관과 자연가치를 보호하고 유지하는 것을 핵심 목적으로 하는 유형이다. 탐방서비스 시설의 설치가 경관보전을 저해하지 않는 수준에서 허락된다.

** IUCN의 보호지역 카테고리 중 하나로 대규모의 생태적 형성과정을 보호하기 위한 지역으로 영적, 과학적, 교육적, 휴양적 탐방기회를 제공할 수 있다. 탐방서비스 시설의 설치는 일반적으로 허락되지 않는다.

*** 보호지역 카테고리의 설정이나 보호지역 지정은 해당 국가의 의지이다. 이런 상황에서 많은 국가들이 보호지역을 지정하지만 제대로 관리하지 않는 소위 '페이퍼보호지역'이 많아지게 되었다. 따라서 IUCN은 해당 지역이 보호지역으로서 제대로 관

된 지역에 말이다.

더군다나 케이블카가 들어서는 곳은 천연보호구역으로 IUCN 카테고리 Ⅰ*지역이다. 사람의 출입을 엄격히 제한하는 곳이다. 이 기준에 의하면 자연생태계 연구를 위한 학술적 목적 외에는 사람의 출입을 거의 완전히 통제해야만 한다. 한데 이러한 노력을 지속적으로 기울인 정부에서 이 과정을 완전히 무시했다. 5년이라는 시간 동안 수많은 전문가들의 논의 끝에 환경부 환경영향평가에서 부동의 처분을 한 것을 비전문가 그룹인 중앙행정심판위원회에서 전문적 영역의 문제를 이유로 갈등을 다시 수면 위로 올렸다. 중앙행정심판위원회는 2017년에도 똑같은 행위를 했었다. 문화재전문위원들의 판단을 전문성이 부족했다며 하루아침에 뒤집었다. 행정전문가가 문화재와 자연환경의 전문성을 이유로 관련 전문위원회의 판단을 손바닥 뒤집듯 뒤집었으니 참 이상한 나라의 시스템이기는 하다.

국립공원에서 대규모 토건사업을 통해 얻는 이익은 혹여 일부가 지역주민에 돌아갈 수도 있으나 대부분은 외부 대자본에 흡수된다. 반면 모든 국민이 누려야 할 '값으로 환산할 수 없는 무한가치'는 추락한다. 지역주민들은 소위 낙수효과를 기대하고 있을 수 있다. 그러나 이 무한가치의 땅에서 평생을 지켜왔던 주인이 왜 남들이 먹은 빵의 부스러기를 주우려 하는지 도저히 이해되지 않는다. 그냥 온전한 빵을 취하게 방향을 제시하는 것이 국가기관의 책무이며 지역주민을

리되고 있는지를 평가하여 인증하는 제도를 2014년 새롭게 만들어 시행하고 있다.

* IUCN의 보호지역 카테고리 중 하나로 지구적으로 매우 희소한 지역이나 인간 간섭이 없는 온전한 자연지역에 대해 지정하며, 학술연구 등 특별한 목적 외에는 탐방객의 출입을 금할 정도의 엄정한 보전을 요하는 지역이다.

위한 도리이지 않은가?

2020년 기획재정부에서 추진한 지리산 산악열차 한걸음모델은 명목상으로는 자연보전과 지역경제활성화라는 상생을 목적으로 했다. 비록 이름에 부합하지 않게, 보전은 없었고 오로지 대규모 토건사업을 통한 자연훼손이라는 기존 산악개발과 다르지 않은 논의만 진행되었지만, 그 이름에 주목할 필요가 있다. 돈이 최고인 시대를 살아가면서 지역의 소외를 더 이상 자연보전의 명분만으로 감당해달라고 하는 시대가 지났음을 알리는 이름이었기에 그렇다. 조상 대대로 살아온 터전을 지켜온 지역주민들에 외부 대자본이 떨군 부스러기가 아닌 온전한 대가가 돌아가게 하면서 자연의 가치를 살리는 첨단기술까지 발전시킬 수 있는 방법을 모색하는 노력이 비친 이름이었다. 말 그대로 '그린뉴딜'이었다. 물론 이름뿐이었지만 말이다.

지금부터는 기업의 이익을 대변하는 대규모 개발행위에서 벗어나 단지 이름만이 아닌, 진정한 상생의 모델을 건설적으로 논의해야 할 시기이다. 1960년대 자연훼손을 전제한 관광산업 활성화의 한 아이템이었던 케이블카나 산악열차의 구시대적 접근이 아니라, 미래의 성장동력이라 끊임없이 강조하는 '그린뉴딜'이나 '창조경제' 관점에서 새로운 접근을 시도할 때이다.

강원도민을 윤택하게 하고 설악산을 세계적 최고 명소 중 하나로 만들 수 있는 대안이 없지 않다고 주장하고 싶다. 이 구상에는 물론 케이블카도 포함되어 있다. 다만 사회적 혼란만 부추기는 위치가 아닌 새로운 장소를 고려한 구상이다. 대안은 지역주민들에게 지속적인 수익 증대를, 관광객에게는 무한한 자연의 가치를, 기업에는 케이블카 건설보다 훨씬 큰 대규모의 공사와 함께 첨단기술을 발전시킬 수 있는 장으로 삼을 수 있는 방법이 될 수 있다. 마지막으로 국제사회의 모범이 되는 새로운 보호지역의 상생 모델까지 제시할 수 있는 방법이라 믿는다. 비록 앞으로 제시할 대안이 아니더라도 긍정적 마인드로 각계 전문가와 지역주민, 시민단체가 고민한다면 보호지역이나 자연이 우수한 지역에서 늘 발생하는 대립적이고 소모적인 논쟁보다 훨씬 가치 있는 방향을 도출할 수 있을 것이다.

케이블카나 산악열차를 반대하는 사람이건, 찬성하는 사람이건 수많은 사람이 스위스의 여러 다양한 산악개발과 관광산업에 관심이 많다. 그리고 많은 사람이 체르마트(Zermatt)를 대표적 사례도시로 답사한 것으로 안다. 이곳은 우리나라 사람들도 많이 찾는 세계적으로 유명한 관광지이다. 우리나라의 한 기차역이 2013년 체르마트역과 자매결연을 맺기도 한 곳이다.

체르마트는 분명 설악산과 주변 마을이 지속적 관광지로 기능할 수 있도록 구조를 변경하는 데 답을 줄 수 있는 도시다. 여기서는 체르마트의 공간관리에 초점을 맞추어 설악산을 관리할 경우 얼마나 훌륭한 대안이 도출될 수 있으며, 이것이 어떻게 그린뉴딜, 창조경제, 지속 가능한 개발로 이어지는지를 설명하고자 한다. 스위스의 표면적 산악개발만을 보지 말고 철저하게 지속 가능한 환경관리 시스템과 지역주민의 안정적 소득증대를 위한 구조를 우선적으로 바라봐야 한다. 그리고 오색을 연결하면 답이 나온다.

1. 체르마트로의 접근

체르마트는 주변이 산으로 고립된 마을이다. 남쪽으로 마테호른

체르마트 마을 전경. 세계적 관광지인데도 대형 건물은 찾아볼 수 없다. 우측 상단에 작게 입구마을인 태쉬가 보인다.

산이 우뚝 솟아 있고 북쪽으로 긴 협곡이 발달해 있다. 이 마을에 들어가려면 계곡 초입인 인구 8천 명이 채 되지 않는 비스프(Visp)에서도 계곡을 따라 난 굽은 길을 40분 정도 더 가야 한다. 시골이니 당연히 대중교통보다는 자동차로 이동하는 것이 일반적이다. 그런데 입구부터가 독특하다. 곧바로 체르마트까지 가지 못하며 관문격인 태쉬(Täsch)라는, 인구 1,000명이 조금 넘는 작은 입구마을까지만 갈 수 있다. 만약 우리나라에 이러한 관문이 있다면 언론에서는 어떻게 다룰지 궁금할 따름이다.

태쉬부터는 자가용을 이용할 수 없다. 체르마트로 들어가는 방법은 몇 가지가 있는데, 가장 훌륭하고 간단한 방법이 걸어서 가는 것이다. 약 한 시간 남짓 걸어가면 도착할 수 있다. 산책과 휴식이 이곳을 방문하는 핵심 이유인 점을 감안할 때 아름다운 길을 걸어 들어가는 것은 매우 합리적으로 보인다. 두 번째 방법은 20분마다 있는 셔틀기차를 타는 것이다. 체르마트까지 도착하는 데 걸리는 시간을

사람이 우선인 체르마트 중심가의 모습. 멀리 전기차가 조심스럽게 운행하고 있으나 사람들은 크게 관여하지 않는다.

10분으로 단축할 수 있으나 비용은 생각 이상이다. 설악산 백담사를 잇는 셔틀버스 가격으로 생각하면 안 된다. 독점적인 지위를 이용해 체르마트를 성역화하는 방법이다. 소위 이곳은 아무렇게나 갈 수 없는 마을이라는 것을 입구에서부터 확실하게 인지시켜준다. 마치 디즈니월드를 배나 트램을 타고 들어가는 것과 같다. 아울러 체르마트를 가장 깨끗한 마을로 유지해 재방문율을 높이는 훌륭한 방법이다. 마지막으로 체르마트 전용택시를 이용하는 방법인데 셔틀기차보다 더 많은 비용을 지불해야 한다. 한데 이 마지막 전용택시가 또 재미있다. 체르마트를 들어가는 모든(물론 예외는 있다) 차량은 화석에너지를 사용하지 않는 차량이어야 한다. 이곳에 있는 택시와 호텔 및 상가 업무차량, 심지어 건축자재 운반차량까지 모두 전기차이다.

체르마트는 개인차량을 통제함으로써 전 세계 사람들이 몰리는 관광지이면서도 사람이 우선인 도시가 될 수 있다. 또한 그 많은 사람들이 모여 있어도 그리 복잡하지 않고 편안함을 느낄 수 있다. '친환경 마을'이라는 산악관광의 핵심 요소도 부각시켜 다시 찾는 마을을 만드는 고도의 전략을 취한다. 물론 접근의 방법이나 체류 면에서 많은 비용을 지불해야 하니 관광객은 부담을 가질 수 있으나 세계적 '명품' 관광지인 만큼 이들은 기꺼이 이 비용을 지불하면서 체르마트를 방문하는 사람은 차고 넘친다. 작은 마을은 적정 인원을 꾸준히 유지하면서 수익을 극대화하고도 환경을 해치지 않는 관리를 어렵지 않게 지속할 수 있다.

2. 숙박 및 상업

우리나라에서 흔히 괜찮다는 관광지는 이미 외부 대자본의 거대하고 화려한 콘도나 호텔이 중심을 차지하고 있다. 수익의 극대화를 목표로 지역의 환경과 어울리지 않는 대형 고층건물이 만들어지고 훌륭한 경관을 독점한다. 지역주민의 수익과는 동떨어진 자신들만의 부를 축적하는 데 열을 올린다. 자연의 가치가 우선이 아니라 짧은 시간 동안 이 가치를 활용해 어떻게 자신들의 수입을 확대하는가가 가장 큰 관심인 것이다. 이러는 중에 소규모 지역 상권과 여기에 기댄 지역주민의 소득은 바닥을 모르고 추락하게 된다.

대다수 체류관광객은 상대적으로 열악한 소규모 지역상권을 외면한다. 관광객이 증가함에도 불구하고 지역주민의 소득은 나아지지 않는 불균형의 원인이다. 특히 자가용 시대가 된 지금은 더욱 도드라진다. 20분 이내면 그 어떤 곳에서라도 괜찮은 호텔이나 리조트를 찾을 수 있다. 이러한 맹점을 현명하게 뚫고 극복하려 한 곳이 체르마트이다. 알프스의 3대 명산 중 하나인 마테호른과 그 주변에 펼쳐

체르마트 내 모든 건물은 잘 정제된 구조와 형태를 띠고 있으며 최근 지어지는 건물 또한 일정 규모를 넘어서지 못 한다.

지는 알프스 절경을 감상하기 위해서는 반드시 체르마트 내에서 숙식을 해야 한다. 호텔에서 조리가 어려우니 식사 또한 지역의 상권에 의존할 수밖에 없다.

여기서 보다 중요하게 눈여겨볼 것은 세계적 유명 관광지인데도 그 흔한 브랜드 호텔을 찾아볼 수 없다는 것이다. 건축물의 규모와 형태 또한 일관되게 유지하여 마을 경관을 해치지 않는다. 지역을 기반으로 한 중소자본 또는 지역주민이 주인인 지역밀착형 관광지인 셈이다. 다시 말해 앞서 언급한 바와 같이 외부 대자본에 의한 낙수효과를 기대하는 것이 아니라 고스란히 알짜의 모든 수입을 지역에서 취하게 된다. 분수효과다. 국립공원 내부에까지 대형 브랜드호텔을 허가한 우리나라와는 접근 자체가 다른데, 가장 중요한 차이는 누구를 위한 계획인가에 있다.

체르마트가 지속 가능한 관광마을로 유지될 수 있는 방법을 요약하면 첫째, 지역주민이 중심인 마을에 관광객은 숙박을 전제로 방문하는 것이며 둘째, 관광객은 자신의 차가 아니라 친환경 대중교통을 이용해 접근한다. 이러한 방법으로 관광객이 지불하는 돈의 대부분은 직접적으로 지역주민에게 이동된다. 이러한 접근은 우리나라 보호지역이나 아름다운 자연관광지에서 자본중심 시장구조에 의해 철저히 외면되었지만, 아름다운 자연을 유지한 대가로 소외된 강원도와 같은 곳에서 취해야 할 방향일 것이다.

3. 케이블카와 산악열차

가장 중요한 부분이다. 마테호른은 높이 4,478m의 봉우리이다. 설악산의 대청봉과 같은 의미로 보면 된다. 그렇다면 설악산 케이블카 건설 논리와 같이 마테호른 바로 앞까지 케이블카가 건설되어 있을까? 당연히 아니다. 마테호른과 가장 가까운 케이블카는 해발 2,583m까지만 오르는 슈바찌(Schwarzesee)다. 혹여 마테호른 정상을 가고자 한다면 사철 눈덮인 급경사의 산 약 2,000m 높이를 고스란히 발로 걸어가야 한다. 일반인들에게 허락된 공간이 아니다. 이곳을 오르려던 전문가가 지금까지 무려 500명 이상이 사망했다고 하니 분명 대청과 같이 모든 사람들에게 허락된 곳이 아니다. 물론 이보다 높이 올라가는 케이블카가 있으나 이는 마테호른산의 경관을 멀찍이서 바라만 보는 정상의 반대편으로 향한다. 가장 인기 있는 고르너그라트(Gornergrat)는 마테호른 정상과 직선거리로만 약 9km 떨어져 있다. 케이블카나 산악열차 중 최소한 하나라도 이용하려 한다면 체르마트에서 숙박을 하는 수밖에 별도리가 없다. 황금알을 낳는 거위의 배를 굳이 가를 이유는 없다.

설악산 오색케이블카는 종착지를 끝청으로 정했다. 이곳은 설악산의 상징인 대청봉과 직선거리로 1km 남짓이며, 등산 거리로도 2km가 되지 않는다. 해발고도 차이는 300m도 채 되지 않는다. 마음만 먹으면 구두를 신고도 편히 갈 수 있다. 마테호른 또는 다른 스위스의 어떤 케이블카와도 비교대상이 될 수 없다. 이러한 개발이 용인된다면 대청은 경외의 대상이 아닌 돈을 조금 더 내고 갈 수 있는 뒷산 정도로 인식될 것이다. 지금의 덕유산이 그렇듯.

더 중요한 것이 남았다. 이곳은 설악산과는 달리 보호지역이 아닌 관광지다. 스키를 즐길 수 있는 휴양지로 스키어들을 위한 케이블카가 이미 오래전부터 발달된 지역이다. 보호지역이 아니라도 우리나라 최고의 보호지역이라 하는 국립공원보다도 훨씬 훌륭한 방법으로 지속 가능한 관광을 실현하고 있는 것이다. 케이블카나 산악열차를 건설해야 한다고 주장하는 보호지역 개발론자들이 사례로 드는, 가장 성공적인 지역인 체르마트가 자연보호를 최우선 목적으로 하는 보호지역이 아닌, 관광이 핵심인 자연관광지라는 것을 아는 사람은 드물다. 만약 설악산국립공원, 지리산국립공원, 속리산국립공원, 가지산도립공원, 마이산도립공원을 스위스라는 나라와 비교하려면 스위스의 국가공원과 비교하는 것이 당연한 것 아닌가.

스위스가 멀다고 다녀온 사람이 적은 것은 아니지 않나? 이제 왜곡된 정보로 국민을 호도하기는 어려운 시대다. 참고로 스위스에는 국가공원이 한 개소 있다. 이곳은 세계적으로 가장 강하게 보호하는, 학술 목적의 방문 외에는 이용을 억제하는 보호유형인 IUCN 카테고리 Ⅰ로 지정되어 있고, 이에 걸맞게 엄격한 자연보호가 이루어진다. 이곳을 방문했을 당시 입구 탐방로는 산사태로 인해 돌로 뒤덮인 상태가 꽤나 지속된 듯 보였다. 정부는 산책로를 새롭게 복구하는 대신 산사태에 의한 자연환경 변화 해설판을 세웠다. 그리고 산사태 발생 지역 위로 조심스럽게, 아주 불편한 탐방로가 탐방객의 발에 의해 만들어지고 있었다. 당연히 케이블카나 산악열차는 없다. 2006년 설악산 폭우로 복구된 철제 탐방로와 자연환경을 완전히 망치며 확장된 관통도로를 보면 지금도 마음이 아프다. 수준이 이 정도로 차이가 있는데 어떻게 스위스와 비교하는지 답답하기만 하다.

앞서 언급한 '명품'과 연관 지어 보자. 분명 마테호른은 체르마트라는 인접 지역까지 힘들게 가서 상대적으로 엄청난 고물가를 그대로 떠안으면서도 정상의 정복이 아닌, 먼발치에서 바라만 보고 돌아오는 곳이다. 날씨가 좋은 날이 그리 많지 않아 정상을 본다는 것마저도 자연에 감사하고 행복해야만 한다. 이곳에 머문 첫날 저녁 찾은 식당 직원의 말로는 지난 1주일 내내 마테호른 주변이 암흑이었다고 했다. 멀리서 찾은 손님을 위한 배려로 하는 말 같지는 않았다. 하긴 4,000미터가 넘으니 아래에서 깨끗하게 정상을 볼 수 있는 날이 얼마나 될까.

트레킹길도 체르마트의 상징 봉우리인 마테호른 정상과는 무관하다. 분명 '명품'이며 아무에게나 허락되지 않는 특별한 곳으로 자리할 수 있게 만든다. 설악산 대청봉은 이미 오색에서부터의 거리도 5km가 채 되지 않는다. 기존 케이블카가 위치한 권금성에서도 5km 남짓이다. 지금의 권금성이 그런 것처럼 그저 한 번 스치는 누구나다 가지고 있는 흔하디흔한 사진 한 장 찍는 곳 정도의 산이 될 것이다. 또 지금도 그러하지만 무박의 관광은 더욱 활성화될 것이 자명하다. 결국 관광객 수는 증가하겠지만 지역주민의 수입은 반대로 움직

권금성케이블카 정상부. 설악산의 비경을 감상할 수 있는 케이블카는 이미 놓였고, 이곳은 이미 과거에 우리가 알고 있던 에델바이스가 만발한 권금성이 아니다

일 것이다. 혹여 주변에서 숙박이라도 하려면 대자본이 건설한 대형 호텔에서 묵거나 시내로 빠져나가 보다 쾌적한 곳에서 묵고자 할 것이다. 의도한 대로 케이블카에 수많은 인파가 몰리겠으나 이는 지역의 수입으로 연결될 수 없는 구조가 된다. 반대로 많은 인파로 인한 환경악화는 지역주민들이 고스란히 떠안아야만 한다. 이러한 관점에서 오색케이블카는 적정 위치가 아니다. 이전에 추진했던 설악산의 케이블카나 다른 보호지역에서 추진하고 있는 각종 개발행위들도 이런 상황을 벗어나지는 못한다.

개발을 주장하는 쪽에서는 장애인과 노약자의 문화향유권을 주장하지만 이미 설악산국립공원에는 설악산의 비경을 감상할 수 있는 케이블카가 운행되고 있다. 여기에 더해 설악산을 굽이굽이 넘는 한계령과 미시령까지 언제든 차로 접근할 수 있다. 현재의 개발상태만으로도 스위스나 다른 여러 알프스 국가들이 개발한 산악관광 인프라를 이미 훌쩍 넘어선 과도한 개발이 이루어진 곳이 우리나라 보호지역이다.

4. 지속 가능한 '창조적' 대안

케이블카와 산악열차, 모노레일 등 지금 계획하고 있는 보호지역의 각종 관광개발 행위는 비록 그 자체로 흑자를 낸다고 한들 지역주민에게 돌아가는 것은 없다. 그렇다고 무작정 찬반 갈등만을 야기하며 지역주민의 희생을 강요할 수도 없다. 이러한 이유로 체르마트의 사례를 벤치마킹할 필요가 있다. 자본이 아닌, 주민을 위한 방향으로 그린뉴딜의 방안을 고민해야만 한다.

케이블카가 없는 상태에서도 서울에서 설악산 정상을 무박산행하는 사람들이 부지기수인데, 케이블카가 놓인다면 어떻게 될 것인지는 뻔하다. 지속 가능한 자연공원의 이용은 아래 내용을 담아야만 한다.

첫째, 자연의 가치는 훼손되어서는 안 되며, 반대로 지속적으로 향상되어야 한다.
둘째, 우수한 자연공원 탐방을 위해 체류를 전제로 해야 한다.
셋째, 지역주민이 소득의 직접적인 주체가 되도록 유도해야 한다.
넷째, 자연의 보호가 또 다른 선도적 국가기술력 또는 경제적 부흥을 이끌어야 한다.

위 네 가지 대안을 수렴하기 위한 계획은 지금의 소모적 논쟁거리였던 오색케이블카보다 훨씬 쉬울 수 있다. 왜냐하면 설악산 그 자체가 국내에서 하나뿐인, 그 어느 곳도 대체할 수 없는 '명품'이기 때문이다. 대안을 두 가지 제시한다.

한계령과 미시령의 접근 제한

자연가치의 지속적 향상을 위한 대안으로 교통수단의 가치가 사라진 한계령과 미시령 옛길의 폐쇄가 선행되어야 한다. 과거 설악산 국립공원을 관통하면서 마을과 마을을 연결하던 이 길은 이제 새로 만들어진 도로로 인해 그 효용이 다 했다. 아울러 오색을 접근하는 사람들은 체르마트와 같이 직접 들어오지 못하게 하며 친환경 교통수단을 이용하여 들어오도록 설계해 보자. 이렇게 되면 대청의 무박산행은 사라진다. 대청을 오르는 무박산행은 주로 오색과 한계령을 출발지로 한다. 새벽에 관광버스와 개인 승용차가 오색과 한계령에 진입하지 못하면 대청의 무박산행은 가능하지 않게 된다.

대청을 오르는 산행이 숙박을 전제로 하면 그 자체만으로도 지역주민에 훨씬 효과적인 관광수입을 유도할 수 있다. 또한 설악산을 찾는 탐방객에게도 무리한 산행에 의한 후유증보다는 자연을 즐기는 방법을 알려줄 수 있을 것이다. 지역주민들은 과도한 탐방객에 시달리지 않으면서도 훨씬 효과적이며 지속 가능한 수입을 보장받게 된다. 아울러 과도하게 사람들이 몰리지 못하니, 설악산 이외 강원도의 다른 관광지를 찾는 분산효과 또한 커지게 된다.

대안교통체계의 수립 및 복원

케이블카나 트램과 같은 대안적 관광수단은 한계령과 미시령까지

가도록 하며 이곳을 기점으로 트레킹을 유도함과 동시에 기존 도로의 대대적 복원으로 연결할 수 있다. 이러한 계획이 추진될 경우 우리가 그동안 해보지 못한 대규모 산지복원이라는 생태-토목기술이 융합되는 선진적 기술을 확보하는 계기가 될 것이며, 관광객 또한 보다 편안하고 안전하게 설악산의 절경을 감상할 수 있을 것이다. 물론 이 또한 당일 코스가 되지 않도록 설계해야 한다. 단순히 정점에서 경관을 보고 내려오는 방식의 관광이 아닌 때로는 쉽고, 때로는 어려운 코스를 편안하게 산행할 수 있는 체류관광을 위한 도구로 케이블카를 건설하면 된다.

중요한 것은 설악산 관통도로 복원사업은 오색케이블카와 관련된 각종 사업보다 훨씬 규모가 크다는 것이며, 케이블카를 반대하는 시민단체들도 긍정의 마인드로 접근할 수 있다는 점이다. 산림을 관통하는 도로를 막고 통째로 복원한 역사는 없기 때문이다. 우리나라 역사에서 환경복원의 시작을 알리는 새로운 상징이 될 수 있다. 여기에 각종 재해로 인해 발생하는 도로 복구비용 절감은 덤이다. 실질적 '그린뉴딜' 아닌가?

눈을 넓히면, 전 세계에서 유례가 없는 복원사업을 우리나라에서 보호지역의 가치를 높일 목적으로 진행할 경우 세계인의 주목을 받는 우수 사례가 될 것이다. 우리가 라인강 복원지역을 방문하듯 국제적으로 반드시 방문해야 하는 지역이 될 수 있다. 이미 포화상태인 국내 관광객이 아닌, 전 세계 관광객을 대상으로 체류관광을 이끌어낼 수 있다는 결론에 이른다. 아울러 짧은 시간 쇼핑만 하고 돌아가는 국제 관광객을 우리나라의 자연으로 확대, 수용할 수 있는 전략이 된다.

우리는 이미 청계천과 4대강의 차이를 경험했다. 청계천은 인공구조물 철거에 초점을 맞춘 반면 4대강은 자연에 인공구조물을 설치하는 것이 가장 큰 차이다. 이것이 국제적인 관심을 호응과 비판으로 나눠놓은 원인이다.

2010년 생물다양성협약 당사국총회에서는 2020년까지 적어도 훼손지의 15%를 복원하기로 결의하였다. 목표한 2020년이 이미 지났지만 안타깝게도 우리나라는 훼손지가 얼마나 되는지 파악도 하지 않았다. 결의한 내용을 이행하기는커녕 시도조차 하지 않은 과오는 이러한 보호지역의 대대적 복원 선언만으로도 대부분 씻을 수 있을 것이다. 아울러 우리가 자체적으로 홍보비용을 지불하지 않아도 IUCN과 UN 등 전 세계 단체가 유례없는 복원사례를 적극적으로 홍보할 것이다. 이것이 65조 원의 경제적 이익을 유발한다는 허상의 올림픽 개최보다 훨씬 강력하고 지속 가능한 관광의 요소가 되지 않을까. 강원도는 환경복원과 생태계 관리의 세계적 브랜드 가치를 가져갈 수 있을 것이다.

마지막으로 오색지구와 설악산 인접 마을의 일부는 외부의 대자본 유입을 배제한 마을로의 발전을 고민하면 된다. 지속 가능한 보호지역의 관리 모범사례로도 손색이 없을 것이다.

설악산을 포함한 자연보호지역은 경외하는 무언가가 있어야 지속적으로 우리 마음속에 명품으로 남아 있을 수 있다. 우리는 지금 거위의 배를 가르기보다 거위를 보다 튼튼하게 기르기 위한 방법을 논의해야 한다. 케이블카나 산악열차를 단순히 훼손을 전제로 한 접근에서 벗어나 복원을 전제로 접근한다면 현재의 소모적 갈등과 대립을 건설적 논의의 장으로 바꿀 수 있다. 대립으로 인한 막대한 손실

설악산 한계령 옛길의 유지를 위해 산사태에 의한 추가적인 산림생태계 훼손이 일어날 수밖에 없으며 이는 보호지역의 자연성을 크게 떨어뜨렸다

을 막을 수 있는 건설적 대안으로의 논의 전환은 지금도 늦지 않았다. 강원도는 자신이 처한 위치를 냉철하게 바라보고 무엇이 도민과 설악산을 위한 진정한 방향인지를 고민해야 한다.

비록 이러한 방법은 현재 처한 여러 가지 문제들로 다소 긴 시간과 인내를 요하겠지만, 단순히 선언만으로도 얻을 수 있는 세계적 브랜드 가치는 케이블카 건설로 인한 논란보다 훨씬 큰 경제적 부를 가져올 것이다. 산업사회에서 오랫동안 소외된 지방이 가져갈 수 있는 환경사회의 혜택이다. 구시대적 방식인 대도시를 답습해서는 그간 소외의 보상을 받을 수 없다. 보전된 환경을 자산으로 적극 활용하기 위해서는 더 이상의 파괴에서 벗어나 새로운 방식, 말 그대로 '뉴딜'을 고민해야 한다.

잘살기 위해 무시해야만 하는 사업이 아니라, 보다 잘살기 위해 반드시 선택해야만 하는 것이 환경보전이다.

::산지니에서 펴낸 책::

정치 · 사회

중산층은 없다: 사회이동이 우리를 어떻게 호도하는가 하다스 바이스 지음 | 문혜림 · 고민지 옮김
인간의 권리: 인권사상 · 국내인권법 · 국제인권법 김철수 지음
약속과 예측: 연결성과 인문의 미래 젠더어펙트 연구소
한중 협력의 새로운 모색, 부산-상하이 협력 동서대학교 중국연구센터 지음
망각된 역사, 왜곡된 기억 '조선인 위안부' 최은수 지음
완월동 여자들 정경숙 지음
현대인의 자유와 소외 황갑진 지음
말랑말랑한 노동을 위하여 황세원 지음
벽이 없는 세계 아이만 라쉬단 웡 지음 | 정상천 옮김
한 권으로 읽는 마르크스와 자본론 사사키 류지 지음 | 정성진 옮김
교사의 사회의식 변화: 2005-2009-2014-2019 정진상 지음
윤리적 잡년 재닛 하디 · 도씨 이스턴 지음 | 금경숙 · 곽규환 옮김
김일성과 박정희의 경제전쟁 정광민 지음
전태일에서 노회찬까지: 청년들에게 들려주는 한국 진보정치사 이창우 지음 ***2020 6월 책씨앗 추천도서**
빅브라더에 맞서는 중국 여성들 리타 홍 핀처 지음 | 윤승리 옮김
21세기 마르크스 경제학 정성진 지음
정전(正戰)과 내전 오오타케 코지 지음 | 윤인로 옮김
헌법과 정치 카를 슈미트 지음 | 김효전 옮김 ***2020 대한민국학술원 우수도서**
내러티브와 장르: 미디어 분석의 핵심 개념들 닉 레이시 지음 | 임영호 옮김
사람 속에 함께 걷다 박영미 지음
나는 개성공단으로 출근합니다 김민주 지음 ***2020 2월 책씨앗 이달의책 선정도서**
저는 비정규직 초단시간 근로자입니다 석정연 지음 ***2020 한국출판산업진흥원 책나눔위원회 2월의 추천도서**
싸움의 품격 안건모 지음 ***2019 한국출판문화산업진흥원 출판콘텐츠 창작 지원 선정도서**

다시 시월 1979 10.16부마항쟁연구소 엮음

골목상인 분투기 이정식 지음

한국의 헌법학 연구 김철수 엮음 ***2020 대한민국학술원 우수도서**

그림 슬리퍼: 사우스 센트럴의 사라진 여인들 크리스틴 펠리섹 지음 | 이나경 옮김

***2019년 서울국제도서전 여름 첫 책 선정도서**

대학과 청년 류장수 지음

CEO사회 피터 블룸·칼 로즈 지음 | 장진영 옮김

도시는 정치다 윤일성 지음

국가폭력과 유해발굴의 사회문화사 노용석 지음 ***2019 세종도서 우수학술도서**

중국 경제법의 이해 김종우 지음

세상에 나를 추천하라 정광위 지음 | 곽규환·한철민 옮김

독일 헌법학의 원천 카를 슈미트 외 지음 | 김효전 옮김 ***2018 세종도서 우수학술도서**

폴리아모리: 새로운 사랑의 가능성 후카미 기쿠에 지음 | 곽규환·진효아 옮김

선택: 진보로 부산을 새롭게 디자인하자 현정길 지음

사람 속에서 길을 찾다 박영미 지음 ***2018 세종도서 우수교양도서**

당당한 안녕: 죽음을 배우다 이기숙 지음

거리 민주주의: 시위와 조롱의 힘 스티브 크로셔 지음 | 문혜림 옮김

라틴아메리카 흑인 만들기 차경미 지음

영화로 만나는 동아시아: 패권주의와 다문화 백태현 지음 ***2017 세종도서 우수교양도서**

전쟁범죄란 무엇인가 후지타 히사카즈 지음 | 박배근 옮김 ***한국출판문화산업진흥원 우수콘텐츠 선정도서**

계급 이해하기 에릭 올린 라이트 지음 | 문혜림·곽태진 옮김

중국 민족주의와 홍콩 본토주의 류영하 지음 ***2016 홍콩 판권 수출**

베트남 전쟁의 유령들 권헌익 지음 | 박충환·이창호·홍석준 옮김 ***제12회 경암학술상 인문사회 부문 수상**

지역사회와 민주주의를 말하다 부길만 지음

라틴아메리카의 과거청산과 민주주의 노용석 지음

동중국해 문화권의 민가 윤일이 지음

바이마르 헌법과 정치사상 헤르만 헬러 지음 | 김효전 옮김 ***2017 대한민국학술원 우수도서**

아메리칸 히로시마 데이비드 J. 디오니시 지음 | 정성훈 옮김

들어라 미국이여 피델 카스트로 지음 | 강문구 옮김

이데올로기와 미국 외교 마이클 H. 헌트 지음 | 권용립·이현휘 옮김 ***2010 시사인 올해의 책**

추락하는 제국 워런 코헨 지음 | 김기근 옮김

하이재킹 아메리카 수전 조지 지음 | 김용규·이효석 옮김

수전 조지의 Another world 수전 조지 지음 | 정성훈 옮김

팔루자 리포트 빙 웨스트 지음 | 이종삼 옮김

만들어진 점령서사 조정민 지음

르포, 절망의 일본열도 가마타 사토시 지음 | 김승일 옮김

폭력 우에노 나리토시 지음 | 정기문 옮김

우리 옆의 약자 이수현 지음

나는 시의회로 출근한다 김영희 지음

진보와 대화하기 김석준·김외숙·송성준 지음 | 이광수 엮음 ***2006 문화관광부 우수학술도서**

만화로 보는 노무현 시대 이창우 글·그림

범죄의 재구성 곽명달 지음

절망사회에서 길 찾기 현장 편집부 엮음

차이나 인사이트 김동하 외 지음

글로벌 차이나 이종민 지음

21세기 중국! 소통과 뉴트렌드 공봉진 외 지음

변방이 중심이 되는 동북아 신 네트워크 이창주 지음

여성학 이메일 수업 김선경 지음

이주민과 함께 살아가기 이주노동자와 연대하는 전일본 네트워크 지음 | 이혜진·이한숙 옮김 ***2007 한국간행물윤리위원회 청소년도서**

미국 대학의 힘 목학수 지음 ***2014 한국출판문화산업진흥원 청소년도서 *2014 한국연구재단 우수저서**

공학자의 눈으로 본 독일 대학과 문화 목학수 지음

문제는 교육이야 김석준 지음

부산언론사 연구 채백 지음 ***2013 대한민국학술원 우수도서 *2013 한국언론학회 학술상**

부산화교의 역사 조세현 지음

부산의 오늘을 묻고 내일을 긷다 장지태 지음

부울경은 하나다 강병중 지음

반송사람들 고창권 지음

대천마을, 사진을 꺼내 들다 맨발동무도서관 엮음

우리가 만드는 문화도시 문화도시네트워크 지음

귀농, 참 좋다 장병윤 지음

폐교, 문화로 열리다 백현충 지음
수다, 꽃이 되다 임숙자 엮음 | 백복주 사진
SNS시대 지역신문기자로 살아남기 김주완 지음
현미경으로 들여다본 한국사회 정영인 지음
촌기자의 곧은 소리 장동범 지음 | 안기태 그림
사람이 희망이다 : 파워인터뷰 42 손정호 지음

환경

물고기 박사가 들려주는 신기한 바다 이야기 명정구 지음
맥시멀 라이프가 싫어서 신귀선 지음
해오리 바다의 비밀 조미형 지음 | 박경효 그림 ***2019 한국문화예술위원회 문학나눔 선정도서**
이렇게 웃고 살아도 되나 조혜원 지음 ***2020 환경부 우수환경도서 *2018 한국문화예술위원회 문학나눔 선정도서**
습지 그림일기 박은경 글 · 그림 ***2020 환경부 우수환경도서 *2018 대한출판문화협회 청소년교양도서**
지리산 아! 사람아 윤주옥 지음
2℃: 기후변화 시대의 새로운 이정표 김옥현 지음
해운대 바다상점 화덕헌 지음 ***2018 환경부 우수환경도서**
기후변화와 신사회계약 김옥현 지음 ***2015 학교도서관저널 추천도서**
촌놈 되기: 신진 시인의 30년 귀촌 생활 비록 신진 산문집
보약과 상약 김소희 지음
시내버스 타고 길과 사람 100배 즐기기 김훤주 지음 ***2014 환경부 우수환경도서 * 2012 문화관광부 우수교양도서**
황금빛 물고기 김규정 글 · 그림 *** 2013 학교도서관저널 추천도서 * 2013 문화관광부 우수교양도서**
아파트키드 득구 이일균 지음 ***2012 환경부 우수환경도서**
강수돌 교수의 나부터 마을혁명 강수돌 지음 ***2010 환경부 우수환경도서**
습지와 인간 김훤주 지음 ***2008 환경부 우수환경도서**
한반도 환경대재앙 샨샤댐 진재운 지음 ***2008 환경부 우수환경도서**
백두산에 묻힌 발해를 찾아서 진재운 지음
도시, 변혁을 꿈꾸다 정달식 지음 ***지역신문발전위원회 지원도서**